START UP LAW GUIDE 3.0

스타트업 법률가이드

AI 시대의 법과 혁신

스타트업 창업자라면 반드시 알아야 할 법률상식

스타트업법률지원단

박영사

제3판 발간사

「스타트업 법률가이드」 초판이 2018년 12월에 발간되었으니 어느새 초판 발행 후 7년째를 맞이했습니다. 초판 발간 이후 「스타트업 법률가이드 2.0」이 2020년 10월에 발간되었고, 드디어 「스타트업 법률가이드 3.0」을 새롭게 발간하게 되었고, 이번에 발간하게 된 「스타트업 법률가이드 3.0」 역시 스타트업 생태계에 많은 도움이 되길 바랍니다.

「스타트업 법률가이드」 초판 발간 후 지금까지 7년 동안 우리는 팬데믹을 겪기도 하였고 역사상 유래가 없을 정도의 유동성 확대 정책과 그 결과로 인해 미국의 경우 금리가 1년도 채 안 되는 기간 동안 제로 금리에서 고금리로 상승하는 시기를 경험하기도 하였습니다. 지난 2008년 금융위기 이후 10년 넘게 디플레이션 시대를 살아오다 보니 팬데믹 이후 갑작스럽게 닥친 인플레이션 시대가 많은 사람들에게, 특히 스타트업에게는 상당히 부담스러운 환경이 되어 버렸습니다. 그리고 우리는 이제 다시 금리가 인하되어 또 다른 경제 변화에 적응해야 하는 상황에 놓였습니다.

2022년 이후 스타트업 생태계는 많은 변화가 있었습니다. 미국 실리콘밸리의 SVB 파산 사건을 보기도 했고 전체적인 스타트업 투자가 줄어들고 더 이상 유니콘 스타트업이 탄생하는 것을 더 이상 보기 어려운 상황이 되었습니다. "스타트업 투자 혹한기"라는 표현이 지난 1~2년간의 스타트업 생태계를 잘 설명해 주는 단어가 아닐까 생각합니다. 생각보다 많은 스타트업들이 혹한기를 견디지 못해서 파산이나 폐업의 길을 선택했고, 어떤 스타트업은 기존에 투자를 받을 때보다 현저하게 낮은 가치로 후속투자를 받으면서 타격을 입기도 했습니다. 티몬과 위메프는 온라인 플랫폼 사업자로서 비즈니스 모델에 대한 한계를 극복하지 못하고 많은 피해를 발생시켰습니다.

역사는 반복된다고도 하지만, 늘 같은 모습으로 반복되지는 않습니다. 그래서 우리는 과거로부터 배워야 하고, 비슷하게 반복되는 환경에 대해서는 반드시 이해하고 있어야 합니다. 그러기 위해서는 자기 자신과 내가 속한 회사 그리고 경제 환경에 대한 싸이클을 반드시 이해해야 합니다.

첫째, 스타트업의 핵심은 창업자 자신입니다. 그러므로 창업자 본인과 그 회사가 전체 싸이클 중에서 현재 어느 지점에 서 있는지 항상 인식하고 있어야 합니다. 지금이 적극적으로 공격해야 할 때인지 아니면 수비적으로 방어를 해야 할 때인지를 구분할 줄 알아야 하고, 경기의 초반인지 아니면 경기 종료 전인지에 따라서 다르게 대응을 해야 합니다.

둘째, 스타트업의 또 다른 핵심은 다른 스타트업과의 차별성입니다. 다른 스타트업이 도저히 따라올 수 없는 자신만의 해자(moat)가 있어야 합니다. 그것이 기술이든 아니면 모방할 수 없는 아이디어든 간에, 해자(moat)가 없다면 자신만의 색깔은 금방 바래질 수밖에 없습니다. 그리고 자신만의 해자를 경영적으로, 전략적으로, 법률적으로 보호하고 활용하여 스타트업 성장의 동력으로 만들어야 합니다.

마지막으로, 스타트업을 경영함에 있어 지금 처한 외부적인 환경이 비바람이 몰아치는 혹독한 날씨인지 아니면 꽃놀이를 하기에 좋은 화창한 봄날씨인지 구분할 수 있어야 합니다. 지난 2022년 3월부터 시작된 미국의 금리인상과 긴축시기에는 그 누구도 자유로울 수 없으며 특히 스타트업에게는 더 더욱 잔인한 계절이 될 수밖에 없었습니다. 정부의 지원 정책은 앞으로도 계속되기는 하겠지만 결코 제로금리 또는 저금리 시대와 같을 수는 없습니다. 오히려 앞으로 최소 1~2년 동안 예정된 금리 인하 국면에서도 경기침체가 함께 올 수도 있다는 점에서 스타트업은 빠르게 변화하는 경제 환경에 유연하게 대처하여야 합니다.

우리 스타트업법률지원단은 앞으로 다가올 만만치 않은 경제적 환경 속에서도 스타트업들이 잘 버텨내고 성장할 수 있도록, 그리고 온갖 제도적 장벽과 법률적 장애로 인하여 좌초되지 않고 순항할 수 있도록 열심히 노력하겠습니다. 또한, 혁신에 대한 노력과 열정, 능력에 기반하여 예측 가능한 스타트업 투자와 성장이 이루어질 수 있는 건강한 스타트업 생태계를 만들어 가도록 하겠습니다.

　「스타트업 법률가이드 3.0」에는 창업 준비와 법인 설립, 계약 체결 시 유의사항, 스타트업 투자계약과 주주간 계약 체결, 각종 규제 및 인·허가에 관한 사항, 지식재산권 보호, 인사·노무, 회생과 파산에 이르기까지 스타트업의 전 생애 주기에 걸쳐서 발생할 수 있는 모든 법적 쟁점을 고루 다루고자 노력했습니다. 「스타트업 법률가이드 3.0」이 보다 건강한 스타트업 생태계를 조성하는 데에 조금이라도 도움이 되고자 합니다.

　지금 이 시간에도 열정과 에너지를 불태우고 있는 대한민국의 스타트업을 진심으로 응원하며, 대한민국 혁신의 미래가 여러분에게 달려 있음을 잊지 않으셨으면 합니다. 대한민국에 혁신 동력을 만들어 주시는 스타트업 생태계의 구성원들에게 감사와 존경의 마음을 표합니다.

제2판 발간사

스타트업법률지원단이 2018년 12월에 「스타트업 법률가이드」 초판을 발간한 데에 이어, 이번에 감사하게도 「스타트업 법률가이드」 제2판을 발간하게 되었습니다. 「스타트업 법률가이드」 초판을 발간한 후 많은 스타트업 관계자들이 「스타트업 법률가이드」를 찾는 것을 보면서, 스타트업을 위한 법률 서적이 많이 부족했고 또 그만큼 절실히 필요했다는 것을 새삼 느낄 수 있었습니다.

지금까지 한국 기업들은 미국이나 독일 등 선진국의 기업들이 새로운 분야를 개척해 놓으면 이를 벤치마크해 1위 기업보다 더 개선된 제품을 개발하는 '패스트 팔로워Fast follower' 전략으로 발전해 왔으나, 이제 한국 기업들은 세계 최고 수준의 기업들과 같은 수준에서 경쟁하고 있습니다. 이젠 한국 기업들이 시장을 선도하는 '퍼스트 무버First mover'가 되어야 하는 상황이고, 그 역할을 대한민국의 스타트업들이 해 줄거라 믿어 의심치 않습니다. 스타트업법률지원단은 이러한 믿음 속에서 대한민국의 스타트업들이 법률적 걱정 없이 마음 편히 꿈을 펼치길 바라며 「스타트업 법률가이드」를 발간하게 되었습니다.

「스타트업 법률가이드」에는 창업 준비와 법인 설립, 계약 체결 시 유의사항, 스타트업 투자계약과 주주간 계약 체결, 각종 규제 및 인허가에 관한 사항, 지식재산권 보호, 인사·노무, 회생과 파산에 이르기까지 스타트업의 전 생애 주기에 걸쳐서 발생할 수 있는 모든 법적 쟁점을 고루 다루고자 노력했습니다. 「스타트업 법률가이드」 2판에서는 1판 이후에 개정된 법률 관련 내용을 업데이트했고, 1판에서 다루지 않았던 부족했던 쟁점들을 새롭게 추가하였습니다.

새롭게 발간된 「스타트업 법률가이드」 제2판이 많은 스타트업들이 법적 어려움 없이 혁신을 만들어 내고 보다 건강한 스타트업 생태계를 조성하는 데에 조금이라도 도움이 되기를 간절히 바랍니다. 지금 이 시간에도 열정과 에너지를 불태우고 있는 대한민국의 스타트업을 진심으로 응원하며, 대한민국 혁신의 미래가 여러분에게 달려 있음을 잊지 않으셨으면 합니다. 대한민국에 혁신 동력을 만들어 주시는 스타트업 생태계의 구성원들에게 감사와 존경의 마음을 표합니다.

스타트업법률지원단 공동단장 한경수, 안희철 드림

초판 발간사

김호철(민주사회를 위한 변호사모임 회장)
박순성·백승헌(바꿈, 세상을 바꾸는 꿈 이사장)

'민주사회를 위한 변호사모임'(민변)과 '바꿈, 세상을 바꾸는 꿈'(바꿈)이 이 땅의 청년창업자를 위한 길잡이 역할을 하고자 의기투합하여 '스타트업법률지원단'(스법단)을 만든 지 2년 가까이 되었습니다.

민변은 진보적 법률가단체로서 우리 사회의 인권과 민주주의 발전을 위해 노력해 왔습니다. 또한 우리 사회의 경제적 양극화 문제의 해결과 불공정, 불합리 그리고 불평등을 해소하기 위한 활동을 하여 왔습니다.

또한 바꿈은 우리 사회의 미래를 이끌어갈 청년들의 목소리를 키우고 그들이 몸담고 있는 현장을 지원하고 청년 스스로가 중심 역할을 할 수 있는 장을 만드는 역할을 자임하여 왔습니다.

두 단체가 힘을 합하기로 한 것은 창업자들이, 특히 사회적 경험이 부족한 청년들이 겪는 어려움을 조금이나마 덜게 하고자 함입니다.

우리는 기회의 균등, 공정한 경제 질서의 확립이 합리적 상거래활동을 구현하는 것은 물론 창의성을 고취하여 경제를 활성화한다고 믿어 왔습니다. 그러나 우리의 현실은 공정성과 합리성과는 거리가 있습니다. 어쩌면 창업자들이 느끼는 우리 경제질서는 불공정, 불평

등과 각종 불합리로 가득하기도 합니다. 특히 사회적 경험이 부족한 청년 창업자들이 느끼는 어려움은 더욱 큽니다. 새로운 도전을 격려하고 지원하는 사회적, 국가적 준비는 매우 부족하고 창발성을 발휘하기도 전에 기성의 질서에 좌절을 느끼게 된다는 고통을 호소하고 있습니다.

그 중에서도 새로운 도전의식으로 무장한 스타트업 청년 창업자들이 개발자로서, 경영자로서, 사용자로서 갖추어야 할 안내자의 부족이 대표적인 문제입니다.

창업과정에서, 그리고 초기 기업을 운영하는 데 있어 만나는 여러 상황에 맞는 포괄적이고 균질한 정보를 제공해주는 안내자의 지원이 절실합니다. 안 된다, 허용되지 않는다, 이런 관행에만 따르라는 부정적인 반응이 아니라 조금 더 귀를 기울여주는 경청의 목소리가 필요합니다.

스타트업법률지원단은 이러한 요구에 부응하여 청년 창업자들을 위한 법률가이드를 제작하였습니다. 이 책의 내용은 각 영역별로 알아야할 내용을 변호사들의 전문지식을 기초로 하여 정리한 것이기도 하지만, 지난 2년간 각종 현장을 찾아가 상담하고 사건을 처리해 가면서 접한 창업자들의 고충을 모아, 그에 대한 답을 마련한 내용이기도 합니다.

아무쪼록 이 가이드북이 창업자들의 어려움을 조금이라도 덜어주는 역할을 하길 기대합니다.

끝으로 이 책이 나오기까지 수고한 집필자 분에게 그리고 스법단의 활동을 계속 지원하여 주시고 책의 내용을 감수하여 주신 고영하

(고벤처포럼 회장), 양경준(케이파트너스앤글로벌 대표), 정연순(前 민주사회를 위한 변호사모임 회장) 세 분에게 이 지면을 빌어 깊은 고마움을 표합니다. 아울러 이 책을 기획하여 여러 사람의 글을 모으고, 시간에 맞추어 정리하는 데 노고를 아끼지 않은 바꿈의 전진한 이사, 홍명근 사무국장 그리고 최영환 활동가에게도 마음으로부터 감사드립니다.

추천사

고영하(고벤처포럼 회장)

"인생은 과감한 모험이거나, 아니면 아무 것도 아니다."

— 헬렌켈러 —

누구나 살면서 모험을 해야 할 때가 옵니다. 대학을 가거나, 직장을 옮기거나, 은퇴 후 다시 새로운 길을 고민할 때 우리는 선택을 해야 합니다. 그러나 매 선택의 순간, 과감한 모험을 하기란 쉽지 않습니다. 그리고 나이가 들수록, 더 많은 것을 가질수록, 삶의 끈들이 늘어날수록 모험은 어려워집니다. 그래서 하루라도 더 젊었을 때, 도전하고 모험하라는 말이 나오는지도 모르겠습니다.

인생에 있어 창업은 매우 큰 모험입니다. 안정적인 직장, 고정된 수입을 포기하고 열정과 아이디어 하나만 가지고 행동하기란 참 어려운 일입니다. 특히 우리나라에서 이런 모험은 더욱 힘듭니다. 사회적 안전망은 부족하고, '사업 잘못하면 망한다'는 인식이 팽배하며, 법·제도는 미비하고, 기존 업체의 갑질, 아이디어 도용 등 나열하자면 끝이 없을 만큼 창업은 어렵습니다.

그러나 지금 한국 사회는 창업이라는 새로운 경제 패러다임이 필요한 때입니다. 경제 성장은 한계가 왔고, 청년 실업률은 역대 최고를 늘 경신하고 있습니다. 이제 우리의 선택은 청년 창업뿐입니다. 창업은 청년들이 처한 현실을 넘어, 우리 사회와 경제에 새로운 활력을 주고 나아가 한국 경제 사회에 새로운 비전을 제시할 수 있다고 봅니다.

그런 의미에서 스타트업법률지원단의 지난 1년의 활동은 큰 의미를 가집니다. 스타트업법률지원단은 2016년 12월 '민주사회를 위한 변호사모임'과 '바꿈, 세상을 바꾸는 꿈'이 함께 창립했습니다. 지난 1년간 100여 건의 법률상담, 2건의 소송, 10여 차례 강연 등이 있었습니다. 여러 어려운 여건 속에도 청년들이 창업에 필요한 법률교육과 창업 후 각종 억울한 법적 분쟁을 공익적 측면에서 지원한 스타트업법률지원단은 분명 스타트업 업계에 뜨거운 반응을 일으켰습니다.

특히 이번 가이드북이 청년들이 창업하는데 큰 도움이 될 수 있을 것입니다. 창업 전에 법적 사항들을 미리 점검하고, 각종 분쟁, 지식재산권, 저작권, 투자계약서 등 여러 문제를 예방할 수 있는 훌륭한 교보재입니다. 본 가이드북이 아이디어를 가지고 승부하는 청년들에게 조금이나마 더 나은 환경에서 창업에 임할 수 있는 계기로 거듭났으면 합니다. 아울러 이 가이드북에 나온 내용을 바탕으로 청년들이 조금이나마 창업 시장에 적극적으로 발을 내딛어 모험할 수 있는 용기를 지닐 수 있기를 바랍니다.

목차

본문의 QR코드를 스캔하면 스타트업 법률가이드 3.0의 참고자료를 볼 수 있습니다.

창업, 어떻게 준비해야 하나?

CHAPTER 01

스타트업 법률가이드

제1장

창업,
어떻게 준비해야
하나?

한경수 · 김성진 · 김재희 변호사

KEY POINT

제1장
참고자료(PDF)
바로가기

▸ 사업자등록 ➜ www.hometax.go.kr에서
▸ 정부의 창업지원정책 ➜ K-Startup 홈페이지(www.k-startup.go.kr)
▸ 개인사업자와 주식회사의 장단점
▸ 주식회사 설립시 유의사항
  • 정관 — 상환전환우선주에 관한 규정
  • 상호
  • 이사회
▸ 창업기업에 대한 조세감면제도
▸ 동업계약
  • 출자금액 및 출자방법
  • 이익 또는 손실 발생시 처리 방법
  • 동업 기간
  • 지분 양도
  • 영업비밀 유지의무
▸ 핵심 기술 또는 영업비밀 보호방법
  • 특허 등 출원 여부
  • 부정경쟁방지법상 영업비밀 원본증명제도
    ➜ 한국특허정보원 영업비밀보호센터(www.tradesecret.or.kr)

1. 프롤로그

'창업'이라고 하면 왠지 거창하게 들리지만, 사실 그렇게 부담스럽게 느낄 필요는 없다. 잘 알려진 바와 같이, 애플의 창업자인 스티브 잡스와 로널드 웨인은 잡스 아버지의 창고에서 시작했고, 구글의 창업자인 래리 페이지와 세르게이 브린도 차고에서 사업의 첫 닻을 올렸다. 미국과는 달리 우리나라의 경우 차고를 갖춘 주택에서 사는 경우가 별로 없어 애플과 구글의 창업자들처럼 차고 한 편을 이용해서 창업을 하기는 어렵지만, 굳이 차고가 아니더라도 자취방이나, 대학의 빈 강의실 등 마음만 먹으면 사업 공간을 활용할 곳은 수없이 많다. 창업에 장애물이 되는 건 아마도 자기의 고정관념 밖에 없지 않을까?

물론 개척자로서의 창업과 사업자로서의 창업은 분명히 다르다. 개척자로서의 창업은 자신의 열정과 의지, 그리고 세상을 보는 다른 시각만 가지고 있다면 언제든지 가능하다. 반면 사업자로서의 창업은 관할 세무서에 사업자등록을 하면서부터 시작되며, 그 순간부터는 투자금과 매출 및 순이익 등 항상 숫자와 씨름해야 한다. 누구를 사업 파트너로 삼아야 하는지, 정부 지원을 어떻게 하면 받을 수 있는지 등등 생존을 위한 게임이 시작된 것이다. 자본주의라는 거대 괴물 속에서 살아남기 위해 몇 날 며칠을 뜬 눈으로 밤을 새우기도 해야 한다.

이 챕터에서는 사업자로서의 창업을 하려는 이에게 필요한 몇 가지 정보를 알려주는 것부터 시작하고자 한다.

2. 사업자등록 <u>어디서</u>, <u>어떻게</u> 해야 하나

사업자등록이 과연 무엇을 의미할까?

법적으로 사업자등록이라 함은 부가가치세 납세의무자에 해당하는 자가 사업을 영위하기 위해 국세청에 사업내용을 알리고 등록하는 것을 말한다. 즉, 영리활동을 위해 국세청에 사업 신고를 하고, 사업자등록번호를 받는 절차를 의미한다. 우리나라의 경우 다른 국가들보다 신용카드의 사용빈도가 높고 행정규제가 많은 편이라 사업자등록을 하지 않고 영리활동을 하는 것은 매우 어렵다. 사업자등록을 하지 않은 상태에서 영리활동을 하다가 적발되면 실제 거래액의 70~80%까지 세금으로 추징당할 수 있으므로 사업 개시에 앞서 반드시 사업자등록을 하는 것이 필요하다.

개인사업자등록을 위해서는 국세청 홈택스www.hometax.go.kr를 방문하여 다음 [그림 1－1]과 같이 신청/제출란을 클릭한 후 안내에 따라 로그인을 하면 된다.

국세청 홈택스
바로가기

개인사업자등록을 신청하기 위해 필요한 서류는 사업자등록신청서(홈택스에서 해당 사항을 기재하면 자동적으로 생성되므로 별도로 필요하지는 않다)와 임대차계약서가 있는 경우 임대차계약서 사본, 등록이나 허가를 필요로 하는 경우에는 등록증이나 허가증 사본이 필요하다. 업종별 등록서류는 홈택스 홈페이지에서 상세하게 알려주고 있으므로 해당 서류를 미리 준비해서 스캔한 후 제출하면 된다.

그림 1-1 국세청 홈택스 홈페이지 접속화면

3. 정부의 창업지원정책에 대해 알아보자

K-Startup
홈페이지
바로가기

사업자로서의 창업을 준비하는 이들은 중소벤처기업부가 운영하는 K-Startup 홈페이지www.k-startup.go.kr를 방문해 보는 것이 좋다. K-Startup 홈페이지에서는 온라인으로 법인설립을 신청(온라인 법인설립 시스템)할 수 있도록 지원하고 있으며, 사업자등록신청도 쉽게 할 수 있도록 국세청 홈택스와도 연동돼 있다. 또한 정부의 모든 창업지원정책에 대한 내용과 교육, 지원사업에 대한 안내도 하고 있어 매우 유용하며, 창업하고자 하는 분야와 관련하여 어떤 인·허가를 받아야 하는지에 대해서도 알려준다. 단 정부의 창업지원정책은 크게 각각 중앙부처와 지방자치단체의 지원사업으로 구분돼 있으므로 잘 살펴봐야 한다.

창업을 함에 있어 초창기에는 정부의 창업 지원을 받는 것이 상당히 유리하지만 정부 지원금을 받고자 하는 경우에는 여러 측면을 고려하여야 한다. 특히, 정부 지원금을 받기 위해서는 해당 지원금별로 필요한 요건과 서류 등이 복잡하다. 지원금을 받기 위해 서류 작업에 많은 시간을 소모하는 탓에 본업인 사업에 전념할 수 없게 되는 경우도 있다. 요즘에는 다소 개선되고 있기는 하지만, 정부 지원금이라는 재원의 성격상 다소 불가피한 측면도 있으므로 초창기 운영자금 등의 부족을 이유로 정부 지원금을 받고자 하는 경우에는 이런 측면들을 반드시 고려하여야 한다.

기업마당
바로가기

온라인상으로 도움을 받을 수 있는 정부 산하 기관 또는 투자기관으로는 기업마당www.bizinfo.go.kr, 기업지원플러스www.g4b.go.kr, 창업지원정보포털www.k-startup.go.kr, 기술보호울타리www.ultari.go.kr, 워크넷(고용노동부)www.work.go.kr, 소상공인 지식배움터edu.sbiz.or.kr 등이 있다.

기업지원플러스
바로가기

창업지원
정보포털
바로가기

기술보호울타리
바로가기

4. 민간 부문의 창업지원정책에 대해 알아보자

최근 스타트업 지원정책과 관련해 정부가 역할을 축소하고, 창업 생태계 기반 조성에 집중해야 한다는 주장이 나오고 있고, 실제로도 그런 방향으로 변화가 이뤄지는 추세다. 세계은행이 평가한 우리나라의 창업 경쟁력 순위는 2006년 116위에서 2016년 11위로 뛰어올랐고, 창업 등록도 같은 기간 12단계에서 2단계로 축소됐다. 창업에 소요되는 시간도 22일에서 4일로 매우 단축됐다. 스타트업의 천국

워크넷
바로가기

소상공인
지식배움터
바로가기

이라 불리는 미국의 5.6일보다도 짧다.

　민간 부문의 대표적인 창업지원정책으로는 이스라엘식의 민간투자주도형 기술창업지원인 팁스 프로그램TIPS PROGRAM을 꼽을 수 있다. 팁스 프로그램 홈페이지www.jointips.or.kr에서 투자 분야별 운영사를 지정하여 사업계획서를 제출하여 신청할 수 있다(자세한 내용은 팁스 프로그램 홈페이지 참조).

팁스 프로그램
바로가기

서울창업허브
바로가기

　서울시도 최근 서울산업진흥원SBA이 주도해 마포구 공덕동에 서울창업허브http://seoulstartuphub.com를 개원했고, 9개의 민간기관을 협력기관으로 지정해 창업을 지원하고 있다.

5. 개인사업자, 주식회사 … 무슨 차이?

　본격적으로 창업을 시작한 당신, 첫 번째 선택을 해야 한다. 사업체의 성격을 개인사업자로 할 것인지, 아니면 법인으로 할 것인지 이다. 법인의 경우 주식회사, 유한회사, 합자회사 등으로 구분되지만, 스타트업의 경우 향후 투자를 받거나 규모가 커지게 될 경우 주식회사 형태를 이용하는 것이 필요하므로 법인은 주식회사로 한정해 비교해 보면 다음과 같다.

표 1-1 개인사업자와 주식회사의 비교

구분	개인사업자	주식회사
설립절차	사업자등록만으로 가능함	법인 설립등기를 해야 함
최소 자본금	법적으로는 제한 없음	발행주식의 액면총액 자본금 5,000만 원 이상 규정은 삭제됨
경영상 책임	개인사업자가 모두 책임	이사회(주로 대표이사)가 경영상의 책임을 짐. 주주는 자신이 보유한 주식대금에 대해서만 책임을 부담
경영 방식	개인사업자 임의대로 할 수 있음	대표이사는 이사회와 주주총회의 감독을 받음
이윤의 처리 방식	개인사업자가 임의로 처리 가능하나, 일정 금액을 넘어갈 경우 종합소득세율이 높아짐	급여 혹은 성과급을 지급받거나, 주주인 경우에는 배당금을 지급받을 수 있음
채무	개인사업자가 모두 부담함	회사의 채무에 대해 대표이사는 책임 없음 최근엔 대표이사의 연대보증을 없애는 경향임
사업의 양도	기존 사업자등록은 폐업 후 인수한 사업자가 새로 사업자등록을 하여야 함. 이 경우 양도세 등의 세금이 발생함	대표이사의 변경에 해당하므로 등기 사항임
자본 조달 방식	대출 방식	신주발행이나 회사채 발행 등으로 자본조달이 상대적으로 용이함

　　개인사업자 또는 법인으로 창업하려고 하는 경우에 설립 절차는 다음과 같다.

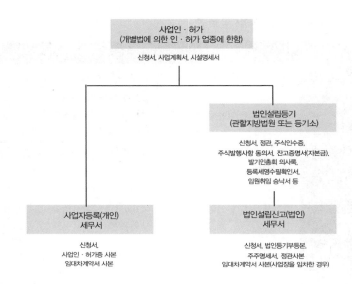

사업인·허가
(개별법에 의한 인·허가 업종에 한함)

신청서, 사업계획서, 시설명세서

법인설립등기
(관할지방법원 또는 등기소)

신청서, 정관, 주식인수증,
주식발행사항 동의서, 잔고증명서(자본금),
발기인총회 의사록,
등록세영수필확인서,
임원취임 승낙서 등

사업자등록(개인)
세무서

신청서,
사업인·허가증 사본
임대차계약서 사본

법인설립신고(법인)
세무서

신청서, 법인등기부등본,
주주명세서, 정관사본
임대차계약서 사본(사업장을 임차한 경우)

그림 1-2 회사 설립 절차도

법인사업자(주식회사)로 창업하는 경우

정관의 작성 및 공증
정관은 형식적으로는 회사의 조직과 활동에 관한 기본 규칙을 기재한 서면을 가리키지만 실질적으로
회사의 조직과 활동에 관한 기본 규칙이며, 후일 주주상호간 또는 회사 내부관계자 상호간의 분쟁과
부정행위를 방지하기 위하여 공증인의 인증 필요(단, 발기설립의 경우는 제외)

설립등기
등기신청서에 정관과 주식발행사항 동의서, 주식인수증 등을 첨부하여 全 이사가 공동으로 본점
소재지 관한 등기소에 신청

> <법인 등기 (관할등기소)시 구비서류>
> - 신청서
> - 정관, 주식인수증, 주식발행사항 동의서, 발기인회 의사록, 이사회 의사록, 잔고증명서(자본금),
>   임원취임승낙서, 주민등록등본, 등록세영수필확인서, 인감신고서, 법인인감 카드 발급신청서 등

법인설립신고
법인설립신고는 설립등기를 한 날로부터, 사업 실질적 관리장소를 두게되는 경우에는 그 실질적 관리
장소를 두게 된 날로부터 20일 이내에 본점 소재지 관할세무서에 신청

> <법인등기(관할세무서)시 구비서류>
> - 신청서
> - 법인등기부등본, 정관 사본
> - 임대차계약서 사본, 주주명세서 등

그림 1-3 법인사업자(주식회사)로 창업하는 경우

법인 설립 절차와 관련해 최근에는 등기소와 세무서 등을 방문하지 않고 집에서 온라인으로 할 수 있는 시스템www.startbiz.go.kr을 마련하고 있다. 10억 원 미만의 주식회사를 설립하고자 할 경우 상호 검색부터 4대 사회보험 가입까지 원스톱으로 처리할 수 있으며 19개 서류가 자동 생성되어 전자 서명을 통해 온라인으로 연계기관으로 자동으로 제출된다.

온라인
법인설립시스템
바로가기

6. 주식회사 설립시 유의사항

정관

주식회사를 설립하기 위해서는 정관을 작성해야 한다. 상법 제289조 제1항은 정관에 '목적, 상호, 회사가 발행할 주식의 총수, 액면주식을 발행하는 경우 1주의 금액, 회사의 설립 시에 발행하는 주식의 총수, 본점의 소재지, 회사가 공고를 하는 방법, 발기인의 성명·주민등록번호 및 주소' 등을 반드시 기재하도록 규정하고 있다. 정관 기재사항 중 '목적'란에는 현재 회사가 사업하는 업종 이외에도 앞으로 회사가 취급하고자 하는 업종까지도 모두 포괄해 기재하는 것이 유리하다.

또한, 주식회사가 나중에 상환전환우선주 등을 발행해 투자를 받고자 하는 경우에는 상법 제345조 제3항(주식의 상환에 관한 종류주식)에 의거, 회사 정관에 주주가 회사에 대하여 상환청구를 할 수 있다는 뜻, 상환가액, 상환청구기간, 상환의 방법 등과 관한 사항들을 미리 정해줘야 한다. 만일 관련 사항을 정해두지 않은 경우라면 정관을 변경하면 되는데, 상법 제433조 제1항은 정관변경을 위해 주주총회의 특별결의(출석한 주주 의결권의 3분의 2 이상의 수와 발행주식총수의 3분의 1 이상의 수)에 의하도록 규정하고 있으므로 가급적이면 이에 관한 규정을 마련해 두는 것이 좋다.

상호

다음으로, 회사 상호를 정함에 있어 상법 제23조 제1항은 "누구든지 부정한 목적으로 타인의 영업으로 오인할 수 있는 상호를 사용하지 못한다"고 규정하고 있고, 제4항은 "동일한 특별시·광역시·시·군에서 동종 영업으로 타인이 등기한 상호를 사용하는 자는 부정한 목적으로 사용하는 것으로 추정한다"고 규정하고 있다. 그러므로 적절한 상호를 선정하였다면 상호를 등기하여야 하며, 만일 상호를 등기하지 않으면 상법상의 보호를 받을 수 없다. 예를 들면, A라는 회사가 '한국○○○거래소'라는 상호와 상표를 사용하고 있지만 상업등기를 하지 않은 상태에서, 경쟁업체가 '한국○○○거래소'라는 상호로 페이퍼 컴퍼니를 설립한다 하더라도 A 회사는 경쟁업체의 '한국○○○거래소'라는 상호를 사용하지 못하게 할 수 없다.

이사회

마지막으로, 이사회 구성과 관련하여 주식회사의 이사는 반드시 3명 이상이어야 하지만 예외적으로 자본금 10억 원 미만인 경우에는 1명의 이사를 두어도 상관없다. 주식회사에서 제일 중요한 기구는 이사회이며, 이사회에서 대표이사를 선출하므로 투자를 받더라도 이사회의 과반수를 확보하는 것이 반드시 필요하다. 명칭이나 직급과 별개로 반드시 상업등기부에 이사로 등재되어야만 상법상의 이사이며, 등기되지 않은 이사는 이사회에 출석할 수 없다. 참고로 이사의 선임 또는 해임은 주주총회에서 하지만, 대표이사의 선임 또는 해임은 이사회의 권한이다.

7. 창업기업에 대한 조세 감면제도

현재 창업기업에 대해 시행하고 있는 조세 감면제도가 있다. 이를 잘 이용할 경우 각종 세금을 감면받을 수 있는데, 더 자세한 내용은 각 지방중소벤처기업청 창업성장지원과 등에 문의하면 된다.

조세 감면을 받기 위해서는 아래 4가지 중 하나에 해당되어야 한다. ① 2024년 12월 31일까지 수도권과밀억제권역[1] 이외의 지역에서 창업한 조세특례제한법[2]상 중소기업, ② 2024년 12월 31일까지 창업 후 3년 이내에 벤처기업으로 확인받은 조세특례제한법상 중소기업, ③ 중소기업창업지원법에 따라 창업보육센터사업자로 지정받

---

[1] 수도권과밀억제권역이란 수도권정비계획법에 의해 지정된 지역으로 현재는 서울시, 의정부시, 구리시, 하남시, 고양시, 수원시, 성남시, 안양시, 부천시, 광명시, 과천시, 의왕시, 군포시, 남양주시 일부, 인천광역시(강화군, 옹진군, 서구 대곡등 일부지역, 인천경제자유구역 및 남동 국가산업단지는 제외) 등이다. 과밀억제권역은 주택임대차보호법상 소액임차인 최우선변제금 지역과 동일하다. 구체적인 내용은 대법원 인터넷등기소에서 쉽게 확인할 수 있다(http://www.iros.go.kr/pos1/html/les/PLESOverConstDistrictH.html).
[2] 조세특례제한법상의 중소기업이라 함은 매출액이 업종별로 「중소기업기본법 시행령」 별표 1에 따른 규모 기준("평균매출액등"은 "매출액"으로 본다) 이내에 해당하는 업체를 의미한다. 업종별로 평균매출액 상한이 400억 원에서 1,500억 원으로 나누어진다.

은 내국인, ④ 창업한 과세연도와 그 다음 3개 과세연도 이내에 2024년 12월 31일까지 에너지신기술중소기업에 해당하는 기업이어야 한다(조세특례제한법은 한시법이나 특별한 사정이 없는 이상 계속 기한이 연장되어 왔다).

다음으로 업종 제한이 있다. 광업, 제조업, 수도·하수 및 폐기물 처리·원료 재생업, 건설업, 통신판매업, 대통령령으로 정하는 물류산업, 음식점업, 정보통신업(비디오물감상실 운영업, 뉴스제공업, 블록체인 기반 암호화자산 매매 및 중개업은 제외), 금융 및 보험업(대통령령으로 정하는 정보통신을 활용하여 금융서비스를 제공하는 업종), 전문·과학 및 기술서비스업(대통령령으로 정하는 엔지니어링사업 포함, 단 변호사업, 변리사업, 공인회계사업, 세무사업, 수의업, 행정사법과 건축사법에 따라 설치·신고된 사무소를 운영하는 사업 제외), 사업시설관리 및 조경서비스업과 사업지원 서비스업, 사회복지 서비스업, 예술·스포츠 및 여가관련 서비스업(자영예술가, 오락장운영업, 수상오락 서비스업, 사행시설 관리 및 운영업, 그 외 기타 오락관련 서비스업 제외), 개인 및 소비용품 수리업, 이용 및 미용업, 직업기술분야를 교습하는 학원을 운영하는 사업 또는 직업능력개발훈련시설을 운영하는 사업, 관광숙박업/국제회의업/유원시설업/관광객이용시설업, 노인복지시설을 운영하는 사업, 전시산업 중 하나에 해당하여야 한다(정관 작성시 목적란에 위 해당 업종을 기재하는 것이 유리하다).

특히 아래 4가지의 경우엔 창업으로 인정되지 않아 조세감면 혜택을 받을 수 없으니 유의해야 한다. ① 합병/분할/현물출자 또는 사업의 양수를 통하여 종전 사업을 승계하거나 종전 사업에 사용되던 자산을 인수 또는 매입하여 같은 종류의 사업을 하는 경우, ② 거주자가 하던 사업을 법인으로 전환하여 새로운 법인을 설립하는 경우, ③ 폐업 후 사업을 다시 개시하여 폐업 전의 사업과 같은 종류의 사업을 하는 경우, ④ 사업을 확장하거나 다른 업종을 추가하는 등 새로운 사업을 개시했다고 보기 곤란한 경우가 이에 해당한다.

마지막으로 조세감면의 주요 내용은 ① 최초로 소득이 발생한 연도부터 5년 동안 법인세 또는 소득세의 50% 감면, ② 창업일로부터 취득한 사업용 자산에 대한 취득세 75% 감면, ③ 창업중소기업의 법인설립등기에 대한 등록면허세 면제, ④ 5년간 재산세 50% 감면 등이다.

참고로 제조업 창업은 중소기업창업지원법 제33조에 따라 사업계획의 승인을 받는 경우 사업을 개시한 날로부터 5년 동안 농지보전부담금과 대체초지조성비 부담금 등의 면제를 받을 수 있으며, 자세한 내용은 각 지방중소벤처기업청 창업성장지원과에 문의하면 된다.

8. 파트너와 동업할 경우 이것만은 알아두자

'나홀로 창업'은 힘들고 외로운 길이다. 그 길에 가장 친하고 믿을 만한 사람이 있다면, 그리고 내 단점을 잘 보완해 줄 수 있는 파트너가 있다면, 그 길을 함께 가는 것도 매우 행복할 것이다. 그러나 그 달콤했던 시간이 천년만년 지속되지는 않는다. 사람의 마음이란 변하기 쉬우며, 그렇지 않더라도 주위 상황이 달라지거나 사업이 어려움을 겪게 되는 등 여러 이유로 동업이 깨질 수도 있다. 그러므로 동업을 하기로 한다면, 사업 초기부터 서로 동업 약정서를 자세하게 정해 놓는 것이 좋다. 동업이 깨지거나 사업이 더 확장되거나, 갑자기 파트너가 사업을 못할 정도로 건강이 악화된다거나 등등 불확실한 미래에 대비하려면 말이다.

동업계약서는 가급적 자세하게 적는 것이 좋으며, 반드시 아래 사항이 포함되어야 한다.

① 동업하는 사업의 목적과 내용

② 동업하는 사업체의 명칭과 동업자의 인적사항

③ 동업자 간의 출자방법 및 출자금액

여기서 출자방법 및 출자금액에는 금전인지 다른 재산인지, 노무인지를 반드시 구별해서 적어야 하며, 출자하기로 약속한 시기에 출자하지 않을 경우 어떻게 할 것인지도 포함돼 있어야 한다.

④ 사업으로 인해 이익 혹은 손실이 발생하였을 경우 이를 어떻게 할 것인지에 관한 내용. 즉, 이익 발생 시 어떻게 나눌 것인지 여부와 적자 발생 시 누가 어떤 비율로 부담할 것인지 여부, 만일 금융기관으로부터 대출을 받을 경우 누가 어떤 범위에서 책임을 질 것인지 여부 등이 포함되어야 한다.

⑤ 동업을 언제까지 할 것인지, 어떤 경우에 동업 관계를 종료할 것인지, 동업관계가 종료될 경우 청산을 어떻게 할 것인지에 관한 내용이 포함되어야 한다.

⑥ 동업자가 사망하거나 질병 등으로 인해 사업을 같이 못하게 될 경우에 정산을 할 것인지, 다른 동업자가 이를 인수할 것인지 아니면 제3자에게 주식 등을 양도하도록 할 것인지 등의 내용이 포함되어야 한다.

⑦ 동업자 사이에 영업비밀에 대한 비밀유지의무를 기재하고 이를 위반할 경우 어떠한 책임을 부담할 것인지 여부에 관한 내용도 포함되어야 할 것이다.

9. 핵심 기술 또는 영업비밀의 보호방법

핵심 영업비밀인 특허권이나 영업비밀을 침해당했을 경우 어떻게 권리구제를 받을 것인지에 대해서는 나중에 설명하므로, 여기서는 창업 초기에 어떤 방식으로 영업비밀을 보호하는 것이 적절한지만 논의한다.

사업 핵심 요소인 영업비밀 또는 기술을 어떻게 보호할 것인지를 결정하기 위해서는 두 가지 요소를 고려하여야 한다.

먼저 해당 영업비밀 또는 기술이 특허 또는 실용신안 등 산업재산권으로 보호받을 수 있는지 여부를 검토하여야 한다. 그러므로 보유하고 있는 영업비밀 또는 기술이 특허 또는 실용신안에 해당하는지 여부에 대해 알아보아야 할 것이다. 보다 자세한 내용은 특허청이 개설한 '지식재산 탐구생활' 홈페이지http://www.kipo.go.kr/easy를 통해 기본 내용을 확인한 후, 특허청의 전자출원 사이트인 '특허로'를 통해 출원을 하면 된다. 이 과정에서 특허나 실용신안에 해당하는지 여부를 잘 모르겠다면 특허청과 한국지식재산보호원이 함께 운영하는 공익변리사 특허상담센터https://www.pcc.or.kr/pcc나 특허출원 지원사업 제도를 운영하고 있는 각 지방중소벤처기업청 등에 문의하면 된다.

지식재산
탐구생활
바로가기

공익변리사
특허상담센터
바로가기

다음으로, 해당 영업비밀 또는 기술이 특허나 실용신안에 해당한

다 하더라도 특허 또는 실용신안으로 등록을 하게 되면 특허법 등의 보호를 받는 것과는 별도로 일반에게 공개된다는 점을 고려해야 한다. 만일 일반 공개를 통해 제3자가 해당 기술을 쉽게 복제하여 더 진보된 발명을 할 수 있게 된다면, 특허법에 의해 보호받는 것이 사실상 무의미할 수도 있으므로, 이러한 경우에는 영업비밀로 보호받는 게 더 유리할 수 있다.

영업비밀로 보호받기 위해서는 부정경쟁방지 및 영업비밀보호에 관한 법률(약칭 '부정경쟁방지법') 제2조 제2호에서 규정하고 있는 바와 같이 "공공연히 알려져 있지 아니하고 독립된 경제적 가치를 가지는 것으로서, 합리적인 노력에 의하여 비밀로 유지된 생산방법, 판매방법, 그 밖에 영업활동에 유용한 기술상 또는 경영상의 정보"에 해당하여야 한다. 즉, 영업비밀에 해당하기 위해서는 비공지성, 독립된 경제적 가치, 비밀 유지의 요건을 갖추어야 한다. 한국특허정보원 산하의 영업비밀보호센터 조사에 따르면, 국내 기업들은 고객 및 거래처 정보, 회계정보(임직원 급여, 원가 등), 개발제품/설비의 설계도 및 디자인, 신제품 아이디어·연구개발노트·실험결과 데이터, 생산/제조방법(혼합비, 설비 매뉴얼 등)을 영업비밀로 보호하고 있다.

영업비밀 보호를 위해서는 부정경쟁방지법 제9조의2에서 정하고 있는 바와 같이 특허청 산하 한국특허정보원 영업비밀보호센터 http://www.tradesecret.or.kr의 영업비밀 원본증명제도를 활용하는 것이 바람직하다. 영업비밀과 관련하여 분쟁이 발생하면 어느 범위까지를 영업비밀로 볼 것인지에 대해 치열하게 다투게 되는데, 영업비밀 원본증명제도를 이용할 경우에는 이와 같은 문제점을 해소할 수 있다

영업비밀
보호센터
바로가기

는 장점이 있다.

최근 중소기업의 기술 등 영업비밀에 대한 침해(기술의 탈취, 편취, 유출, 유용 등) 문제가 많이 발생하고 있는데, 기술침해행위는 단 한 번의 발생만으로도 사업의 존립이 위태로워질 수 있는 심각한 문제에 해당하므로 무엇보다 사전예방이 중요하다. 중소벤처기업부 산하 기관인 기술보증기금은 중소기업의 기술유출을 사전에 예방하기 위한 제도로 '기술지킴이'와 '증거지킴이' 서비스를 운영하고 있어 이를 활용할 수 있다. '기술지킴이'는 기술·경영상 핵심비밀이 외부로 유출되는 것을 방지하기 위해 공신력 있는 제3의 기관에 비밀을 보관하고 기술유출이 발생할 경우 그 기술의 보유자임을 증명할 수 있는 제도이고, '증거지킴이(Technology data Transaction record Registration System)'는 사업제안, 입찰, 공모 등 기술거래 과정에서 발생하는 각종 비공식 기술탈취 증거자료를 기술보증기금에 등록해 놓고 향후 분쟁 발생 시 활용할 수 있도록 보관하는 제도이다.

그림 1-3 기술보증기금 홈페이지 접속화면

스타트업 법률가이드

투자,
약인가 독인가?

CHAPTER 02

제2장

투자,
약인가 독인가?

차상익 변호사

제2장
참고자료(PDF)
바로가기

KEY POINT

▸ 투자와 대출의 차이
  • 주식회사를 설립하는 이유
  • 투자는 지분의 변동이 따름
▸ 연대보증의 의미 ➡ 채무자와 동일한 책임 부담
▸ 주식매수청구권의 의미
  • 사실상 연대보증과 동일한 효과
▸ 주식 매각과 신주발행의 차이
  • 주식 매각 – 주주 개인의 주식 양도
  • 신주 발행 – 회사의 주식 신규 발행
▸ 보통주와 우선주의 차이 : 전환상환우선주
  • 이익분배에 관한 우선주
  • 잔여재산 분재에 관한 우선주
  • 상환우선주
  • 전환우선주
  • 보통주와 전환상환우선주의 차이점

창업자Entrepreneur는 자신의 자금 또는 가족이나 친지로부터 빌린 자금Seed Money으로 사업을 시작한다. 사업아이템에 따라 차이가 있지만 상당수의 창업자가 얼마 지나지 않아 구상했던 사업 모델을 시장에 제대로 출시도 못한 채 초기자금Seed Money을 소진한다. 그렇다고 사업을 중단할 수도 없어 창업자는 사업 유지 자금을 마련하기 위한 방법을 고민하게 될 수밖에 없다.

자금을 조달하기 위한 방법 중 대표적인 것은 투자와 대출이다. 대부분의 창업자는 금융기관으로부터 돈을 빌릴 경우 이자 지급 및 대출금 상환에 대한 부담감 때문에 대출보단 투자를 선호한다. 그러나 투자금일지라도 아무런 책임이 없는 것이 아니며, 투자자는 금융기관과는 달리 회사의 경영에 관여하기 때문에, 창업자로서는 자신의 상황이나 필요한 자금 규모, 수익 발생 예상 시점 등을 기준으로 대출보다 투자가 더 유리한지 아닌지를 판단하여야 할 것이다.

상품·서비스의 시장 출시 이후 사업 확장을 목적으로 투자를 유치하는 시리즈B 이상의 단계(라운드)에서 창업자는 자금의 목적, 용도, 필요한 자금의 액수 등에 적합한 조달방법(대출, 사채, 신주발행 등)을 선택할 수 있는 여지가 좀 더 넓다. 그래서 이번 챕터에서는 엔젤 투자와 시리즈 A단계, 즉 아직 상품·서비스가 시장에 출시되기 전과 같은 초기 단계에서 투자를 받을 때 유의하여야 할 사항을 중점적으로 다루고자 한다.

1. 투자, 반드시 받아야 하나?

자금을 조달하기 위해서라면, 대출이 투자보다 더 손쉽고 간편한 방법이다. 그러나 대부분의 창업자는 대출 대신 투자를 선호한다. ① 대출은 신용이나 담보 등에 따라 조달 가능한 금액에 한계가 있지만, 투자는 한계가 없다는 점, ② 사업이 실패할 경우 대출은 상환하여야 하지만, 투자는 그러지 않아도 될 가능성이 높다는 점, ③ 투자자가 가진 지식, 인적 네트워크 등을 이용할 수 있다는 점, ④ 투자를 받는 과정에서 자신의 사업아이템을 검증할 수 있다는 점 등을 매력적으로 생각하기 때문이다.

그러나 투자는 그 대가로 미래 수익을 제공해야 한다. 회사가 성장함에 따라 발생하는 이익을 투자자가 계속 가져간다. 또한, 투자자는 투자로 인한 위험을 줄이기 위해 회사 경영에 관여할 수 있는 권리를 요구하기도 한다. 마지막으로 선행 투자의 조건이 후행 투자에도 영향을 미치기 때문에 신중히 결정하지 않으면 앞으로의 자금 조달에 악영향을 미칠 수도 있다. 이러한 이유 때문에 투자는 단순히 현재 자금을 조달하기 위한 목적만으로 받아서는 안 되며 사업 과정에 맞춰 계획적으로 받아야 한다.

예를 들어 보자. 창업자가 자신의 기업 가치를 12억 원으로 평가받고 지분 20%(300주)를 발행하여 투자자에게 배정하는 대가로 3억 원을 투자 받았다고 가정하면, [기업가치: 15억 원, 발행주식: 1,500주, 창업자 1,200주, 투자자 300주, 1주당 가치: 100만 원]이 된다.

사례 1 창업자가 투자를 받고 얼마 지나지 않아 시장에 출시한 상품이 큰 호응을 얻어 기업가치가 50억 원으로 상승하였다. 창업자는 상품을 시장에 출시할 준비가 되어 있었음에도 불구하고 불필요한 투자를 받음으로써 본인이 얻어야 할 이익의 일부를 투자자에게 배분해야 한다. 투자금의 용도가 명확하였고, 사업 리스크 등을 감안해 대출 대신 투자를 받은 것이라면 이는 옳은 선택이었겠지만, 그렇지 않았다면 이는 매우 잘못된 선택이 될 수도 있다.

사례 2 준비 과정에서 예상보다 더 많은 자금이 소요되어, 투자금을 모두 사용하고도 상품을 시장에 출시하지 못했고 사업 모델의 검증도 이루어지지 않은 채 시간이 흘러 기업가치가 12억 원으로 하락하였다(1주당 가치 80만 원으로 하락). 창업자는 자신이 필요한 자금을 잘못 계산한 것이다. 대출이었다면 추가로 융자를 받거나 또는 투자를 유치하는 것으로 쉽게 해결될 수도 있는 상황이지만, 이 경우에는 최초 투자자와의 조율이 필요하기 때문에 추가 자금 조달 시 여러 문제가 발생할 수도 있다. 최초 투자자는 창업자가 대출을 받거나 신규 투자를 받는 것을 거부하고, 즉시 회사를 정리하여 투자금을 회수하는 방법을 선택할 가능성이 있기 때문이다. 이 경우, 창업자는 투자자에게 투자금을 모두 돌려주지 않는 이상, 이를 거부할 수 있는 방법이 없게 된다.

만일 기존 투자가가 신규 투자 유치에 동의하더라도 신규 투자와 동일한 조건을 적용 받기를 원하기 때문에, 창업자는 신규 투자를 받기 위해 신주 75주를 발행(기업가치 감소에 따른 투자 손실의 보전액)하여 기존 투자자에게 배정하는 등의 조치를 취하여야 할 것이다(375

주×주당 가치 800,000원=3억 원).

사례 3 상품 출시 준비 과정에서 투자가가 투자금의 용도, 주주총회의 개최, 이사의 임면 등에 대해 문제를 제기할 수도 있다. 투자를 받은 이후 창업자는 투자자에게 사업진행상황을 주기적으로 보고하여야 하고, 경영판단에 있어서도 투자자의 동의를 받아야 하는 경우가 있는 등 자신의 뜻대로만 사업을 진행할 수 없게 된다. 과도한 경영간섭으로 인해 실패한 스타트업의 사례는 종종 발견된다. 아직까지는 스타트업 엑셀레이터와 같이 창업자를 다방면으로 지원하는 사례보다는, 정작 사업에는 무관심하다가 회사가 어려움을 겪을 때 경영에 이의를 제기하는 투자자의 사례가 더 많다는 게 문제다.

사례 4 제3자가 회사를 인수하려할 때 회사의 주주들(창업자, 투자자)의 의견이 나뉘는 경우가 자주 발생한다. 회사를 인수하는 측의 입장에서는 경영권 확보를 위하여 50% 이상의 지분을 취득하여야 한다. 창업자가 50% 이상의 지분을 가지고 있다고 하더라도, 창업자는 주주간 계약에 따라 자신의 지분을 넘기기 전에 투자자들의 동의를 받아야 한다. 그 결과 모든 주주의 동의를 받기 전까지는 M&A가 불가능하거나, 또는 반대하는 주주에게 인센티브를 제공하여야 하는 경우가 발생한다. 각 투자 단계에서 소수주주의 지분을 매수하는 등의 방법으로 주주의 수를 조절하는 방안도 고려할 필요가 있다.

사례 5 창업자 또는 동업자는 사업모델의 가능성이 낮다고 판단하여 더 이상 스타트업을 운영하는 것을 그만두기를 원할 수 있다. 대출이었다면 남은 자산으로 채무를 변제하고 회사를 정리하거나 퇴사하는 방법으로 그만둘 수 있다. 그러나 투자의 경우에는, 주주 간

계약서의 구속을 받기 때문에 투자자의 동의 없이는 창업자 또는 동업자는 회사를 정리하거나 퇴사하는 데 큰 제약을 받게 된다. 그리고 최악의 경우에는 투자자에게 투자금은 물론 위약금까지 지급해야 할 수 있다.

결론적으로, 투자는 스타트업에 매우 매력적인 자금 조달방법이지만 명확한 계획을 가지고 진행하여야 하며, 그렇지 않을 경우 앞으로의 사업에 악영향을 끼칠 수 있다는 점, 그리고 투자자에 대하여 책임을 부담하고 여러 구속을 받게 된다는 점에서 신중하게 고민해야 한다. 수익이 발생할 시점, 필요한 자금, 앞으로의 사업진행계획 등을 면밀히 검토하여 투자, 대출, 아니면 제3의 방법 중에서 합리적인 자금조달 방법을 선택하여야 할 것이다.

최근, 중소기업진흥공단, 기술보증기금, 지방자치단체 등에서 창업자금을 유리한 조건으로 대출해주고 있으므로, 초기단계에서는 투자보다 대출을 검토하는 것이 바람직하다.

2. 투자와 대출은 무엇이 다른가?

우리나라 법원의 판례에서 대출과 투자를 가르는 기준은 수익 발생의 불확실성, 원금의 보장 여부, 돈의 지급 경위와 동기, 원금에 대한 대가의 고정성, 당사자들의 의사 등을 종합적으로 고려하여 판단한다.

대출은 고정적인 수익(이자)이 발생하지만, 투자는 사업의 성공 여부에 따라 손실이 날 수도 있다. 즉, 투자는 고위험고수익High Risk High Return 성향이 강해 자금을 전혀 회수할 수 없는 위험을 감수하는 대신 위험을 줄이기 위해 투자 회사의 경영에 관여하는 경우가 많다. 경영 관여를 통해 투자금이 정해진 용도 외에 사용되지 않도록 하고, 수익 감소 방지를 위한 여러 장치를 마련하기도 하며, 회사 기만 행위에 의한 투자 손실이 발생했을 경우엔 창업자로부터 투자금을 회수하는 조치를 취하기도 한다.

이에 비하여 대출은 채무자의 상환능력을 평가해 대출금을 정하기 때문에, 원리금의 상환이 보장된다. 대신 채권자가 대출금의 용도를 제한하는 등 회사 경영에 관여하지 않는다는 점에서 투자와는 큰 차이가 있다.

3. 연대보증은 꼭 피하자

연대보증의 의미

먼저 보증과 연대보증에 대해 규정하고 있는 민법 규정을 간단하게 살펴보자. 민법 제428조 제1항은 "보증인은 주채무자가 이행하지 아니하는 채무를 이행할 의무가 있다", 제2항은 "보증은 장래의 채무에 대하여도 할 수 있다"고 규정하고 있다. 또한 제437조 단서는 보증인이 주채무자와 연대하여 채무를 부담한 경우에는 보증인의 최고, 검색의 항변권이 인정되지 않는다고 규정하고 있다.

그러므로 보증이란 주채무자(회사)가 이행하지 않는 채무를 보증인이 이행하기로 하는 약정이며, 연대보증이란 보증인이 주채무자

(회사)와 함께 채무를 이행하기로 하는 약정이다.

연대보증은 보증과 달리 최고, 검색의 항변권이 없다는 특징을 갖고 있다. 쉽게 말해 보증인은 주채무자가 재산이 있다는 사실과 채무 반환의 강제 집행이 가능하다는 사실을 증명하면 채무를 이행할 의무를 지지 않지만, 연대보증인은 주채무자가 재산이 있는 사실과 무관하게 채무 이행 의무를 진다.

창업자는 회사의 채무를 보증하게 되는 경우가 많다. 특히 과거엔 신용보증기금이나 기술신용보증기금 등 국책금융기관마저 대표자에게 연대보증을 요구하는 사례가 다반사였다. 이 때문에 사업에 실패한 창업자가 연대보증인으로서 회사의 채무를 이행하여야 했으며, 이를 감당하지 못해 신용불량자가 되는 경우가 많았다. 더 나아가, 회사의 일시적인 유동성 부족으로 창업자가 자신의 재산을 강제 집행 당해 사업을 중단하게 되거나, 새 사업을 시작하는 것이 매우 어려워지는 등 연대보증의 폐해가 매우 심각했다.

연대보증제도의 완화

연대보증으로 인한 사회적 폐해를 줄이기 위한 조치로 '보증인 보호를 위한 특별법'(이하 '보증인보호법')이 제정되어 지난 2016년 12월부터 시행되고 있다.

보증인보호법의 핵심은 ① 보증계약을 체결하거나 보증기간을 갱신할 때 보증채무 최고액을 서면으로 특정하여야 하고(제4조), ② 주채무자가 채무의 이행을 4개월 이상 이행하지 않는 경우에는 채권자에게 통지의무 등을 부과하며(제5조), ③ 근보증(계속적 보증)의 경우에는 채무의 최고액을 서면으로 특정하지 않으면 그 효력이 없도록 하고 있으며(제6조), ④ 보증기간 약정이 없는 경우에는 그 기간을 3년으로 하고, 보증기간에 대해 채권자가 반드시 보증인에게 고지하도록 규정하고 있으며(제7조), ⑤ 채권자가 금융기관일 경우에는 보증계약을 체결하거나 보증기간을 갱신할 때 반드시 채무자의 채무 관련 신용정보를 보증인에게 제시하고 보증인의 기명날인이나 서명을 받도록 규정하고 있으며(제8조), ⑥ 보증인보호법을 위반하는 약정으로 인해 보증인이 불리한 상황에 처할 경우 그 효력이 없도록 규정하였다(제11조).

이와 같이 보증인보호법을 통해 연대보증의 요건과 절차를 다소 강화하기는 하였지만, 여전히 금융기관이나 신용보증기금 등으로부터 대출을 받을 때 연대보증을 요구하는 경우가 있다. 다행스럽게도 최근에는 대표이사 개인에 대한 연대보증을 요구하지 않는 방향으로 정책 개선이 이뤄지고 있다는 점은 긍정적인 부분이다.

투자받을 때 보증 또는 연대보증을 요구할 경우

투자를 받으면서 주주간 계약(창업자와 투자자 사이의 계약)을 체결할 때 투자금에 대하여 창업자의 보증 또는 연대보증을 요구하는 경우가 있다. 투자자는 창업자의 도덕적 해이 및 배임 행위를 막기 위하여 보증(또는 연대보증) 조항을 삽입하기를 원하는데, 이와 같은 연대보증 요구에 대해서는 매우 신중히 결정하여야 한다. 스타트업이 순조롭게 성장해 나간다면 아무런 문제가 없겠지만, 열심히 하였음에도 좋지 못한 결과가 나왔을 때 연대보증은 창업자를 옭아매게 된다.

또한, 최근 주식매수청구권Put-Option이 주주간 계약서에 기재되어 있는 경우가 많은데, 이 역시 스타트업 투자계약에서는 연대보증조항과 매우 유사한 효과를 가지고 있으므로 유의할 필요가 있다. 주식매수청구권이란 투자자가 특정 조건이 달성되면 회사나 창업자를 상대로 자신이 보유한 주식을 신주인수가액 또는 그 이상의 금액으로 매수할 것을 청구할 수 있는 권리다. 사업에 실패할 경우 회사는 주식을 매수할 수 있는 자산이 없어 창업자가 투자자 보유 주식을 신주인수가액 또는 그 이상의 금액으로 매수할 의무를 지게 된다는 점에서 사실상 연대보증과 동일한 효과(실질적으로 투자금의 원금상환을 보장하는 약정)가 있으므로 반드시 유의하여야 할 것이다.

제23조(계약위반에 대한 조치)[1]
① 회사 또는 이해관계인에게 다음 각 호 사유가 발생하고 투자자의 시정 요구에 응하지 않을 경우 투자자는 회사 또는 이해관계인에게 본 계약으로 인수한 주식 전부 또는 일부를 매수할 것을 청구할 수 있다.
  1. 별지1 진술과 보장 제14조의 사항이 허위인 것으로 밝혀진 경우
  2. 제12조 및 별지2 투자금 사용용도를 위반한 경우
  3. 제13조 기술의 이전, 양도 겸업 및 신회사 설립 제한 의무를 위반하고, 투자자의 시정 요구에 30일 내 응하지 않는 경우
  4. 제15조를 위반하여 투자자의 동의 또는 협의없이 각 호 사항을 진행한 경우
  5. 제16조 자료 제출 및 설명의무를 위반하여 투자자의 시정 조치 요구에도 불구하고 3회 이상 이를 이행하지 않은 경우

6. 제18조 회계 및 업무감사 협조 또는 시정조치 의무를 위반한 경우
7. 제21조에 따른 투자자의 사전 서면동의없이 이해관계인이 주식을 처분한 경우
8. 제22조에 따른 투자자의 우선매수권 내지 공동매도권을 보장하지 않은 경우 또는 투자자에게 통보한 것과 다른 조건으로 보유 주식을 매도한 경우

위 제23조 제1항은 상환전환우선주 인수계약서 샘플에 포함된 것인데, 이에 따르면, 투자자는 위 1호 내지 8호의 사유가 발생하면 이해관계인(창업자 등)에게 자신이 인수한 주식의 전부를 인수대금 이상으로 매수하도록 할 수 있다. 위 1호 내지 8호의 사유는 창업자를 비롯한 이해관계인의 도덕적 해이를 방지하기 위한 것이므로, 창업자는 반드시 이를 준수하여야 한다. 그러나 스타트업 투자계약에서 주식매수청구권을 규정하는 도덕적 해이의 방지라는 취지를 벗어나, 투자자의 이익을 보전하기 위한 목적으로 주식매수청구권의 발생사유를 규정하는 사례가 있으므로, 계약체결 시 투자자와 주식매수청구권의 발생사유에 대하여 논의하여야 하며, 주식매수청구권의 발생사유에 따라 주식매매대금을 산정하는 방법을 다르게 정하는 방법도 고려할 필요가 있다.

예를 들어, 투자자는 제3자에게 회사를 매각함으로써 자금을 회수하려고 하는데, 창업자가 이에 반대하고 협조하지 아니하는 경우, 이를 주식매수청구권의 발생사유로 정하고 그 매매대금을 제3자에

---

1 상환전환우선주 인수계약서 샘플 참조.

게 매각하려 했던 금액으로 정하는 사례가 다수 있다. 이 경우, 창업자는 주식매수청구권을 인정할 것인지 인정한다면 그 대금을 어떻게 정할 것인지 검토할 필요가 있다.

> **TIP** 투자자에게 주식매수권이 발생하는 조건은 매우 복잡하게 규정되어 있기 때문에, 창업자는 주식매수권이 어떤 경우에 발생하는지 예상하기가 매우 어렵다. 반드시 창업자는 주식매수권이 발생하는 조건들을 모두 나열하여 숙지한 후, 이를 회사를 경영할 때 항상 유의하여야 한다.

4. 주식을 매각할 것인가, 아니면 신주를 발행할 것인가?

투자자가 특별한 조건 없이 투자를 결정하고 보통주를 원하는 경우라면, 신주 발행 대신 창업자가 보유한 주식을 매각하는 것도 고려할 수 있다. 대부분의 경우 투자자의 요구를 반영하여 전환상환우선주를 발행하는 경우가 대부분이기 때문에, 주식을 매각하는 사례는 매우 드물다. 단, 투자자가 가족·친구 등 가까운 지인일 경우엔 신주를 발행하는 복잡한 절차를 거치지 않고 창업자 보유 주식의 매각을 고려해 볼 수 있다.

신주를 발행한 경우에는 주식납입금이 회사 계좌로 입금되어 회사 재산이 되지만, 주식 매각 시엔 주식매매대금이 창업자의 계좌로 입금되어 창업자 개인의 재산이 된다는 점에서 큰 차이가 있다. 이 때문에, 주식을 매각한 경우 창업자는 주식매매대금을 다시 회사에 대여하는 절차를 거쳐야 한다. 이 같은 이유 등 때문에 투자자는 특수한 상황이 아닌 이상 창업자의 주식을 매수하는 방법으로 투자하지 않는다.

5. 보통주 vs 우선주

주주의 권리는 주식의 수에 비례해 정해지고, 주식의 내용은 모두 평등한 것이 원칙이다. 그러나 상법은 주주평등의 원칙에 대한 예외를 규정하고 있는데, 이를 우선주라고 한다. 즉, 이익의 배당, 잔여 재산의 분배, 주주총회에서의 의결권의 행사, 상환 및 전환 등에 관하여 (내용이 다른 주식을 종류주식, 즉 보통의 주식 → 보통주Common Stock) 보다 우선하는 권리를 가지고 있다는 의미에서 우선주Preferred Stock라고 부른다.

일반적으로 투자를 받을 때, 회사는 전환상환우선주RCPS: Redeemable Convertible Prefereed Stock를 발행한다. 전환상환우선주란 상환과 전환에 있어 보통주보다 우선적인 권리를 가지고 있는 주식을 말하는데, 실제 투자계약에서 전환상환우선주의 세부적인 내용을 살펴보면, 이익의 배당, 잔여재산의 분배, 상환 및 전환 모두에 관하여 우선적인 권리를 가지는 주식이 대부분이다.

이익분배에 관한 우선주

회사가 이익을 주주에게 배당할 때, 보통주보다 배당액 등의 조건에서 우선하는 권리를 가지고 있는 주식을 뜻한다. 예를 들어 회사가 이익을 배당할 때 우선주의 주주에게 액면가의 1%를 먼저 배당하기로 한 경우에는, 배당가능이익에서 우선주의 주주에게 액면가의 1%를 먼저 배당한 다음, 보통주의 주주와 우선주의 주주가 주식의 수에 비례하여 배당을 받게 된다.

잔여재산 분배에 관한 우선주

우선주의 주주가 회사를 청산하는 과정에서 잔여재산의 분배에 관하여 보통주의 주주보다 우선하는 권리를 가지는 것을 의미한다. 주주는 자신의 보유한 주식의 수에 비례하여 잔여재산을 분배 받는 것이 원칙이지만, 잔여재산분배우선주가 발행된 경우에는 잔여재산분배우선주에서 정한 방법에 따라 분배 방법이 달라진다. 예를 들어, 잔여재산분배우선주의 주주에게 해당 주식의 인수가액을 먼저 잔여재산에서 분배 받을 수 있는 권리를 부여한 경우에는, 잔여재산에서 우선주의 주주에게 인수가액을 먼저 배당한 다음, 잔여재산이 남은 경우에 한하여 재산 분배가 이뤄진다.

상환우선주

특정 조건이 달성되면(주식 발행 3년 이후, 회사 또는 주주의 요구가 있는 경우 등), 회사 이익금으로 상환할 수 있는 주식을 상환우선주라고 한다. 예를 들어 주식발행 3년 이후 우선주 주주의 요구 시 해당 주식의 인수가액에 연 8%의 이자를 가산한 금액으로 회사가 상환하기로 하는 권리를 우선주의 주주에게 부여하였다면, 회사는 이익의 범위 내에서 반드시 이 계약을 이행해야 한다.

전환우선주

전환우선주란 다른 종류의 주식(보통주 또는 다른 우선주)으로 전환할 수 있는 권리가 부여된 주식을 말한다. 일반적인 스타트업 투자계약서에서는 10년이 경과하거나 투자자가 요구하면 전환비율에 따라 보통주로 전환된다고 규정하고 있다. 통상적으로 우선주는 자금 조달을 위하여 주식을 발행하면서도 경영권을 지킬 목적으로, 의결권이 없는 대신 이익배당에 관해 우선권을 주는 방식으로 활용되어 왔다.

그러나 스타트업(계)에서는 투자자의 권리를 보다 폭넓게 보장하기 위하여 이익의 배당, 잔여재산의 분배, 상환, 전환 등에 관하여 모두 우선권을 가지면서도 의결권도 가지는 우선주가 발행된다. 창업자 또는 회사 입장에선 보통주를 발행하는 것이 낫지만 계약상 권력 우위에 있는 투자자는 자기에게 보다 유리한 우선주의 발행을 요구하는 것이 대부분이어서 우선주 발행 조건 등을 적절하게 조율할 필요가 있다. 다만, 최근 보통주와 우선주를 일정비율로 나누어 투자하는 사례가 조금씩 늘고 있고, 모태펀드에서도 보통주의 투자 비중을 높일 것을 벤처캐피탈에 요구하고 있으므로, 무조건적으로 우선주를 발행하는 관행은 점차 사라질 것으로 보인다.

표 2-1 보통주와 전환상환우선주의 비교

구 분		보통주	우선주
설명		일반주 (창업자 선호)	이익분배, 잔여재산분배, 상환, 전환에 있어서 우선적인 권리를 가지는 주식(투자자 선호)
창업자	장점	창업자에게 아무런 부담이 없음	회사(창업자)도 상환권을 가진다면 지분을 지킬 수 있으나 그렇지 않다면 보통주에 비 하여 장점이 없음
	단점	우선주와 비교하여 단점이 없음	배당, 잔여재산분배 등에서 투자자에 비해 후순위 권리를 가짐 투자자가 상환권을 행사할 경우, 상환에 대 한 부담이 있음
투자자의 지위		창업자와 동일한 지위	회사의 이익과 잔여재산에서 먼저 원금을 상 환 받을 수 있음 상환권과 전환권을 이용하여 여러 가지 상황 에 효과적으로 대응할 수 있음

계약 체결 시
유의사항

CHAPTER **03**

제3장

계약 체결 시
유의사항

안희철 변호사

제3장
참고자료(PDF)
바로가기

KEY POINT

▸ 계약의 의미
▸ 계약서 작성 시 유의사항
  • 주체의 특정
  • 권리·의무의 내용을 명확하게 기술
  • 계약불이행 시 구제방안
  • 위약금과 위약벌 및 손해배상예정액의 구분
  • 효력 시기
  • 이행보증보험의 활용
▸ 지식재산권 관련 계약 시 유의사항
▸ 양해각서 체결 시 유의사항
▸ 스톡옵션(주식매수선택권) 부여계약 체결시 유의사항
▸ RSU(제한조건부주식, Restricted Stock Unit) 부여 시 유의사항

1. 계약, 왜 중요한가?

> **사례** A씨는 이번에 대학교 친구들과 공유경제 플랫폼을 이용한 앱을 개
> 발한 후 회사를 설립하여 본격적으로 스타트업을 시작했다. 법을 잘 모르
> 지만 여러 사람들의 도움을 받아서 회사는 설립하였는데, 주변 사람들의
> 이야기를 듣다보니, 초기 창업자들 사이의 주주간 계약도 체결해야 하고,
> 회사 사무실을 이전해야 해서 임대차계약도 다시 체결해야 할 것 같다. 거
> 기다가 회사를 꾸준히 경영을 하다 보니 다른 회사들과도 여러 가지 다양
> 한 계약을 체결해야 하는 상황에 이르렀다.
> 회사 규모가 작을 때는 각각의 계약들이 간단하고 별 것 아닌 것처럼 보였
> 는데, 회사 규모가 커지고 회사 경영과 연관되는 사람들, 즉 이해관계인들
> 이 많아지다 보니 계약의 내용도 복잡해지고 계약의 종류도 너무 많아서
> 혼란스럽다. 어떻게 해야 계약을 잘 체결할 수 있는 것일까?

스타트업을 경영하다보면 물품공급 계약부터 각종 매매계약, 하
도급계약, 보증계약, 공사계약, 용역계약, 사무실 임대차 계약 등 수
많은 계약을 체결한다. 어떠한 종류의 계약이든 일단 상대방과 계약
을 체결하는 경우 권리나 의무의 행사가 계약 내용에 귀속된다.

계약이 성립하기 위해선 원칙적으로 의사표시의 합치, 즉 합의가
존재해야 한다. 일반적으로 계약 체결 시점에는 당사자 간 특별한 분
쟁 없이 원만한 대화 속에 합의를 하고, 합의 내용을 바탕으로 계약
을 체결한다.

문제는 계약 체결 이후다. 계약 당사자 중 일방 또는 쌍방 모두가
계약 내용에 따른 의무를 다하지 않거나 의무 이행이 불가능한 상황

에 직면하는 경우가 발생한다. 이 경우 당사자 사이에 어떠한 계약이 이뤄졌고, 각 당사자는 어떠한 권리·의무가 있는지, 그리고 계약 내용에 따라 의무를 이행하지 않았을 경우 어떻게 손해를 배상하기로 했는지 등을 따져봐야 한다.

위에서 언급한 대로 법률적으론 당사자 사이에 의사의 합치가 이뤄지기만 하면 굳이 계약서를 작성하지 않아도 계약은 체결된 것으로 본다.[1] 다만, 계약서가 작성되지 않으면 어떤 합의를 했는지 명확히 알 수 없기 때문에 계약의 내용을 문서로 남겨두기 위해 계약서를 작성하는 것이다. 즉 각 당사자에게 계약상 어떠한 권리·의무가 있고, 어떠한 손해배상책임이 있는지 등을 판단함에 있어 근거가 되는 것이 바로 계약서다. 지금부터 계약서 작성 시 유의사항에 대해 살펴보고자 한다.

2. 계약서 작성 시 유의사항

주체(당사자)의 특정

계약이란 권리의 발생·변경·소멸(변동)을 목적으로 서로 대립하는 2인 이상의 법률 주체가 본인들의 의사를 합치함으로써 이뤄지는 법률행위를 의미하므로 당연히 계약 체결엔 2인 이상의 주체가 필요하다.

---

[1] 흔히 '구두계약도 계약'이라고 이야기하곤 하는데, 계약서를 작성한 후 날인하지 않았어도 각 당사자들 사이에 의사의 합치만 이뤄지면 계약은 체결되는 것이다. 다만, 계약서가 작성되지 않으면 그 내용을 명확히 알 수 없고, 추후 분쟁이 발생했을 때 각 당사자에게 어떠한 권리·의무가 있는지 알기 어려울 뿐이다.

그러므로 우선 어떤 당사자가 계약을 체결하는지 그 주체(당사자)를 명확히 해야 한다. 즉 계약의 주체가 법인인지, 법인의 직원인지, 또는 개인사업자인지 등을 정확히 명기해야 한다. 특히 법인과 개인의 법인격(법적 주체)은 명확히 다른 개념이다. 즉 특정 법인의 대표이사 개인과 법인은 법적으로 다른 주체이므로 이를 구분해 계약을 체결해야 한다.

> 예컨대, 법인과 계약을 체결할 경우에는 '주식회사 ○○○○ 대표이사 홍길동'과 같이 기재하고 '법인 인장(도장)'을 날인하여야 한다. 만일 대표이사 홍길동의 개인 인장을 날인했다면 계약 당사자가 주식회사 ○○○○인지, 홍길동 개인인지 명확하지 않아 향후 분쟁 가능성이 높다. 만약 '주식회사 ○○○○' 없이 '홍길동'만 기재하고 홍길동 개인 도장을 날인했다면 계약의 주체는 주식회사 ○○○○가 아닌 홍길동이 된다. 이렇게 계약서를 작성했을 경우 계약에 따른 권리·의무는 법인(주식회사 스타트업)이 아닌, 법인의 대표이사 '홍길동'에게 있다고 해석될 수밖에 없으므로 주의해야 한다.

권리·의무의 명확화

계약 체결과 동시에 각 당사자에겐 계약 내용에 따른 권리·의무가 부여된다. 예를 들어, 특정 물건에 대한 매매계약을 체결하게 되면 매도인은 매수인에게 물건을 인도해야 할 의무가 발생하게 되고, 매수인은 매도인에게 대금을 지급할 의무가 발생하게 된다. 그런데 만일 '어떤' 물건을 '언제까지' 인도해야 하는 것인지, 또는 '얼마에' 그 물건을 매도하는 것 등에 대해 명확히 기재하지 않았다면 어떻게 될까? 당연히 분쟁이 발생할 여지가 커진다.

추후 불필요한 분쟁 소지를 없애기 위해 계약서를 작성할 때에는 각 당사자들에 대한 권리·의무를 명확히 해야 할 필요가 있으며, 6하 원칙에 근거해 작성하는 것이 좋다. 즉, 계약 체결에 따른 행위를 누가(주체), 언제(권리·의무 이행시기), 어디서(권리·의무 이행방법), 무엇을(권리·의무 이행방법), 어떻게(권리·의무 이행방법), 왜(계약이 체결된 배경) 해야 하는지 등을 구체적으로 기재하면 문제 발생 소지를 크게 줄일 수 있다.

법률가가 아닌 일반인이 계약서를 직접 작성하는 경우 권리·의무의 대상이 되는 목적물을 정확히 특정하지 않는 실수를 범하기도 한다. 예컨대, 매도인으로부터 매수인이 파이프를 매수하는 계약을 체결한다고 가정해 보면 그 파이프의 종류를 구체적으로 명확히 할 필요가 있다. 수많은 종류의 파이프를 판매하는 매도인일 경우 계약상 명확히 기재된 파이프가 없다면 비슷한 것들 가운데 최대한 이익이 많이 남는 파이프를 매수인에게 넘겨주려고 할 것이다. 추후 매수인이 이에 대해 항의를 한다 해도 계약서상 매매 물건이 정확히 특정돼 있지 않으면 매도인에게 책임을 묻기 어려운 상황이 발생할 수 있다.

단지 물건 뿐 아니라 프로그램 개발 용역이나 물건제작계약, 공사계약 등에서도 비슷한 문제가 발생할 수 있다. 즉, 어떤 내용으로 프로그램 개발용역을 주었는지, 어떠한 형태로 물건을 제작하거나 공사를 진행하도록 계약을 체결하였는지 등을 서류상에 명확히 하지 않으면 추후 결과물이 만족스럽지 않더라도 그 책임을 묻기 어려울 수 있으니 이 점을 유의해 계약을 체결해야 한다.

참고로, 계약서나 법률 문장을 작성할 땐 주어, 일자, 상대방, 목적어, 행동 순으로 적는 것이 일반적이다. 예컨대, '갑은 2020. 10. 10.까지 을에게 ○○부동산을 인도한다'라고 기재하는 식이다. 사실 의미만 통한다면 반드시 이 순서를 따를 필요는 없다. 다만 계약서 등에 기재되는 문장은 다른 무엇보다 그 의미가 구체적이고 명확해야 하므로 법조인들은 통상 위와 같은 순서로 문장을 써 글의 모호성을 줄인다.

또한, 계약서를 작성할 때 각 당사자의 권리·의무가 모순되거나 이행이 애초에 불가능한 것은 없는지 명확히 해야 한다. 단순한 물건 매매계약서의 경우엔 각 당사자들의 권리·의무가 간단하지만, 다양한 종류의 물건을 매매하는 계약서나 다수 당사자 사이의 복잡한 권리·의무를 정하는 계약서의 경우에는 매우 복잡한 내용이 기재될 수 있다. 그 경우 기재된 각 당사자의 권리·의무가 의도치 않게 상호 모순적이거나 이행 자체가 불가능하도록 작성될 수도 있다. 복잡한 계약일수록 각 당사자의 권리·의무를 간략하고 명확하게 기재해야 분쟁 소지가 줄어든다.

계약불이행 시 구제방안

계약 체결 이후 각 당사자가 각자의 의무를 이행하지 않거나 불완전하게 이행하는 경우를 '채무불이행'이라고 하며, 당연히 채무불이행자는 그에 따른 책임을 져야 한다.

채무불이행자가 책임을 지는 방법은 여러 가지다. 상대방에게 발생한 손해를 금전적으로 배상하는 방법, 이행하지 않은 채무를 끝까지 이행하는 방법, 이행하지 않은 채무를 끝까지 이행하되 지연행위에 대해 별도로 금전적인 손해배상을 해 주는 방법 등(예컨대, 공사 계약 시 지체상금 지급). 채무불이행자에게 손해배상을 청구하거나 채무의 정상적인 이행을 요구했음에도 불구하고, 그 당사자가 계속해 채무를 이행하지 않는 경우 상대방은 불가피하게 소송을 제기할 수밖에 없는데, 이때 계약 내용에 따라 승패가 달라진다.

상대방의 채무불이행으로 금전적 손해배상을 청구하는 경우 손해액이 분명하게 입증되어야 하며, 그렇지 못할 경우 패소할 가능성도 있다. 예컨대 1억 원 상당의 물건매매계약을 체결하고 1억 원을 지급했음에도 불구하고, 상대방이 물건을 인도해 주지 않으면 그 손해액은 1억 원 및 지연 손해금 상당의 금전이 되므로 손해액이 명확히 입증된다. 반면 아파트 공사의 하자와 같이 개인이 정확한 손해의 범위 및 정도를 알기 어려운 경우엔 감정인의 감정 등을 통해 손해액을 산정해야 하는 상황이 발생하기도 한다.

한편, 특정인의 초상권 침해나 명예훼손, 사건 발생 이후의 시간 경과 등 때문에 손해액의 정확한 산정이 어려운 경우도 많다. 이러한 경우에 대비해 '위약금', '위약벌', 그리고 '손해배상 예정'이라는 것을 별도로 규정하여 계약을 체결하기도 하는데, 구체적 내용은 다음과 같다.

위약금과 위약벌 그리고 손해배상 예정이란?

우선 '손해배상액의 예정'이라 함은 채무불이행이 있을 경우 채무자가 지급해야 할 손해배상액을 미리 당사자 간에 합의로 정해 놓은 것을 말한다. 손해배상액의 예정은 손해가 발생하기 전 미리 배상액을 정해 놓는다는 점에서 손해 발생 후 이뤄지는 손해배상액의 합의와는 구별된다. 손해배상액의 예정은 분쟁을 사전에 방지해 법률관계를 간결하게 해결하는 것 외에도 채무자에게 심리적으로 경고를 가함으로써 채무 이행을 확보하려는 데 그 목적이 있다.

'손해배상액의 예정'은 사전에 합의된 예정액으로 손해를 배상하는 것이 원칙이다. 즉 손해를 배상해야 하는 자가 실제로 손해 발생이 없거나 손해액이 예정액보다 적다는 사실을 증명하더라도 그것 하나만으론 예정액의 지급을 면하거나 감액을 청구하지 못한다. 민법 제398조 제2항에 따르면 예정액을 감액할 수 있는 '부당히 과다한 경우'란 손해가 없거나 손해액이 예정액보다 적다는 것만으로는 부족하고, 계약자의 경제적 지위, 계약의 목적 및 내용, 손해배상액 예정의 경위 및 거래관행 등 여러 사정을 고려해 예정액의 지급이 경제적 약자의 지위에 있는 채무자에게 부당한 압박을 가하여 공정성을 잃는 결과를 초래한다고 인정되는 경우를 의미한다(대법원 2016. 3. 24. 선고 2014다3115 판결 등 참조).

그리고 위약금은 민법 제398조 제4항에 의하여 손해배상액의 예정으로 추정된다. 따라서 신주인수계약서 등에서 위약금을 정한 경우에는 손해배상액의 예정으로 해석하는 것이 기본적이며, 위약금 이외의 추가적인 손해배상청구가 인정된다고 보기 어렵다.

이에 반해 '위약벌'은 손해배상과는 상관없이 계약의 이행을 확보, 강제할 목적으로 미리 당사자 간의 합의로 정해 놓은 일종의 제재금으로서의 성질을 갖는 것을 말한다. 위약벌을 정한 경우에는 위약별 외의 추가적인 손해배상청구가 가능하다는 점에서 '손해배상액의 예정'과는 차이가 있다.

위약금이 위약벌로 해석되기 위해서는 특별한 사정이 주장·입증되어야 한다(대법원 2009. 7. 9. 선고 2009다9034 판결, 대법원 2016. 3. 24. 선고 2014다3115 판결 등 참조). 계약을 체결할 당시 위약금과 관련하여 사용하고 있는 명칭이나 문구뿐 아니라 계약 당사자의 경제적 지위, 계약 체결의 경위와 내용, 위약금 약정을 하게 된 경위와 교섭 과정, 당사자가 위약금을 약정한 주된 목적, 위약금을 통해 그 이행을 담보하려는 의무의 성격, 채무불이행이 발생한 경우에 위약금 이외에 별도로 손해배상을 청구할 수 있는지 여부, 위약금의 규모나 전체 채무액에 대한 위약금의 비율, 채무불이행으로 인하여 발생할 것으로 예상되는 손해액의 크기, 계약당시의 거래 관행 등 여러 사정을 종합적으로 고려하여 위약금의 법적 성질을 판단한다.

다만 위와 같은 대법원 판례에 따르면, '위약금'을 '위약벌'로 해석할 수 있을지 여부가 매우 애매하고 판단하기도 어렵다. 이 때문에 위약벌과 위약금 가운데 어떤 법률용어를 사용하느냐에 상관없이 '추가 손해가 발생한 경우에는 추가 손해까지도 배상하여야 한다'는 내용을 명시적으로 기재해 불필요한 분쟁의 소지를 줄이는 경우가 많다.[2]

---

2 한편, 현저히 불공정한 위약벌에 대하여 우리나라 대법원은 "위약벌의 약정은 채무의 이행을 확보하기 위하여 정해지는 것으로서 손해배상의 예정과는 그 내용이 다르므로 손해배상의 예정에 관한 민법 제398조 제2항을 유추적용하여 그 액을 감액할 수 없으나, 그 의무의 강제에 의하여 얻어지는 채권자의 이익에 비하여 약정된 벌이 과도하게 무거울 때에는 그 일부 또는 전부가 공서양속에 반하여 무효로 된다"고 판시하고 있다. 다만, "위약벌 약정과 같은 사적 자치의 영역을 일반

효력시기

존속기간을 정한 계속적 계약관계는 계약기간 만료 시에, 양 당사자가 본인의 계약상 의무를 모두 이행해야 계약이 종료하는 경우엔 각 당사자의 의무이행으로 계약이 종료된다.

한편, 계약의 갱신 또는 존속기간의 연장에 관하여 별도 약정이 있는 경우엔 약정된 내용에 따라 계약이 갱신되거나 존속기간이 연장된다. 반대로 별도 약정, 혹은 관련 규정이 없다면 각 당사자는 별도 합의를 통해 계약 갱신 등의 내용을 결정해야 한다.

이행보증보험의 활용

이행보증보험증권은 계약 체결 후 일방의 당사자가 채무를 불이행하거나 기타 문제가 발생할 경우 채무를 이행하지 아니한 자 또는 불법행위를 한 자가 상대방에게 손해배상책임을 진다는 것을 약속하는 증서를 말한다. 계약 체결과 동시에 각 당사자 간엔 계약 내용에 따른 권리·의무가 발생하고, 이에 따라 채무를 이행하지 못할 위험에 노출되게 된다. 스타트업에서도 이러한 위험에 노출되는 경우가 굉장히 많은데, 이때를 대비해 이행보증보험 제도를 활용하는 것도 좋은 방법이다.

이행보증보험 발급과 관련한 실무 절차는 간단한다. 계약 체결 전한 당사자(손해배상 가능성이 큰 쪽)가 의무불이행 상황에 대비해 이행보증보험증권을 발급받은 후 다른 당사자에게 제출하면 실무 절차

조항인 공서양속을 통하여 제한적으로 해석함에 있어서는 계약의 체결 경위와 내용을 종합적으로 검토하는 등 매우 신중을 기하여야 한다(대법원 2015. 12. 10. 선고 2014다14511 판결)"고 하는 등 계약 당시의 여러 제반 사항을 고려한다.

는 완료된다. 추후 증권을 발급받은 당사자가 실제로 의무를 이행하지 못하게 되면 상대방은 계약을 해제하면서 보증보험회사에 이행보증보험증권상의 금액을 청구하면 된다. 일반적으로 이행보증보험 금액은 보통 계약 총액의 15~20% 선에서 결정되며, 법적으로는 이를 '손해배상액의 예정'으로 해석한다. 위에서 설명한 것처럼 손해배상 예정의 경우 실제 손해액이 예정액을 초과해도 추가적인 손해배상청구를 하지 못하기 때문에 계약 당사자는 이행보증보험증권의 금액을 얼마로 할 것인지 신중하게 결정해야 할 것이다.

보증보험회사는 이행보증금 배상 후 보증보험증권을 발급받은 측에 이행보증금 상당의 금액에 대한 배상 청구를 하게 되는데 이를 법률적으로 '구상권 행사'라고 한다. 보증보험회사의 구상권 행사가 정당하다면, 즉 보증보험증권을 발급받은 당사자의 계약 불이행 책임이 인정되면 해당 당사자는 구상권 청구에 따라 보증보험회사에 금전을 지급해야 한다. 반면, 보증보험증권을 발급받은 측의 의무 불이행 책임이 인정되지 않은 경우엔 구상금 지급 의무도 발생하지 않는다. 다만 이 경우엔 보증보험증권을 발급받은 당사자와 보증보험회사 사이의 법적 분쟁으로 이어지는 게 대부분이다.

요컨대, 이행보증보험증권은 계약을 체결하는 양 당사자 사이에 손해배상 문제가 발생할 경우 추가적인 분쟁을 없애고 보증보험회사를 통해 간편하게 해결할 수 있는 제도다. 손해배상의 문제가 발생할 가능성이 있어 이에 대한 위험부담을 줄이고 싶은 당사자는 적절히 활용해 볼 수 있는 제도라 할 수 있다.

3. 용역계약(하도급계약) 체결시 유의사항

스타트업을 경영하면서 가장 흔하게 체결하는 계약이 바로 용역계약(하도급계약)이다. 그런데 용역계약서만큼 작성하기 어려운 계약서가 없다. 누군가가 용역계약을 체결하여 용역을 수급인에게 맡기는 이유는 해당 용역의 내용에 대해서 전문성이 없는 경우가 대부분이기 때문에 전문성이 없는 분야에 관한 계약서를 작성하는 것은 난이도가 높을 수밖에 없다. 용역에 관한 주요 내용을 법무검토자가 작성하기 어려우므로 용역에 대하여 전문성이 있는 현업부서와의 유기적인 협력이 매우 중요하다.

용역계약서의 주요 내용으로 ① 용역의 내용, ② 용역 결과물의 권리 귀속, ③ 수급인의 보증, ④ 수급인의 도급인에 대한 면책, ⑤ 수급인의 하자담보책임, ⑥ 지체상금 등이 있다.

첫째, 용역의 내용은 최대한 구체적으로 자세히 기재할 필요가 있다. 용역의 내용이 추상적으로 기재되거나 너무 간략하게 기재되는 경우에는 용역의 내용이 명확히 확정되지 않기 때문에 용역의 수행과정 및 완료에 대하여 분쟁이 발생할 가능성이 매우 크다.

둘째, 용역 결과물의 권리가 누구에게 귀속되는지를 명확히 정해야 한다. 특별한 이유가 없는 한 용역업무의 수행과정에서 또는 그 결과로 생성, 산출 또는 취득된 무형 또는 유형의 산출물은 도급인에게 귀속되도록 정하는 것이 맞다. 특히, 결과물의 저작권이 문제되는 경우 저작자가 원시적으로 저작권자가 되므로 저작권을 양도한다고 명시하는 것이 적절하다. 또한, 2차적 저작물 작성권의 양도가 명시되지 않는 경우 양도대상에 포함되지 않는 것으로 추정되기 때문에 이에 대해서도 명확히 해야 한다. 다만, 소프트웨어 프로그램의 경우 특약이 없는 한 2차적 저작물 작성권도 함께 양도된 것으로 추정하고 있다(저작권법 제45조 제2항).

셋째, 용역계약을 체결함에 있어서 수급인의 보증 조항과 수급인의 도급인에 대한 면책 조항을 명확히 하는 것이 중요하다. 수급인이 용역 업무를 수행하는 과정에서 제3자의 지식재산권 등 권리를 침해하는 경우가 생길 수 있다. 만일 수급인이 제3자의 권리를 침해하여 용역을 수행하는 경우 용역 결과물에 대한 권리를 보유하게 되는 도급인에게 최종적인 책임이 부담될 수 있다. 그러므로 보증 조항을 통해서 수급인이 용역을 진행하는 과정에서 제3자의 권리를 침해하지 않도록 하는 것이 중요하다. 뿐만 아니라 용역업무 수행에 특정한 자격이나 인허가가 필요한 경우가 있는데 이에 대해서도 수급인이 진술 및 보증을 하도록 하는 것이 적절하다.

만일 수급인의 의무 이행, 보증 및 책임과 관련하여 제3자가 도급인에게 자신의 권리가 침해되었거나 손해가 발생하였다는 점을 주장하거나 소송을 제기하는 경우 수급인이 자신의 비용과 책임으로 위 주장 및 소송을 방어하고 해결하도록 하는 면책 조항을 포함시키는 것이 중요하다.

넷째, 수급인이 용역을 수행한 이후 도급인이 검수 합격 통지를 하였더라도 용역 결과물에 하자가 발생하는 경우가 많다. 그러므로 용역업무 수행 완료일로부터 6개월 내지 1년 정도의 기간을 정하여 수급인이 하자담보책임을 부담하도록 하는 것이 적절하다.

다섯째, 용역계약서에서 가장 중요한 조항 중 하나가 바로 지체상금에 관한 조항이다. 용역계약서의 경우 실무상 보통 수급인이 계약서 초안을 도급인에게 전달하는 경우가 많은데 지체상금 조항은 도급인에게 매우 부담스러운 조항이기 때문에 의도적으로 계약서에서 삭제하고 보내는 경우가 많다. 지체상금이란 수급인이 용역업무 수행일정을 지체하는 경우에 지체 1일당 용역대금에 대한 일정 비율(지체상금률)에 해당하는 금액을 지급해야 하는데 바로 이 금액을 의미한다. 지체상금률은 보통 1/1000에서 3/1000 정도의 범위에서 정해진다.

추가적으로, 용역계약을 체결할 때 간과하기 좋은 사항 중 하나가 용역 결과물의 목록과 전달 방법을 명확히 하는 것이다. SW 개발 용역의 경우 소스코드, 주석, 어플리케이션 기획문서, 산출물 목록표, 데이터베이스 스키마, 프로그램 기능설명서, 프로그램 사용 및 관리 지침서, 부하테스트 결과문서, API명세서 등으로 구체화하여 결과물 목록을 명확히 해야 하고, 디자인 용역의 경우 PSD & PNG, GUI Guideline, Image data(PNG), Color Palette 등으로, 기구설계용역의 경우 PCB 도면(DXF FILE), 2D/3D 설계 도면(DWG/ASM FILE), 목업 검토서, 금형 제작협의서, 금형육성검토서, 외주개발완료보고서 등으로 그 결과물 목록을 명확히 하는 것이 필요하다. 전달 방법과 관련해서는 서버에 파일을 전달하는 방법도 있고 e-mail 등 다양한 방법으로 전달하는 방법을 구체화하는 것이 필요하다.

한편, 소프트웨어 개발용역의 경우에 특별히 고려해야 하는 별도의 사항들이 있는데, ① 개발제품에 대한 교육 또는 설명서, ② 비경쟁의무, ③ 오픈소스(Open Source) 소프트웨어 사용금지, ④ 내부규정 준수의무 등이 이에 해당한다.

첫째, 소프트웨어 개발용역의 경우 개발이 완료되었더라도 이에 대한 교육이나 설명서가 별도로 없는 경우에 프로그램을 사용하기 어려울 수 있으므로 개발제품에 대한 교육 또는 설명서 조항이 필요하다. 둘째, 도급인의 기발한 아이디어 또는 기획을 통해서 프로그램이 개발된 이후 수급인이 비슷한 개발을 제3자를 위하여 수행하는 경우 도급인 입장에서는 문제가 될 수 있다. 그러므로 용역 수행기간 및 개발 종료일로부터 약 1년 정도 동일 또는 유사한 용역을 수행하지 않는다는 취지의 비경쟁의무 조항을 포함시키는 경우가 있다. 셋째, 오픈소스의 경우 경우에 따라서 자유롭게 상업용으로 사용할 수 있는데 수급인이 오프소스로만 용역을 수행하는 경우 용역 결과물을 제3자가 자유롭게 이용, 복제하는 데에 제한이 없을 수 있다. 그러므로 오픈소스 소프트웨어 사용금지 조항을 포함시키는 경우가 있다. 끝으로, 수급인이 프로그램 개발 용역을 수행할 때 도급인의 서버에 접속하여 수행하는 경우가 있다. 이때에는 수급인이 도급인의 내부 규정을 준수해야 한다는 조항을 포함시키는 것이 적절하다.

4. 지식재산권(IP: Intellectual Property)[3] 관련 계약 시 유의사항

투자 관련 논의가 진행될 땐 신주인수 계약 및 주주간 계약 외에

---

3 일반적으로 지식재산권 또는 지적재산권이라고 칭하는데, 이 책에선 지식재산권으로 통일한다.

도 다양한 종류의 계약이 체결되는데, 그 중 대표적인 것이 지식재산권을 유동화해 얻는 수익권과 관련한 계약이다.

지식재산권을 유동화해 수익권을 얻는 계약의 경우 투자자는 지식재산권을 보유한 회사에 대한 투자 수익 대신 지식재산권에 근거한 수익권을 부여받게 된다. 즉 투자자는 합의한 기간에 수익권에 따른 금전을 지급받게 되는데, 일반적으로 투자자는 수익권을 주식으로 출자전환할 수 있는 권리(주식전환청구권)도 요구하는 경우가 많다.

이 경우 투자자가 추후 주식전환청구권을 행사하면 피투자회사의 주식을 인수하게 되므로, 이러한 형태의 계약은 신주인수계약서에 포함된 권리·의무를 이행해야 하는 책임도 포함된다고 볼 수 있다. 더 나아가 투자자가 추후 주식전환청구권행사로 인수할 주식이 보통주가 아닌 상환전환우선주인 경우엔 해당 계약서에 상환권 및 전환권 등의 내용도 포함된다. 따라서 뒤에서 설명하는 신주인수 계약서내용을 잘 이해하고 있어야만 지식재산권과 관련한 투자계약도 수월히 진행할 수 있다.

위와 같은 지식재산권 투자 계약 외에도 특허권이나 저작권 등의 지식재산권을 직접 사고파는 계약이나 해당 지식재산권에 사용권을 부여해주는 라이선스 계약 등도 자주 이뤄진다. 지식재산권자가 일정 금액을 지급받고 그 권리를 매수인에게 매도(양도)하는 계약이 지식재산권 양수도 계약이다. 이 계약엔 지식재산권의 특정성, 지식재산권에 대한 진술과 보장, 매도인의 의무 및 준수사항, 손해배상에 대한 사항 등이 주 내용이 된다.

지식재산권과 관련한 계약의 경우 우선 계약의 목적물부터 명확히 하는 것이 중요하다. 예컨대, 특허권의 경우 특허권 자체가 계약의 목적물인지, 아니면 전용실시권[4]이나 통상실시권[5] 등이 계약의 목적물인지, 또한 해당 권리의 효력 범위가 국내에만 미치는지 또는 해외 다른 국가 내에서 그 효력이 있는지, 해당 권리의 유효기간은 언제까지인지 등에 대해서 명확히 하는 것이 필요하다.

특허권 등 지식재산권의 경우 일반적인 매매 목적물이나 물건과는 달리 추후 그 권리 자체가 무효가 될 가능성이 없지 않고, 추후 제3자의 지식재산권을 침해하였다고 판단될 가능성 역시 있다. 이에, 양도 받으려고 하는 특허권이 유효하며 해당 계약 체결일 현재 제3자의 권리를 침해하지 않는다는 취지로 지식재산권에 대한 진술과 보장을 받는 것이 매우 중요하다. 또한, 추후 계약의 목적물인 지식재산권이 제3자의 권리를 침해하는 권리로 판단되거나 무효가 될 경우 양도인이 양수인에게 손해배상청구를 해야 한다는 취지의 조항을 포함시키는 것이 좋다.

최근 지식재산권의 중요성이 갈수록 강조되면서 특허 전용실시권 사용을 위한 약정, 저작권 사용 등에 대한 라이선스 계약 등 지식재산권 및 지식재산권의 유동화와 관련된 여러 유형의 계약이 점점 많아지는 추세다. 지식재산권과 관련한 계약의 경우 그 권리 자체가 일반적인 동산이나 부동산 매매 등에 관한 계약보다 더 복잡하고 고려

---

4 전용실시권이란 특허권자 이외의 자가 특허권자와의 계약에 의해 내용, 지역, 기간을 정해 해당 범위 내에서 해당 특허발명을 독점적으로 실시할 수 있는 권리를 말한다.
5 통상실시권이란 특허권자나 전용실시권자와의 계약에 의해 또는 법률이나 행정처분에 의해 일정 범위 내에서 해당 특허발명을 실시할 수 있는 권리를 말한다.

해야 할 사항이 많기 때문에 계약 체결 시 법률 전문가의 검토를 받는 것을 권한다.

5. 양해각서(MOU) 체결 시 유의사항

양해각서MOU: Memorandum of Understanding는 정식계약 체결에 앞서 행정기관 또는 법인, 단체 간에 양해사항을 확인하기 위해 작성하는 문서로 일반적으론 법적 구속력을 갖지 않는 것으로 알려져 있다. 그러나 '양해각서'라는 제목의 약정이 체결되었다고 해서 항상 법적 구속력이 없는 것은 아니기에 주의해야 한다.

사실 어떤 계약에서든 제목은 법률적으로 의미가 없다. 계약의 내용이 중요한 것이다. 즉 '양해각서'란 제목의 계약일지라도 법적 구속력을 갖는 내용이 담겼다면 해당 계약은 법적 구속력을 가지게 된다.[6] 그러므로 법적 구속력이 없는 양해각서를 체결하고 싶을 땐 명시적으로 '본 양해각서는 법적 구속력이 없다'는 조항을 포함시키는 것이 좋다.

양해각서는 특성상 제한된 기간 내에서만 각 상대방에게 권리·의무를 부여하는 경우가 많다. 그래서 양해각서의 유효기간을 명시하는 것이 적절하며, 특정 사안 혹은 조건에선 양해각서를 해제할 수 있도록 정하는 것이 필요하다. 그리고 양해각서 체결로 비밀 사항을 당사자끼리 공유할 경우 비밀유지에 대한 내용을 각서에 포함시키

---

6 대부분의 양해각서는 1~3페이지 분량으로 작성된다. 그 이상 분량의 양해각서는 실제론 일반적인 계약체결로 보는 것이 적절한 경우가 대부분이다.

는 것이 바람직하다.

특히 만일 일방 당사자가 양해각서에 따른 내용을 이행하지 않아 상대방에게 손해가 발생할 가능성이 있는 경우엔 반드시 손해배상 관련 조항도 포함시키는 것이 바람직하다. 앞서 설명한 대로 양해각서에 법적 구속력이 없다는 내용이 포함되지 않았다면 손해를 입은 측은 양해각서에 근거해 정당하게 손해배상청구를 할 수 있다.

6. 스톡옵션(주식매수선택권) 부여계약 체결 시 유의사항

스톡옵션Stock Option, 즉 주식매수선택권이란 회사(스타트업 등)가 임직원 등에게 해당 회사 주식의 매수를 할 수 있는 권리를 부여하는 것으로서, 상법상 2년 이상 해당 회사에 재직하였을 경우 회사의 주식을 미리 정해준 가격으로 살 수 있는 권리를 말한다.

회사가 임직원에게 스톡옵션을 부여하기 위해서는 ① 정관에 스톡옵션 부여에 관한 사항을 정하고 있어야 하고, ② 주주총회 특별결의[7]를 거쳐야 하며, ③ 피부여자(임직원)와 회사가 스톡옵션 부여 계약을 체결해야 한다.

구체적으로, 스톡옵션을 부여하기 위해서 회사는 정관에 일정한 경우 주식매수선택권을 부여할 수 있다는 뜻, 스톡옵션 행사시 발행하거나 양도한 주식의 종류와 수, 행사기간, 피부여자의 요건, 일정

---

7 회사는 스톡옵션 부여시 주주총회를 개최하여 스톡옵션을 부여받을 자의 성명, 부여방법, 행사가액과 그 조정에 관한 사항, 행사기간, 피부여자 각각에 대하여 스톡옵션 행사로 발행하거나 양도할 주식의 종류와 수에 대하여 특별결의 절차를 거쳐야 한다.

한 경우 이사회 결의로 스톡옵션의 부여를 취소할 수 있다는 뜻을 기
재해 놓아야 한다. 만일 정관에 위와 같은 사항이 기재되어 있지 아
니한 상황에서 임직원과 스톡옵션 부여계약을 체결하는 경우 해당
계약은 효력이 인정되지 아니하여 추후 문제가 발생할 수 있다.

피부여자가 스톡옵션을 행사할 때 회사가 피부여자에게 주식을 부
여하는 방법은 아래 표와 같이 주식교부형과 차액정산형으로 나누며
주식교부형은 신주발행형과 자기주식 교부형으로 나눌 수 있다.

표 3-1 스톡옵션 행사 시 회사가 피부여자에게 주식을 부여하는 방식

주식 부여방식		내용
주식교부형	신주발행형	회사의 신주를 발행하여 교부하는 방식
	자기주식 교부형	회사가 보유하고 있는 자기주식을 교부하는 방식
차액정산형		스톡옵션 행사시 시가와 행사가액의 차액을 피부여자에게 지급하거나, 차액만큼의 회사 자기주식을 교부하는 방식

스톡옵션 부여계약을 체결할 경우 위 3가지 방식 중에서 어떤 방
식을 택할지 정해야 한다. 신주발행형이 가장 일반적인 방식이며 스
타트업의 경우 특히 차액정산형은 택하지 않는 경우가 대부분이다.

스톡옵션 부여계약을 체결할 경우 부여한도를 정해야 하는데, 상
법 제340조의2 제3항에서는 회사의 발행주식총수의 100분의 10(상
장회사의 경우 발행주식총수의 100분의 15, 벤처기업[8]의 경우 발행주식총수

___

8 "벤처기업"이란 다른 기업에 비해 기술성이나 성장성이 상대적으로 높아, 정부에
서 지원할 필요가 있다고 인정하는 중소기업으로서 「벤처기업육성에 관한 특별조
치법」 제2조에 따른 3가지 요건의 어느 하나에 해당하는 기업(① 벤처투자기업,

의 100분의 50)을 초과할 수 없다고 규정하고 있다. 본 규정은 강행규정이기 때문에 스톡옵션 부여계약을 체결할 때 부여한도 제한을 위반하지 않도록 주의해야 한다.

스톡옵션을 부여할 때 피부여자가 스톡옵션을 행사할 때 일정한 양의 주식을 한 번에 부여하는 내용으로 하여도 되지만, 경우에 따라서는 회사의 성과에 연동하거나 피부여자의 성과에 연동하는 경우(성과연동형)도 있고, 재직 기간에 연동(기간연동형)하여 이와 같은 조건을 스톡옵션 부여 효력의 발생 요건으로 하는 경우도 있다. 이렇게 일정한 조건을 만족시킬 때마다 스톡옵션 부여의 효력이 발생하도록 하는 조항을 베스팅 조항(Vesting 조항)이라고 한다.

스톡옵션은 상법상 비상장회사의 경우 회사의 임직원(이사, 감사, 직원)에게 부여할 수 있고 상장회사의 경우 회사의 임직원 및 일정한 요건을 갖춘 관계회사의 임직원에게 부여할 수 있는 반면, 벤처기업의 경우 벤처기업의 임직원 뿐만 아니라 변호사나 공인회계사, 연구원 등 외부 전문가, 벤처기업이 인수한 기업(30% 이상 지분 취득)의 임직원, 대학 또는 전문연구기관 등에게도 스톡옵션을 부여할 수 있다.

스타트업은 원칙적으로 스톡옵션의 행사가격을 주식 '시가' 이상의 가격으로 정해야 하고 예외적으로 벤처기업의 경우 액면가 이상 시가 이하의 가격으로도 정하고 있도록 하였다. 다만, 액면가 이상 시가 이하의 가격으로 정하는 경우 조세특례가 적용되지 않는다. 여

---

② 연구개발기업, ③ 기술평가보증·대출기업)을 말한다(「벤처기업육성에 관한 특별조치법」 제2조의2 제1항). 벤처기업에 해당하는 경우 각종 세제 및 투자나 대출 관련 혜택이 부여되는 경우가 많다. 그러므로 번거롭더라도 벤처기업으로 등록하는 것이 좋을 것으로 생각된다.

기서 말하는 스타트업의 '시가'란 「상속세 및 증여세법」 제60조에 따른 가격을 말하며, 구체적으로 ① 평가기준일 전후 6개월 이내에 이루어진 감정가격, 매매사례가격 등(단, 특수관계인간의 거래는 제외) 을 우선적으로 적용하되, ② 이러한 가격이 없는 경우 보충적 평가방법 또는 유사상장법인 평가방법 등을 적용하여 산정한다.

스톡옵션은 스톡옵션을 부여받은 임직원이 스톡옵션 부여에 대한 주주총회 결의가 있는 날로부터 2년 이상 재직해야만 행사할 수 있다. 앞서 설명한 바와 같이 벤처기업의 경우 외부 전문가 등에게도 스톡옵션을 부여할 수 있는데 이 경우 외부 전문가가 2년 이상 회사에 대하여 자문을 제공하거나 기여를 해야 행사할 수 있다. 그러므로 스톡옵션 부여계약을 체결할 때 행사가능 기간을 정함에 있어서 적어도 주주총회 결의일로부터 2년이 지난 날로부터 행사기간을 정해야 한다.

추가로, 피부여자가 스톡옵션을 행사할 때 행사가격에 대하여 정해야 하는데 구체적으로 아래 표 기재와 같다.

표 3-2 스톡옵션 행사 시 행사가격

분류	벤처기업	일반기업
신주발행형	Max[부여당시 시가,9 권면액] 이상(저가 발행 특칙 있음)	Max[부여당시 시가, 권면액] 이상
자기주식 교부형	부여당시 시가 이상	부여일 기준 실질가액 이상
차액정산형	행사 당시 시가 - 행사가격	행사일 기준 실질가액 - 행사가격

9 부여당시 시가란 부여일을 기준으로 하여 「상속 및 증여세법」 시행령에 따른 평가액을 말한다.

한편, 스톡옵션 부여는 추후 일정한 요건이 만족될 경우 취소할 수도 있는데, 일반적인 취소사유로는 ① 사망, 정년퇴직, 임원으로의 승진 이외의 사유로 퇴임하거나 퇴직한 경우, ② 고의 또는 중대한 과실로 회사에게 손해를 입힌 경우, ③ 회사의 파산 또는 해산 등으로 스톡옵션 행사에 응할 수 없는 경우, ④ 이사의 충실의무를 위반한 경우(이사회 승인 없는 경업 또는 겸직, 자기거래, 기회 유용 등), ⑤ 정당한 사유로 해고된 경우 등이 있다.

스톡옵션 부여의 경우에는 상법 및 「벤처기업육성에 관한 특별조치법」 등에서 매우 엄격하게 그 요건 및 절차를 정하고 있고 이는 강행규정으로서 해당 규정에 위반하는 경우 무효로 판단될 가능성이 매우 높다. 그러므로 스톡옵션 부여 계약서를 작성하는 경우에는 위 각 관계 법령에서 정하고 있는 바에 반하는 내용이 없는지 명확히 확인해야 한다.

스타트업으로부터 가장 많이 듣는 질문 중 하나가 '임직원들 또는 외부인에게 도대체 어느 정도의 스톡옵션을 부여하는 게 적절한 것인가'라는 질문이다. 위에서 설명한 바와 같이 일반 주식회사는 상법에 따라 발행한 주식 총수의 10%까지 스톡옵션을 부여할 수 있다. 벤처기업은 발행주식 총수의 50%까지 부여할 수 있다. 실무적으로는 벤처기업 여부와 관계없이 보통발행 주식총수의 10%까지(벤처기업의 경우 실무적으로 최대 20%까지는 부여하기도 함) 스톡옵션을 부여하는 경우가 대부분이다.

보통발행주식총수의 10%까지 스톡옵션을 부여하기 때문에 아무리 뛰어난 핵심 인재라고 해도 한 명에게 1%를 초과하는 스톡옵션을 주는 것은 적절하지 않다. 정말 핵심 인재라고 볼 수 있는 사람은 0.1% 내지 0.2% 정도, 복지 또는 인센티브 차원의 스톡옵션 부여도 0.1% 미만이 적절하다. 성장 가능성이 높은 스타트업일수록 주식 가치는 계속 높아지고, 이에 따라 스톡옵션 부여를 통해 얻을 수 있는 효용 역시 높아진다.

7. RSU(제한조건부주식, Restricted Stock Unit) 부여 시 유의사항

한국에서는 RSU(제한조건부주식, Restricted Stock Unit)라는 것이 매우 생소한 개념이고 실제로 RSU를 부여하는 경우를 많이 살펴보기 어렵다. RSU라는 것은 스타트업이 무상 또는 매우 저가로 회사의 자기주식을 임직원 또는 외부 전문가 등에게 양도하되 일정 재직 기간이나 특정조건을 충족해야 주식의 소유권을 종국적으로 취득할 수 있게 하는 것을 말한다.

스톡옵션의 경우 「상법」 및 「벤처기업육성에 관한 특별조치법」에서 스톡옵션 부여 및 행사 등에 관해 구체적으로 정하고 있으나 RSU에 대해서 별도로 규정하는 법령은 아직 없다. 한국에서는 임직원 또는 외부 전문가에 대한 인센티브 목적으로서 스톡옵션만 대부분 부여해 오다가 최근 국내 기업들도 스톡옵션 대신 임직원에게 RSU를 부여하기 시작했다.

스타트업이 임직원 등에게 직접 본인의 주식을 부여하기 위해서는 결국 자기주식을 부여하는 방법을 택할 수밖에 없는데 상법상 회사가 자기주식을 취득하기 위해서는 일정한 요건을 갖춰야 하므로 (상법 제341조 및 제341조의2), 회사가 상법에 따라 자사주를 취득하기 어려운 경우라면 RSU를 회사의 성과보상 방안으로 채택하기 어렵다. 제3자 배정방식의 유상증자로도 RSU를 운영할 수 있다는 견해도 있지만 유상증자의 경우 신주인수대금의 납입이 실질적으로 이루어져야 하므로, 이 경우라면 회사가 금전적 보상을 지급하고 이를 이용하여 신주를 인수할 기회를 보장해주는 방식으로 운영할 수밖에 없다.

RSU는 일정한 기간을 두고 전체 부여 주식 중 일정 비율의 주식을 기간에 비례하여 피부여자가 취득(vesting, 베스팅)할 수 있도록 하는 경우가 대부분이다. 상법에서는 RSU를 별도로 규정하고 있지 않으므로, 베스팅을 어떻게 정해야 한다는 제한은 없다. 참고로, 스톡옵션의 경우 상법 등 관련 법령에서 2년 이상 재임 또는 재직하여야 행사할 수 있도록 정하고 있지만 RSU에 대해서는 법령상의 제한은 없다. RSU의 방식으로 주식을 무상으로 교부한다고 하더라도 일정기간 이상 재직하거나 성과에 기여하는 등의 조건을 붙여 지급할 수도 있으므로, 각 스타트업의 상황에 맞게 vesting 조건을 자유로 정할 수 있을 것으로 생각된다.

한편, RSU의 세금과 관련하여서 현재까지 세법에서 달리 특례를 규정하지는 아니하고 있는 것으로 확인되며, 따라서 일반 원칙에 따라 과세를 검토하는 것이 적절한 것으로 판단된다. 국세청은 "종업원이 근로의 제공으로 종업원주식구매제도에 의하여 정지조건부 주식을 받는 경우 근로소득에 대한 총수입금액의 수입할 시기는 소득세법 시행령 제49조 제2항에 의하여 그 약정조건이 성취한 대로 하는 것이다"라고 유권해석을 한 바가 있는데(소득세과 460111－557, 1999. 12. 31.), 관련 법령(소득세법 시행령 제49조 등)과 위 유권해석에 비추어 보면 RSU의 경우 정지조건의 존재 여부 등에 따라 부여시점에 근로소득이 과세될 것은 아닐 것이며, 각 조건이 성취되어 주식 취득이 확정될 때에 근로소득이 과세될 것이므로 vesting될 때 과세될 것으로 판단된다.

스타트업 투자계약 체결, 이것만은 꼭 알아두자

CHAPTER 04

제4장

스타트업 투자계약 체결, 이것만은 꼭 알아두자

안희철 변호사

KEY POINT

제4장
참고자료(PDF)
바로가기

▸ 체계적이고 공정한 스타트업 투자계약 체결의 중요성
▸ 신주인수계약 체결 시 유의사항
 • 투자금 회수 가능 여부 — 상환전환우선주
 • 신주인수계약의 기본적 구조
 • 신주의 발행과 인수 – 전환권 / 희석방지 조항 / 상환권 등
 • 투자의 선행조건과 '진술과 보장' 및 손해배상책임(샌드배깅)
 • 투자자의 사전 동의권
 • 우선매수권과 공동매도권(Tag along / Drag along)
 • 이해관계인의 연대책임
 • 주식매수청구권
 • 채무불이행 등을 이유로 신주 발행을 무효로 하는 것이 가능한지
 • 정부보조금을 받을 경우 유의 사항
▸ 주주간 계약과 동업자 계약 체결 시 유의사항
 • 투자를 받은 이후 주주 사이에 체결 필요성
 • 주식처분제한에 관한 규정
 • 근속의무 및 주식매수청구
 • 프로큐어 조항(Procure Clause)과 이사 선임 또는 해임권
▸ SAFE(조건부지분인수계약서, Simple Agreement For Future Equity)
▸ 스타트업의 해외진출 전략 – 플립(Flip)
▸ 상환전환우선주/보통주 인수계약서, SAFE 계약서 샘플
▸ '진술과 보장' 샘플
▸ '투자금의 사용용도 및 실사 약정' 샘플
▸ '주주간 계약서' 샘플

1. 체계적이고 공정한 <u>스타트업 투자계약</u>[1] 체결의 중요성

스타트업을 하고자 하는 많은 창업가들 중 상당수는 아이디어와 지식, 기술, 그리고 용기와 열정은 충분한데 자금이 부족한 상황에 처해 있는 경우가 많다. 이에 상당수의 스타트업들은 벤처캐피탈VC이나 엔젤투자자 등으로부터 큰 액수의 투자를 받기 원하고 당연히 이 과정에서 자기 회사를 높은 가치로 평가받고 싶어 한다.

그런데 세상에 공짜는 없는 법. 누군가로부터 투자를 받기 위해서는 그에 상당하는 반대급부를 투자자에게 제공해야 하는데 스타트업 및 창업자들이 내줘야 할 그 반대급부는 통상 '창업주의 보유 주식' 또는 '투자자에게 지급하기 위해 새롭게 발행하는 주식'이다. 투자를 받으면 창업자는 필연적으로 회사 지분을 투자자에게 내줘야 하고, 투자자는 본인이 확보한 지분만큼 회사 경영에 직·간접적으로 참여해 영향을 미치게 된다.

보통 투자 규모가 클수록 투자자는 이사선임권 등 회사에 직접적인 영향을 주는 권리를 다수 요구한다. 물론 투자자가 피투자회사에 영향력을 확보하려 하는 행위 자체가 무조건 나쁜 것은 아니다. 사업 성패 경험이 많은 투자자들이 그렇지 못한 스타트업 대표들에게 인적 네트워킹 등 여러 인프라를 제공해줄 수 있고, 회사 경영이 잘 되

---

1 본 챕터의 저자인 안희철 변호사(법무법인 디라이트)는 스타트업 투자계약과 관련하여 공저자로서 '투자유치를 앞둔 창업자를 위한 투자계약서 가이드북'(스타트업 얼라이언스/법무법인 디라이트, 2022년)을 출판하였으며 '투자유치를 앞둔 창업자를 위한 투자계약서 가이드북'에서 스타트업 투자계약에 대하여 매우 자세하게 설명하였다. 투자계약과 관련하여 더 자세한 설명이 필요한 경우 '투자유치를 앞둔 창업자를 위한 투자계약서 가이드북'을 참고하기 바란다.

어야만 투자 이익도 커지기 때문에 합리적 방향으로 경영에 참여하는 경우가 많다. 하지만 결국 투자자는 투자금을 회수Exit하는 것을 가장 큰 목표로 하고 있어 창업자와 이해관계가 갈리는 경우가 상당한 것도 부인할 수 없는 사실이다. 예컨대 다음과 같은 이해 충돌이 투자자와 피투자자 사이에 발생할 수 있다.

우선 ① 투자 계약 진행 시 투자자는 당연히 회사가치를 낮춰 투자 지분을 보다 많이 확보하려고 노력할 것이고, 반대로 피투자자는 회사가치를 높여서 자기지분을 지키려고 한다. ② 투자자는 상환전환우선주RCPS의 조건 등을 유리하게 설정, 투자금을 회수할 수 있는 장치들을 많이 만들고자 할 것이고, 피투자자는 중요한 순간에 투자자가 갑자기 자금 회수Exit를 하지 못하도록 방지장치를 두고자 노력할 것이다. ③ 투자자는 본인의 투자 이후 다른 투자자들이 추가 투자를 할 때 주식 가치에 대한 평가가 불합리하게 이뤄져 자신이 보유한 주식 가치가 희석되는 것을 최대한 막으려고 할 것이며, 이에 따라 회사의 경영 측면에서도 이해관계가 대립할 수 있다. 예컨대, ④ 투자자는 자신의 이익을 대변해주는 이사 등을 선임하고자 할 것이고, ⑤ 피투자자는 이사회가 투자자 위주로 이루어지는 것을 방지하기 위해 적절한 선에서만 이사 선임권한을 투자자에게 부여하려고 노력할 것이다. 이 외에도 투자자와 피투자자는 공동의 목표를 갖고 함께 노력하면서도, 이해관계를 달리하는 경우가 많다.

이처럼 투자자와 피투자자 사이에 투자금과 주식을 교환하는 행위의 계약을 '투자계약' 또는 '주식양도계약'이라고 한다. 이와 함께 공동의 목표를 갖고 함께 노력하는 투자자와 피투자자 사이의 이해관계 및 공동의 관심사항 등에 대해서 계약을 체결하는 것이 바로 '주주간 계약'이다. 투자자가 투자를 하게 되면 주주의 지위에 있게 되기 때문에 주주 사이의 계약을 체결한다는 의미에서 '주주간 계약'이라 한다.

스타트업에 있어 주식양도계약 및 주주간 계약을 언제, 어떻게, 누구와 체결하느냐는 창업 아이템에 버금갈 정도로 매우 중요하다. 어떤 벤처캐피탈VC 또는 엔젤투자자와 어느 시기에 어떤 조건으로 주식양도계약 및 주주간 계약을 체결하였는지에 따라서 스타트업의 가치가 달리 평가되기 때문이다. 그런데 주식양도계약 및 주주간 계약에는 전문적인 법률 용어가 많고, 그만큼 법률적 지식이 요구되는 경우도 상당해 많은 스타트업들이 제대로 된 계약을 체결하지 못하고, 이 때문에 회사 경영에 발목을 잡히는 일이 비일비재하다.

지금부터는 신주인수 계약과 주주간 계약 등 투자자와 피투자자 사이에 이뤄지는 계약들을 체결할 때 유의해야 할 점을 자세히 설명하고자 한다. 아울러 신주인수 계약 및 주주간 계약의 경우 필자가 직접 제작에 참여한 한국엔젤투자협회의 '팁스 프로그램TIPS Program 표준 계약서'를 샘플로 해 각 조항의 의미와 내용에 대해서 구체적으로 설명하도록 하겠다.[2]

---

2 참고로, 우리나라에서 주로 사용되고 있는 신주인수 계약서 및 주주간 계약서의 경우 '영미법'상 계약내용을 그대로 차용하여 기재한 내용이 상당히 많다. 우리나라 법체계는 (영미법이 아닌) 대륙법 체계를 근간으로 하고 있어 관례적으로 체결되고 있는 신주인수 계약 및 주주간 계약의 내용 중 상당수가 추후 대법원의 판결을 통해 무효로 판단될 수도 있다. 즉, 우리나라에서 주로 체결되고 있는 내용 그대로 신주인수 계약 및 주주간 계약을 체결한다고 하더라도 당사자 간 모든 합의가 유효하다고 보기는 어려우며, 추후 분쟁이 발생될 경우 일부분 무효로 판단될 수도 있다는 점을 유의해야 한다.

2. 신주인수계약 체결 시 유의사항

개요

엔젤투자자나 벤처캐피탈(이하 '투자자') 등이 투자를 할 경우, 일반적으로 피투자회사(스타트업)는 상환권과 전환권이 보장된 상환전환우선주RCPS: Redeemable Convertible Preference Shares를 신주로 발행하게 되며, 투자자는 이 상환전환우선주를 인수하는 계약을 체결하게 된다. 상황에 따라서는 상환전환우선주가 아닌, 전환우선주나 전환사채CB: Converted Bond, 교환사채EB: Exchangeable Bond, 신주인수권부사채BW: Bond with Warrant 등 기타 다른 '메자닌Mezzanine'[3]을 발행하는 방법도 있지만 스타트업 입장에서는 상환전환우선주를 발행해 투자를 받는 것이 보다 일반적이다.

스타트업이 투자를 유치하는 단계는 다음의 표와 같이 나눠진다. 엔젤투자자 등으로부터 받는 초기 단계의 투자를 '시드머니 투자'라 하며, 이후 시리즈 A, B, C 단계로 투자가 이뤄진다.

각 단계마다 스타트업의 가치가 달라지기 때문에 투자 액수 역시 크게 달라질 수밖에 없다. 예컨대 초기 엔젤투자 당시 스타트업의 가치가 10억 원이라면 투자자는 10% 지분을 확보하기 위해 1억 원만 투자하면 된다. 만일 동일한 스타트업이 꾸준히 성장해 후기 투자 시

---

3 상환전환우선주, 전환우선주, 교환사채, 전환사채, 신주인수권부사채 등을 통칭해 메자닌(Mezzanine)이라고 한다. 메자닌이란 건물 1층과 2층 사이에 있는 라운지 공간을 의미하는 이탈리아어인데 상환전환우선주, 전환우선주, 교환사채, 전환사채, 신주인수권부사채 등이 채권과 주식의 중간 위험 단계에 있는 성격을 가지기 때문에 이를 메자닌으로 통칭한다.

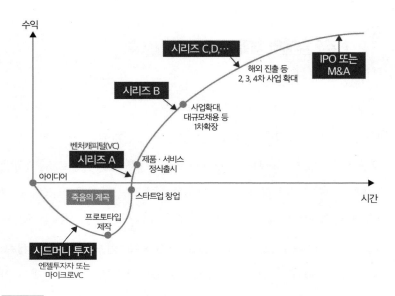

수익

시리즈 C,D,…

IPO 또는
M&A

해외 진출 등
2, 3, 4차 사업 확대

시리즈 B

사업확대,
대규모채용 등
1차확장

벤처캐피털(VC)
시리즈 A

제품 · 서비스
정식출시

아이디어

죽음의 계곡

스타트업 창업

시간

프로토타입
제작

시드머니 투자

엔젤투자자 또는
마이크로VC

그림 4 -1 스타트업의 투자유치 단계[4]

500억 원의 가치를 갖게 되었다면 투자자는 무려 50억 원을 투자해
야만 10%의 지분을 확보할 수 있다. 결국 각 단계에 따라 투자금액
이나 회사 규모, 이해관계인의 숫자 등이 다르기 때문에 각 투자 단
계마다 체결되는 투자계약(신주인수계약 및 주주간 계약 등)의 구체적
인 내용은 조금씩 다를 수밖에 없다.

앞서 언급한 대로 각 투자 단계마다 중요하게 검토해야 할 부분이
조금씩 다르며, 이런 내용을 모두 다루는 건 현실적으로 어려우므로
여기서는 초기 또는 Series A, B 투자를 받는 단계에서 주로 살펴보
아야 할 내용으로 한정해 설명하고자 한다.

---

4 비즈업(BZUP), '첫 투자를 받는 스타트업이 반드시 알아둬야 할 4가지 조언' 참조.

신주인수계약 체결 시 반드시 검토해야 할 사항

(1) 투자금 회수가 가능한 투자인지 여부

사례 1 A씨가 운영하는 스타트업은 그동안 많은 투자자들로부터 좋은 평가를 받아 왔다. 그래서 이번에 처음으로 엔젤투자자로부터 투자를 받으려고 한다. 그런데 엔젤투자자가 보통주는 투자금 회수가 어렵다고 하면서 상환전환우선주 또는 전환사채를 발행해 달라고 요구한다. A씨는 상환전환우선주나 전환사채가 무엇인지 잘 알지 못하기 때문에 엔젤투자자가 무리한 요구를 하는 것은 아닌지 혼란스럽기만 한다. 일반적으로 상장회사들은 보통주를 발행해서 보통주를 거래하는 것으로 알고 있는데 엔젤투자자가 왜 보통주에는 투자하지 않겠다고 하는 것일까?

투자자들이 스타트업에 투자하는 가장 큰 이유가 투자금을 불려 회수Exit하는 데에 있다는 것은 부인할 수 없는 사실이기에 계약 내용이 Exit가 가능한지 여부는 매우 중요하다.

일반적으로 회수Exit가 가능한 투자방법으론, ① 상환전환우선주 RCPS: Redeemable Convertible Preference Shares 인수, ② 전환사채CB: Convertible Bond 인수, ③ 신주인수권부사채BW: Bond with Warrant 인수, ④ 교환사채 EB: Exchangeable Bond 인수 등이 있다. 기업 투자 분야를 잘 알지 못한다면 위 단어들이 생소할 수 있겠지만 생각보다 어려운 개념은 아니니 당황할 필요는 없다.

가장 일반적인 것은 상환전환우선주에 의한 투자이며, 다른 방식은 상대적으로 스타트업에 불리하다. 초기 스타트업은 투자 자체에 목이 마른 상황이 많아 어떤 방법으로든 투자만 받으면 된다는 식으로 생각하는 경향이 있다. 그러나 본인의 회사가 전망이 있고, 가능성도 크다고 생각하다면 초기에는 창업 공모전 등을 통해서 자금을 확보하거나 기타 국가 지원금 등을 통해 숨통을 튼 후 상환전환우선주 인수를 통해 투자하려는 투자자를 만나는 것이 하나의 방법이 될 수 있다. 다만, 아무리 자금 확보가 어렵다고 하더라도 제2금융권 등을 통해 높은 금리로 대출을 받으면서 이사 및 주주들이 연대보증을 하는 것은 반드시 피해야 한다.

(2) 계약의 당사자

> **사례 2** A씨가 운영하는 스타트업은 그 동안 많은 투자자들로부터 좋은 평가를 받아 왔다. 그래서 이번에 처음으로 엔젤투자자로부터 투자를 받으려고 한다. 그런데 엔젤투자자가 투자계약서의 당사자로 A씨 본인까지 포함시키려고 한다. 엔젤투자자가 회사에 투자하는 것인데 왜 A씨까지 투자계약의 당사자로 포함시키려는 것일까?

계약서를 작성하거나 검토하는 과정에서 가장 기본적이면서 중요한 사항은 바로 계약의 당사자를 확정하는 것이다. 계약의 당사자가 되면 해당 계약서에서 규정하고 있는 권리와 의무를 부담하는 주체가 되기 때문에 누구를 계약의 당사자로 포함시키는지 여부는 매우 중요한 문제이다.

우리에게 매우 일반적인 계약의 당사자를 확정하는 것은 매우 쉽다. 예컨대, 부동산 임대차계약의 경우 임대인과 임차인, 부동산 매매계약의 경우 매도인(소유자)과 매수인, 금전소비대차계약서의 경우 대여인과 차용인이 계약의 당사자이다.

그렇다면 투자계약의 당사자는 누구일까? 투자계약의 당사자를 확정짓기 위해서는 투자계약이 무엇인지에 대해서 알아야 한다. 일반적으로 스타트업 투자계약이란 '스타트업'이 새로운 주식(신주)을 새롭게 발행하고, '투자자'가 그 신주를 인수하며, '투자자'가 인수의 대가로 투자금을 '스타트업'에게 지급하는 계약을 말한다. 그러므로 투자계약의 당사자는 당연히 '스타트업'과 '투자자'가 되어야 한다.

주식을 발행하고 투자금을 받는 주체가 스타트업이고, 주식을 인수하고 투자금을 지급하는 주체가 투자자이기 때문이다. 그런데 일반적인 투자계약(신주인수계약)에는 스타트업과 투자자 외에도 '이해관계인'이란 당사자를 포함하고 있다. 신주인수계약의 성격과 내용상 스타트업과 투자자만 당사자로 포함되면 충분할텐데 굳이 이해관계인이라는 당사자를 포함시키는 이유는 무엇일까? 투자자는 스타트업의 신주를 인수하는 방법으로 투자를 하게 되면 당연히 스타트업의 주주가 되는데 이 경우 투자자는 상법상 지분 비율에 따라 스타트업을 일부 소유하는 것으로 해석할 수 있을 뿐이지 경영을 하는 경영자의 지위를 얻는 것은 아니다. 이는, 주식회사의 소유와 경영이 분리되어 있기 때문이다.

예컨대, 삼성전자 주식회사의 주식을 약 5% 정도 투자자가 인수하였다고 가정해 보자. 위 투자자는 5% 지분권한을 가진 주주일 뿐, 삼성전자의 경영에 실질적으로 관여할 수는 없다. 투자자가 경영에 직접적으로 관여하기 위해서는 투자자 본인이 삼성전자의 임원이 되거나 투자자의 의사를 일부라도 반영하여 삼성전자의 임원이 경영을 할 수 있도록 해야 한다. 그러므로 투자자는 이해관계인이란 이름으로 스타트업의 주요 주주나 대표이사, 사내이사 등을 투자계약의 당사자로 포함시킨 후에 경영상 투자자에 대하여 여러 가지 의무와 책임(예컨대, 주식처분 제한, 경영사항에 대하여 동의를 받을 의무, 재직 및 경업금지의무, 연대책임, 위약벌 등)을 부담하도록 하여 투자자가 경영에 직간접적으로 관여하도록 하는 것이다.

우리나라 법체계상 법인(스타트업)과 개인(대표를 포함한 이사)은 별개의 주체이다. 즉, 법인이 수익을 창출하지 못한 채 파산할지라도 그 책임을 회사 이사들 개인에게까지 물을 수 없는 것이 일반적이다. 그런데 이 경우 회사 경영진들의 도덕적 해이Moral Hazard가 발생할 가능성이 있다. 투자자에게 거액의 돈을 투자 받은 후 경영 부실로 인한 부채가 생기더라도 개인의 부채가 아닌 스타트업의 부채로 한정되어 문제 해결 노력을 게을리 할 수 있기 때문이다. 이 같은 사태를 방지하고자 투자 계약 시엔 일정 부분 스타트업의 이사나 주요 주주들에게 스타트업 경영 등에 대한 책임을 함께 지도록 하는 것이 일반적이다. 다만, 이해관계자가 무과실 책임을 지는지, 아니면 과실 책임을 지는지 등에 따라 그 책임의 경중은 달라지게 된다.

투자자는 이해관계인을 투자계약의 당사자로 포함시킴으로써 대표이사 등 경영자의 모럴 해저드나 불법행위 등으로 인해 회사의 경영에 차질이 발생하는 것을 방지할 수 있다. 스타트업의 소유와 경영이 분리되기 때문에 장기적으로 회사를 성장시키고자 하는 유인이 크지 않을 수 있으며, 투자자로부터 받은 다액의 투자금을 본인의 이익을 위해서만 사용하여 회사에 손해를 입힐 위험 또한 존재한다. 주주 유한책임제도에 따라 주주는 투자한 자본금에 한해서만 책임을 부담할 뿐 이를 초과하는 회사의 채무에 대해서는 아무런 책임도 지지 않으므로, 대주주가 대표이사를 겸임하는 경우에도 신규투자액에 비추어 초기 투자 자본금이 현저하게 적은 대주주 입장에서는 특정 투자 라운드의 투자로 경제적 이익을 확보하고 이후 회사의 성장은 등한시할 수 있다.

위와 같은 투자 이후의 경영 부실화를 방지하기 위하여 투자자들은 투자계약의 당사자로 이해관계인을 포함시킨 후 다양한 의무와 책임을 부담시켜서 모럴 해저드를 방지하고 회사의 경영을 보다 투명하게 하도록 하여 스타트업의 성장을 도모하는 것이다.

(3) 신주인수계약의 기본적 구조

신주인수계약은 투자 대상인 회사가 정해진 양과 종류의 신주를 발행하고, 투자자는 이를 정해진 날짜에 정해진 금액으로 인수하기로 하는 계약을 실행함에 있어서 논의되어야 하는 당사자들의 상세한 권리·의무 관계를 정하고 있는 계약을 말한다. 신주인수계약서와 함께 주로 작성되는 계약서로 주주간계약서가 있는데, 주주간계약서는 회사의 주주들 사이에서의 권리와 의무를 규정한 것이다.

그런데 신주인수계약서는 주주간계약서의 내용을 상당 부분 포함하는 내용으로 작성되는 경우가 대부분이다. 우리나라의 신주인수계약서는 계약당사자로서 회사와 투자자 외에 '이해관계인'을 추가로 포함시키고 있으며, 신주인수계약서 내에 최대주주인 이해관계인과 투자자 사이의 주주간 합의가 포함되어 있는 것이 일반적인 형태이다. 따라서, 우리나라에서 투자 약정 시 주주간계약 없이 신주인수계약만 체결된다고 하여 신규 투자자와 기존 대주주 간의 실질적인 주주간 합의를 생략하고 진행되는 경우는 거의 없으며 신주인수계약서 내에 주주간 합의 규정도 포함되어 있다고 이해하는 것이 적절하다.

주식회사는 소유와 경영이 분리되어 있다. 이는 아래 '주식회사의 소유와 경영의 분리 구조'를 나타낸 그림을 통해서 살펴보면 조금 더 쉽게 이해할 수 있다.

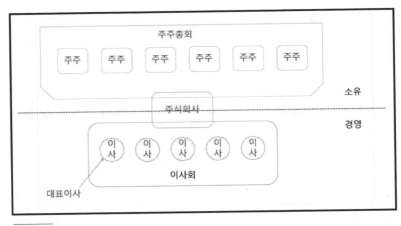

그림 4-2 주식회사의 소유와 경영 분리

투자자는 투자를 하게 되면 주식을 인수하게 되므로 스타트업의 주주가 되는데 이는 상법상 지분율에 따라 스타트업을 소유하는 것으로 해석할 수 있을 뿐이지 경영을 하는 경영자의 지위를 얻는 것은 아니다.

예를 들어서 삼성전자의 주식을 약 1% 정도 특정 투자자가 인수하였다고 가정해 보자. 위 투자자는 1% 지분권한을 가진 주주일 뿐,

삼성전자의 경영에 실질적으로 관여할 수는 없다. 삼성전자의 경영에 직접적으로 관여하기 위해서는 투자자 본인이 삼성전자의 임원이 되거나 투자자의 의사를 일부라도 반영하여 삼성전자의 임원이 경영을 할 수 있도록 해야 한다. 그러므로 투자자는 삼성전자의 임원이나 주요주주들을 이해관계인으로 하여 신주인수계약의 당사자로 포함시키고 경영상 여러 가지 의무를 부담하도록 하여 투자자가 경영에 직간접적으로 관여할 수 있도록 하는 것이다.

그러므로 신주인수계약서의 구조는 크게 ① 스타트업과 투자자 간의 신주인수에 관한 부분, ② 스타트업, 이해관계인, 투자자 간의 권리 및 의무에 관한 부분, ③ 기타 조항 부분으로 나눌 수 있으며 아래와 같이 구조화를 시킬 수 있다.

표 4-1 **신주인수계약서의 기본적 구조**

신주인수계약서 구조	비고
• 신주발행 신주의 성격 　(상환권, 전환권, 우선권, 배당권, 의결권) • 선행조건 • 진술 및 보증 • 신주 인수 대금 지급	스타트업과 투자자 간의 권리, 의무 규정
• 주식 처분 제한 • Tag along / Drag along • 주식매수청구권(Put option) • 사전동의권/협의권 • 이해관계인 책임 • 기타 조항	스타트업, 이해관계인, 투자자 간의 권리, 의무 규정
• 비밀유지조항 • 비용부담 • 준거법, 관할 등 • 기타 일반조항	스타트업, 이해관계인, 투자자 간의 권리, 의무 규정

(4) 신주(상환전환우선주)의 발행과 인수

① 신주의 발행과 인수에 대한 기본적인 내용 명시

새롭게 발행된 주식(신주)을 투자자가 인수하는 형태의 계약은 당연히 신주(혹은 구주)의 발행 및 인수에 관한 사항을 규정해야 한다. 발행할 주식의 총수, 기발행주식의 총수, 신주발행 내역(1주의 발행가 및 액면가, 총 인수대금, 납입기일 등) 등에 대해 명시하는 것이 기본이다.

일반적으로 신주 발행 후 인수의 형태로 투자를 받는 경우 추후 투자금에 대한 회수를 용이하게 하기 위해 보통주보다는 상환전환우선주나 전환우선주 등의 '메자닌'을 발행하게 된다. 보통주가 아니기 때문에 상환전환우선주의 의결권에 관한 사항, 배당에 있어 우선권에 관한 사항, 청산잔여재산 분배에 있어 우선권에 관한 사항, 상환권 및 전환권, 신주인수권 등에 대한 사항 등을 상세하게 규정하게 된다.

전환권과 관련해선 전환기간 및 전환방법, 전환비율에 관한 사항 등을 규정한다. 특히 전환비율 규정의 경우 스타트업(피투자회사)이 추후 다른 투자자로부터 새로운 투자를 받으면서 이전에 투자한 주식의 가치가 희석되는 것을 방지하기 위해 희석 방지 조항을 포함시키는 것이 일반적이다. 희석화 방지 조항은 뒤에 첨부된 신주인수계약서 샘플의 제9조 제3항에서 구체적으로 규정하고 있으니 참고하기 바란다.

상환권과 관련해선 상환청구권을 청구할 수 있는 기간에 대한 규정, 상환조건(회사의 이익잉여금 한도 내에서 상환할 수 있음), 상환방법,

상환금액(일반적으로 본건 종류주식 발행일부터 상환일까지 지급된 배당금은 차감한 뒤 계산), 지연배상금 등에 대해 규정한다.

신주인수권에 대한 사항의 경우, 일반적으로 본건 주식이 보통주와 동등한 지위를 갖는 신주인수권이 있으며, 무상증자의 경우 같은 종류의 종류주식으로, 유상증자는 회사가 발행키로 한 종류의 주식으로 배정받을 권리가 있다는 취지로 규정한다. 이 역시 신주인수계약서 샘플의 제10조에서 구체적으로 규정하고 있으니 참고하기 바란다.

② 상환전환우선주란

상환전환우선주, 즉 RCPS는 금전으로 상환도 가능(상환권)하고, 보통주식으로 전환(전환권)도 가능한 우선주이다. 스타트업을 비롯해 일반적인 피투자회사들은 상장회사가 아닌 경우가 대부분이다. 비상장사의 보통주는 거의 거래가 이뤄지지 않기 때문에 투자 대가로 보통주를 인수하게 되면 Exit가 거의 불가능하다. 이 때문에 보통주가 아닌 상환권과 전환권이 모두 포함된 상환전환우선주를 인수하게 되는 것이다.

상환전환우선주
인수계약서
샘플

③ 상환전환우선주의 발행 조건

피투자회사는 언제든 상환전환우선주를 발행할 수 있을까? 그렇지는 않다. 상법 제345조[5] 제3항에 의하면 회사가 상환주식을 발행

---

5 상법 제345조(주식의 상환에 관한 종류주식) ① 회사는 정관으로 정하는 바에 따라 회사의 이익으로써 소각할 수 있는 종류주식을 발행할 수 있다. 이 경우 회사는 정관에 상환가액, 상환기간, 상환의 방법과 상환할 주식의 수를 정하여야 한다.

하기 위해서는 회사정관에 '주주가 회사에 대해 상환청구를 할 수 있다'는 내용과 함께 상환가액, 상환청구기간, 상환 방법 등을 정해 놓아야 한다. 그러므로 투자에 대한 대가로 상환전환우선주를 인수 하고자 한다면 피투자회사 정관에 위와 같은 사항이 규정되어 있는 지를 확인해야 한다.

참고로, 회사 정관을 변경하기 위해서는 상법 제433조[6] 제1항에 의해 주주총회의 특별결의(출석한 주주의 의결권의 3분의 2 이상의 수와 발행 주식총수의 3분의 1 이상의 수)를 거쳐야 한다. 해당총회 소집의 통지와 공고에는 의안의 요령을 기재해야 한다. 아울러 회사가 수종의 주식을 발행하는 과정에서 정관을 변경해 특정 종류의 주주에게 손해를 끼치게 될 때에는 해당 주주총회의의 결의도 있어야 하는데(상법 제435조 제1항), 종류주주총회의 결의는 종류 발행 주식 총수의 3분의 1 이상, 출석한 종류주주의 의결권의 3분의 2 이상의 찬성으로 가능하다(상법 제435조 제2항).

---

② 제1항의 경우 회사는 상환대상인 주식의 취득일부터 2주 전에 그 사실을 그 주식의 주주 및 주주명부에 적힌 권리자에게 따로 통지하여야 한다. 다만, 통지는 공고로 갈음할 수 있다.

③ 회사는 정관으로 정하는 바에 따라 주주가 회사에 대하여 상환을 청구할 수 는 종류주식을 발행할 수 있다. 이 경우 회사는 정관에 주주가 회사에 대하여 상환을 청구할 수 있다는 뜻, 상환가액, 상환청구기간, 상환의 방법을 정하여야 한다.

④ 제1항 및 제3항의 경우 회사는 주식의 취득의 대가로 현금 외에 유가증권(다른 종류주식은 제외한다)이나 그 밖의 자산을 교부할 수 있다. 다만, 이 경우에는 그 자산의 장부가액이 제462조에 따른 배당가능이익을 초과하여서는 아니 된다.

⑤ 제1항과 제3항에서 규정한 주식은 종류주식(상환과 전환에 관한 것은 제외한다)에 한정하여 발행할 수 있다.

6 상법 제433조(정관변경의 방법) ① 정관의 변경은 주주총회의 결의에 의하여야 한다.

② 정관의 변경에 관한 의안의 요령은 제363조에 따른 통지에 기재하여야 한다.

한편, 정관변경으로 등기사항이 변경되면 변경등기를 해야 하며, 주식회사의 정관변경은 원칙적으로 주주총회의 결의에 의해 즉시 효력이 발생한다.

④ 상환전환우선주의 상환권

상환권은 언제든 행사할 수 있는 권한일까? 그렇지 않다. 상법 제345조 제1항에 따라 회사에 상환자금으로 사용할 수 있는 배당가능이익이 있어야만 상환권 행사가 가능하다. 쉽게 말해 회사 사정이 좋지 않은데 투자자가 돈을 상환해 갈 수는 없다는 취지이다. 그리고 피투자회사의 배당가능이익이 없어 자금 상환을 하지 못하고, 이 때문에 투자자가 원치 않은 손해를 봤다 하더라도 투자자는 이에 대해 피투자회사를 상대로 손해배상을 청구할 수 없다.

상환전환우선주와 전환사채 등 사채의 가장 큰 차이점은 바로 상환전환우선주는 배당가능이익이 있어야만 상환을 받을 수 있다는 점이다. 전환사채나 일반적인 사채의 경우 사채의 만기가 도래하면 회사의 사정과 아무런 관련이 없이 상환(변제)을 청구할 수 있고 회사가 상환하지 못할 경우 회사를 상대로 하여 변제청구 또는 손해배상청구를 할 수 있는 반면 상환전환우선주는 그렇지 않다는 점에서 큰 차이가 있다.

대부분의 스타트업은 재무 및 회계 상황이 좋지 않기 때문에 배당가능이익이 없는 경우가 대부분이고, 이 때문에 상환전환우선주를 인수한 투자자가 상환권을 행사하여 상환을 받는 경우는 매우 드물다. 이에 투자자가 굳이 회사에게 상환권까지 요구하지 않고 전환권과 우선권만을 보유한 전환우선주를 인수하는 경우도 매우 많다.

한편, 상환전환우선주RCPS를 발행하는 많은 경우에 있어 '발행일 후 2년 또는 3년 째 되는 날'부터 RCPS 전부의 상환 또는 환매를 청구(상환권 행사)할 수 있도록 하는 조건을 설정한다. 그 이유는 기관 투자 펀드의 만기 설정이 2~3년 가량에 불과하기 때문이다. 즉 펀드 기간 만료 후 자금을 모두 회수하기 위한 방편으로 상환권 행사기간을 2~3년으로 설정하는 경우가 많다.

반면 상환권 행사 시기가 빠르면 빠를수록 피투자회사 입장에선 불이익이 많다. 회사가 충분히 성장하기 전에 투자금 회수 압박에 직면할 수 있기 때문이다. 그러므로 피투자회사 입장에선 특별한 사정이 없다면 상환권 행사시점을 5년 이후로 늦추는 것이 유리하다. 반면, 일반적인 경우 투자자의 입장에서는 상환권 행사가능 시점을 빠르게 가져가는 것을 선호한다.

투자자의 상환권 행사 시 피투자회사는 원리금 상환을 해줘야 하는데, 이자를 어느 정도 수준으로 해야 하는지는 딱히 정해진 바가 없다. 다만, 많은 경우에 있어 원금에 대하여 복리로 연 8% 이율에 따른 금전을 지급하도록 상환전환우선주에 대한 인수계약을 체결하는 추세이다. 그러나 피투자회사의 안정성이나 성장 가능성이 낮다고 판단되는 경우에는 연 8%의 이율보다 더 높은 상환이율로 투자계약이 체결될 수 있다. 반면, 전도유망한 회사는 8%보다 낮은 상환이율로 투자계약을 이끌어내는 것도 가능하다. 상환이율에 대한 모범답안은 딱히 있다고 볼 수는 없으며 협상 결과에 따라서 세부 조건이 달라진다. 다만, 연 8%보다 높은 경우 일반적으로 과도한 상환이율로 여겨지는 경우가 많고, 그만큼 스타트업 및 이해관계인에겐 불리한 조건이라고 볼 수 있다.

⑤ 상환전환우선주의 전환권

전환권이란 보유하고 있는 우선주를 일정 전환비율에 따라 언제든지 보통주 등 다른 주식으로 전환할 수 있는 권리를 의미한다. 전환권 및 전환가격 조정 조항은 투자자들의 지분 가치가 이후 후속 투자 등으로 인하여 희석되는 것을 방지하기 위한 조항인데, 후속 투자 시 기존 인수대금보다 낮은 단가로 신주를 발행하게 되면 기존 투자자는 상대적으로 높은 가격을 지불하여 적은 수의 회사 주식을 보유하게 된 것이므로 사실상 지분이 과도하게 희석되는 결과가 초래된다.

전환가격 조정 조항은 후속 투자의 1주당 투자단가가 기존 투자단가보다 낮을 경우 주식 전환비율을 조정하여 기존 투자자들의 손실을 최대한 보전하는 역할을 하며, 희석 방지 조항(Anti-dilution provision)이라고도 한다. 지분 희석 방지조항은 전환권을 행사하는 경우 전환가격을 조정하는 모습으로 나타나는데 Full-Ratchet(풀레쳇) 방식과 Weighted Average(가중평균) 방식으로 나뉘며, 한국 투자계약에서는 주로 Full-Ratchet 방식이, 미국 투자계약에서는 주로 Weighted Average 방식이 사용된다.

Full-Ratchet 방식에 의하면 전환가격은 낮아진 후속 투자의 주당가격과 동일하게 하락하여 주식의 가격을 보정해 준다. 그런데 Full-Ratchet 방식은 후속 투자의 규모가 매우 미미한 경우조차도 후속 투자의 주당가격과 동일하게 전환가격이 맞춰진다는 측면에서 합리성이 떨어지는 측면이 있다. Weighted Average 방식에 의하면, 전환가격은 기존 투자자의 주당 가격, 신규 투자자의 주당 가격, 후속 투자로 발행된 신주의 수량, 기발행된 보통주 등의 요소들을 적용한 공식을 통하여 전환가격을 계산한다. Weighted Average 방식에 따르면 전환가격은 보통 기존 투자자의 주당 가격과 신규 투자자의 주당 가격 사이에서 정해지게 되며 아래 산식과 같다.

조정 후 전환가격 = 조정 전 전환가격 × {기 발행주식수 + (신 발행주식 수 × 신 발행주식 1주당 발행가격/조정 전 전환가격)}/(기 발행주식수 + 신 발행주식수)

Full – Ratchet 방식과 달리 Weighted Average 방식은 낮아진 후속 투자를 통하여 발행될 주식수가 많을수록 전환가격이 많이 조정되고, 발행될 주식수가 많지 않은 경우 조정 폭이 작게 되어 보다 합리적이다. 한국 스타트업 대부분은 Full – Ratchet 방식을 택하여 투자를 받았는데 올해 투자 혹한기에서 과도할 정도로 전환가격 조정이 이루어지면서 창업자들의 지분이 과도하게 희석되는 결과가 발생하였다. 앞으로는 이러한 점을 고려하여 투자 시의 전환가격 조정 조항을 검토할 필요가 있다.

⑥ 상환전환우선주의 우선권
상환전환우선주의 우선권은 ① 이익 배당에 대한 우선권과 ② 잔여재산분배에 대한 우선권으로 나눌 수 있다.

이익배당에 대한 우선권은 회사가 이익을 배당하기로 한 경우 보통주의 주주보다 우선순위로 일정 이익을 배당받을 것을 주된 내용으로 하는 권리이다. 이익배당 우선주는 참가적/비참가적, 누적적/비누적적 우선주로 구분되며, 1주당 액면가액 기준 1~2%의 배당을 보통주주에 우선하여 배당받는 내용으로 구성되는 것이 일반적이다. 이익배당은 기본적으로 회사의 주주총회 승인결의를 필요로 하므로, 회사 내에 배당가능이익이 있다 하더라도 주주간 논의를 거쳐 이익을 배당하지 않는다는 결정을 할 수도 있다.

이익배당에 대한 우선주의 성질 중 참가적 우선주라는 것은 투자자인 우선주주가 보통주주에 비해 상대적으로 우선하여 배당을 받고 배당가능이익이 더 있는 경우에 보통주주와 동일한 지위에서 추가적으로 배당에 참여할 권리를 보장하는 것을 의미한다.

누적적 우선주란 우선주주가 전 배당연도에 배당을 받지 못하였으나 그 다음년도에 이익배당금이 있는 경우 전 배당연도에 배당받았어야 할 이익금을 누적하여 배당받을 권리가 있는 주식을 의미한다. 반대로 비누적적 우선주는 전년도의 미배당금액이 적립되지 않고 배당가능이익이 있는 당해 연도에 배당받기로 한 금액에 한해 배당받을 수 있는 주식을 뜻한다. 우선주가 참가적 또는 비참가적인지, 누적적 또는 비누적적인지는 서로 독립적으로 결정할 수 있어서 총 4가지 종류(참가적/누적적, 참가적/비누적적, 비참가적/누적적, 비참가적/비누적적)의 이익배당이 가능하다. 보통주주의 입장에서는 참가적보다 비참가적 우선주가 유리하며, 회사의 입장에서는 누적적보다 비누적적 우선주가 유리하다. 투자자의 입장에서는 참가적/누적적 우선주의 경우가 유리하다.

잔여재산분배우선권이란 스타트업이 청산을 하는 과정에서 잔여재산을 분배할 때에 다른 주식보다 우선적으로 재산을 분배하는 것을 의미한다. 만일 우선권을 갖고 있는 주주가 없는 경우 모든 주주가 지분비율에 따라서 동등한 순위로 스타트업의 잔여재산을 분배받는 반면, 잔여재산 분배 우선권이 있는 주주가 있는 경우 해당 주주가 다른 주주들에 비하여 우선하여 잔여재산을 분배 받게 된다.

잔여재산을 우선적으로 분배 받는 과정에서 크게 두 가지를 고려해야 한다. 첫째는 투자원금의 몇 배를 우선하여 분배 받는 것인지에 대한 것이고, 둘째는 투자원금의 X배를 우선하여 분배한 후에 남은 재산을 우선권이 없는 주주들과 어떤 방식으로 분배할 것인지에 대한 것이다.

투자원금의 몇 배를 우선하여 분배 받는 것인지에 대한 것과 관련하여, 잔여재산분배우선권을 부여하는 과정에서 우선권이 있는 주주에게 투자원금의 1배 또는 2배를 우선적으로 분배하는 경우가 있고 이에 더하여 미지급 배당금이 있는 경우에는 미지급 배당금까지 우선하여 분배하게 된다. 투자원금의 1배를 우선하여 분배하는 경우를 1X, 2배를 우선하여 분배하는 경우를 2X, n배를 우선하여 분배하는 경우를 nX라고 부른다. 실무상 거의 대부분 투자원금의 1배만 우선하여 분배하고 있다.

투자금 및 미지급 배당금까지 회수 후에 남은 자산에 대한 분배와 관련하여, Full Participation, Simple Participation, Non Participation 이라는 3가지 방법으로 나눌 수 있다.

Full Participation 방법은 우선주식에 대한 우선 분배를 한 후에 잔여재산에 대하여 보통주의 주주와 동일한 분배율로 함께 참가하여 잔여재산을 분배 받도록 하는 것을 의미한다. 즉, 우선주식을 보유하고 있는 투자자가 본인의 투자 원리금(투자 원금 및 이자)을 우선하여 분배 받은 후에 남은 재산 전체(Full)에 대해서 또 다시 보통주 주주들과 지분비율에 따라서 분배 받을 수 있다.

Simple Participation 방법은 우선주식에 대한 우선 분배를 한 후 보통주에 대한 주당 분배금액이 본건 우선주식에 대한 주당 분배금액을 초과하는 경우에 본건 우선주식의 주주는 초과하는 부분에 대하여 보통주의 주주와 동일한 분배율로 함께 참가하여 잔여재산을 분배 받도록 하는 것을 의미한다. 이 경우에는 Full Participation 방법과 달리 우선주식의 주주가 우선 분배를 받은 후의 남은 재산에 대해서 보통주식의 주주가 우선주주들과 동일한 주당 분배금액에 해당하는 재산을 분배 받은 후에 또 다시 남은 재산에 대하여 보통주식 주주와 지분비율에 따라서 분배 받는다는 점에서 차이가 있다.

Non Participation 방법은 우선주식에 대한 우선 분배를 한 후 우선주주들은 남은 재산에 대하여는 더 이상 분배 받는 것에 대하여 참여하지 않고 보통주를 보유한 주주들이 지분 비율대로 분배 받도록 하는 것을 의미한다.

⑦ 상환전환우선주는 자본인가, 아니면 부채인가?

상환전환우선주의 경우 투자자가 상환을 요구하면 회사에 상환 의무가 발생하므로 상장기업이 채택하는 '한국채택국제회계기준

K-IFRS: Korean International Financial Reporting Standards'에서는 상환전환우선주를 부채로 분류(단, 피투자회사에 상환권이 있는 경우에는 자본으로 분류)한다. 그러나 스타트업과 같은 비상장기업에 적용되는 일반기업회계기준KFAS: Korea Financial Accounting Standards에서는 상환전환우선주를 자본으로 분류한다.

사실 비상장회사의 경우까지 상환전환우선주를 부채로 분류한다면 많은 스타트업 및 비상장회사들의 부채비율이 높아져 은행 대출 등을 통한 자금 마련에 어려움이 발생하고 자본잠식까지도 이어질 수 있기 때문에 적절한 분류 방식으로 볼 수 있다. 다만 비상장회사의 상환전환우선주가 자본으로 분류된다고 해도 결국 투자자가 상환권을 행사하면 원리금을 돌려줘야 하므로 결국 자본보다 부채로 해석하는 것이 실질적인 측면에 있어서는 더 적절하다.

위와 같이 비상장회사들이 일반적으로 채택하고 있는 일반기업회계기준에 의하면 상환전환우선주가 부채로 분류되기 때문에 만일 일반기업회계기준을 채택한 비상장회사가 상장을 하게 되면 불가피하게 한국채택국제회계기준의 적용을 받기 때문에 상장과 동시에 상환전환우선주에 해당하는 자본이 모두 부채로 변경되는 문제가 발생할 수 있다. 이 때문에 비상장회사는 상장 전에 상환전환우선주를 보통주로 전환한 후에 상장을 하는 것이 일반적이다.

(5) 투자의 선행조건 및 진술과 보장
① 투자의 선행조건
신주인수계약 또는 주식양도계약에 따라 투자가 실제 집행되기 위해선 그에 앞서 충족돼야 할 조건이 있는데, 이를 '투자의 선행조건'이라고 한다. '투자의 선행조건'은 보통 아래와 같은 내용을 충족할 것을 요구한다.

  i) 회사 및 이해관계인이 본 계약에 따라 규정된 의무를 이행해야 한다.

  ii) 회사 및 이해관계인이 본 계약에서 행한 진술과 보장이 진실되고 정확해야 한다.

  iii) 본 계약에 따라 투자자가 인수하기로 한 주식의 발행을 금지하거나 제한하는 등 계약 이행을 방해하는 소송 또는 기타의 절차(행정절차, 감사 등 포함)가 진행 중이거나 진행될 우려가 없어야 한다.

  iv) 회사가 본 계약의 이행에 필요한 정부의 인허가 등을 획득해야 한다.

  v) 회사가 본 계약의 이행에 필요한 제3자의 동의 등을 획득해야 한다.

  vi) 회사가 본 계약의 이행에 필요한 회사 내부 절차(정관 및 내부규칙 변경, 주주총회 결의, 이사회결의 등 포함)를 이행해야 한다.

  vii) 회사가 투자자의 동의 없이 정관 및 내부규칙을 변경하거나 투자자와 협의 없이 이사회 결의, 주주총회결의를 하지 않아야 한다.

  viii) 회사가 본 계약의 체결 이후 자본구조, 경영상태, 재무상황의 통상적이지 않은 변동 내지 부정적 변동, 통상적인 영업활동에서 벗어난 행위를 하지 않아야 한다.

② 진술과 보장(Representations and Warranties)[7] 및 손해배상책임

일반적으로 진술과 보장 조항Representations and Warranties clause은 회사 및 이해관계인이 투자계약일 현재 회사 등의 상황에 대해서 진술 및 보장을 하기 위한 규정이다. 즉, 이 조항을 통해 회사의 자본, 자산, 부채 등에 관한 사항, 재무제표에 관한 사항, 관계회사에 관한 사항, 법령 위반 및 소송에 관한 사항, 이해관계자에 대한 사항 등을 진술·보장한다. 본 진술 및 보장 조항의 내용이 추후 거짓으로 밝혀질 경우 본 계약이 해지 또는 해제될 수 있음은 물론, 이로 인해 투자자에게 발생한 손해까지 배상해야 될 수 있으므로 주의 깊게 살펴볼 필요가 있다.

진술과 보장 조항을 위반한 경우에 대한 손해배상 책임에 대해서는 아래와 같은 내용의 대법원 판례가 있다.

> **판례** 대법원 2015. 10. 15. 선고 2012다64253 판결
> 계약당사자 사이에 어떠한 계약내용을 서면으로 작성한 경우에 문언의 객관적인 의미가 명확하다면 특별한 사정이 없는 한 문언대로의 의사표시의 존재와 내용을 인정하여야 하며, 문언의 객관적 의미와 달리 해석함으로써 당사자 사이의 법률관계에 중대한 영향을 초래하게 되는 경우에는 문언의 내용을 더욱 엄격하게 해석하여야 한다. 그리고 채권자의 권리행사가 신의칙에 비추어 용납할 수 없는 것인 때에는 이를 부정하는 것이 예외적

---

7 일반적으로 '진술과 보장' 또는 '진술과 보증'이라고 혼용해 사용하나, 여기에선 '진술과 보장'으로 통일한다.

> 으로 허용될 수 있을 것이나, 일단 유효하게 성립한 계약상의 책임을 공평
> 의 이념 및 신의칙과 같은 일반원칙에 의하여 제한하는 것은 자칫하면 사
> 적 자치의 원칙이나 법적 안정성에 대한 중대한 위협이 될 수 있으므로 신
> 중을 기하여 극히 예외적으로 인정하여야 한다.

위 판결의 기초가 된 사안은 다음과 같다. 현대오일뱅크(원고)는 1999년 한화케미칼, 한화개발, 동일석유, 김승연(피고들)으로부터 한화에너지의 주식 400만 주를 매수하는 주식양수도계약을 체결했다. 이 계약서의 '진술 및 보장 조항'엔 '이 사건 주식양수도계약 체결일 및 양수도 실행일에 인천정유가 행정법규를 위반한 사실이 없고, 이와 관련하여 행정기관으로부터 조사를 받고 있거나 협의를 진행하는 것은 없다'는 내용이 포함되어 있었다. 아울러 위 진술과 보장을 위반해 현대오일뱅크(원고)에 손해가 발생할 경우 피고들은 500억 원을 초과하지 않는 범위 내에서 손해를 배상하기로 했다. 한편, 원고와 피고들은 모두 이미 '이 사건 주식양수도계약 체결일 및 양수도 실행일에 인천정유가 행정법규를 위반한 사실은 없으나 특정 행정기관으로부터 조사를 받고 있거나 협의를 진행하는 것이 있다'는 사실은 알고 있었다.

이에 대한 위 대법원 판결의 취지는 진술 및 보장 조항의 객관적 의미가 명확하다면 특별한 사정이 없는 한 문언 그대로의 존재와 내용을 인정하여야 한다는 전제 하에 이미 진술과 보장 내용이 거짓이라는 것을 주식양수인이 알고 있었다[8]고 하더라도 주식양도인의 진

---

8 어떠한 사실을 알고 있었다는 것을 법률용어로서 '악의'라고 표현한다. 즉, 진술과

술 및 보장 위반으로 인정되며, 즉 주식양수인에게 손해배상을 해줘야 한다는 것이다.

위와 같은 악의의 진술과 보장 문제를 일반적으로 '샌드배깅 sandbagging'이라고 한다. 흉기처럼 보이지 않는 모래 주머니를 살상 무기로 사용한 미국 갱들에게 유래된 표현으로 경쟁자보다 자신이 우위에 있는 능력을 숨겨 수 싸움이나 전략 싸움에서 우위를 점하기 위한 행위를 의미한다. 인수합병M&A이나 신주인수 또는 주식양수도 등에서 진술과 보장 위반 사실을 알고 있었던 주식 인수자가 거래 완료 뒤 양도인이 전술과 보장을 위반하였다는 것을 이유로 손해배상을 청구하는 행위가 '샌드배깅'의 대표적인 예다.

투자자 입장에서는 신주인수계약서에 진술과 보증 조항을 삽입할 때 계약 당시 투자자가 이미 알고 있었던 사항이라 하더라도 진술보증 위반으로 인한 손해배상청구를 할 수 있다는 점을 명시하는 것이 유리하며, 이러한 조항을 Explicit sandbagging clause(또는 pro-sandbagging clause)라고 한다. 반면, 피투자회사 및 이해관계인의 입장에서는 계약 당시 투자자가 이미 알고 있었던 사항에 대해서는 추후 투자자가 손해배상을 청구할 수 없다는 것을 명시하는 것이 유리한데, 이러한 조항을 Anti-sandbagging clause라고 한다.

(6) 투자자의 사전 동의권

스타트업이 투자자와 투자계약을 체결하고나서 가장 번거로운 것

보증 내용이 사실이 아니라는 것을 주식양수인이 알고 있었다면, 이러한 주식양수인을 법률적으로 표현할 때 '악의의 주식양수인'이라고 표현한다. 이하에서는 '악의'를 위와 같이 '알고 있었다'는 의미로 사용한다.

중 하나가 주요 경영행위에 대하여 투자자의 사전 서면동의를 받아야 한다는 것이다. 일반적인 투자계약서에서는 (1) 정관의 변경, (2) 후속 투자 받는 것(신주 발행 등), (3) 합병 및 분할, (4) 주요 자산의 매각, (5) 현저히 다른 사업에 착수, (6) 주식매수선택권(스톡옵션)의 부여 등 주요 경영행위에 대해서 투자자의 사전 서면 동의를 받도록 정하고 있다.

그런데 사실 투자자의 사전 서면 동의를 받는 것이 스타트업 입장에서는 여간 번거로운 것이 아닐 수 없다. 예를 들어서 3% 정도밖에 지분을 보유하고 있지 않은 투자자에게 임직원의 스톡옵션을 부여하는 것에 대해서까지 사전 서면 동의를 받는 것이 적절하냐에 대한 의문이 제기된다. 스톡옵션은 주주총회의 특별결의만 있으면 부여할 수 있는 것인데 소수의 지분만 갖고 있는 투자자가 반대(Veto)를 하면 부여하지 못하게 되기 때문이다.

다수의 주주가 찬성하고 있음에도 불구하고 소수 지분을 갖고 있는 투자자가 반대하면 해당 행위를 못한다는 측면에서 주주평등의 원칙에 반하는 것이 아니냐는 의문도 제기된다. 주주평등의 원칙이란 주주는 회사와의 법률관계에서 그가 가진 주식 수에 따라 평등한 취급을 받아야 한다는 원칙을 의미한다.

그런데 사전 동의권 조항이 주주평등의 원칙에 반하여 무효라는 고등법원 판단(서울고등법원 2021. 10. 28. 선고 2020나2049059 판결)이 있어서 한동안 논란의 대상이 되었다. 해당 사건을 아래에서 간략하게 소개하고자 한다.

디스플레이 제조업체인 원고 회사는 2016년경 컴퓨터시스템 제조·판매업체인 피고 회사의 요청에 따라 위탁생산계약을 체결하는 과정에서 피고 회사가 발행하는 상환전환우선주 20만 주를 20억 원에 인수하는 신주인수계약을 체결하였다. 신주인수계약에 따르면 피고 회사가 신주 발행 이후 추가로 신주를 발행하는 경우 원고 회사의 사전 서면동의를 받아야 하고, 이를 위반하면 투자금을 조기상환함은 물론 투자금 상당액의 위약벌을 부담하도록 되어 있었다. 그러나 피고 회사는 원고 회사의 서면동의를 받지 않고 유상증자하였다. 이에 원고 회사는 피고 회사 및 피고 회사의 대표이사를 상대로 사전 동의권 조항 위반을 이유로 투자금의 조기상환금과 위약벌 등으로 43억여 원의 지급을 청구하는 소송을 제기하였다. 서울고등법원은 피고 회사가 회사의 주요 경영사항에 대하여 원고 회사의 서면 동의를 받도록 강제하는 내용의 사전 동의권 조항 및 이를 위반하는 경우 제재수단으로서의 조기상환 및 위약벌 조항은 주주평등원칙에 반하여 무효라고 보았다. 사전 동의권 조항을 통해 원고 회사에게 피고 회사의 다른 주주들에게는 인정되지 않는 회사 경영에 대한 강력하고 절대적인 영향력을 행사할 수 있는 우월한 권한을 부여하는 것일 뿐 아니라, 조기상환 및 위약벌 약정을 통해 배당가능이익이 있는지 여부와 관계없이 원고 회사의 투하자본의 회수를 보장하는 기능을 하는 것으로서 주주평등원칙에 반한다는 것이다.

나아가 서울고등법원은 투자자 보호장치도 상법이 인정하는 주식 발행이나 '주주간 협약' 등과 같이 관계 법령을 준수하는 범위 내에서 만들어져야 하는 것이지 별개의 약정으로 회사 경영과 관련하여 일부 주주에게 동의권부주식이나 이사 선·해임권과 같은 특수한 권리나 권한을 부여하고 위반시 제재를 가하는 방법으로 그 이행을 강제하는 것은 허용할 수 없다고 판시하였다.

이 판결은 투자계약서에 포함되어 왔던 사전 동의권 조항을 무효라고 판시한 것으로 앞으로 체결할 투자계약은 물론 기존 체결되었던 투자계약의 사전 동의권 조항도 그 효력을 다툴 여지가 존재하게 되었다. 투자를 받는 스타트업의 입장에서는 투자자에게 사전 동의권이 존재하지 않는 것이 유리하기 때문에 이 판결이 유리하게 적용되는 측면이 있으나, 투자자 입장에서는 투자한 기업에 대한 보호장치가 사라지는 것이기 때문에 논란의 여지가 있다.

본 사건은 아직 대법원에 계류 중이기 때문에 대법원의 최종 판단을 지켜볼 필요가 있다.

(7) 우선매수권과 공동매도권

> **사례 3** A씨는 스타트업 '좋은회사'를 경영하면서 벤처캐피탈로부터 5억 원 상당의 투자를 받았다. 투자자와 좋은 관계를 유지하면서 회사를 경영하고 있었는데, 갑자기 투자자가 투자 계약서에 있는 Drag along이라는 조항을 언급하면서 이번에 본인이 '좋은회사'의 본인 지분을 모두 매각하려는데 Drag along 조항에 따라서 A씨의 지분까지 모두 매각하려고 한다고 말했다. 그러면서 A씨는 선택권이 없고 Drag along 조항에 따라서 무조건 투자자가 매각하려는 조건과 동일한 조건으로 매각해야만 한다고 한다. A씨는 '좋은회사'의 창업자이자 회사를 본인 목숨보다 더 중요하게 여겼는데, A씨는 정말로 본인의 모든 지분을 매각해야만 하는 것인가?

우선매수권이라는 것은 특정 투자자 또는 이해관계인이 본인의 주식을 처분하고자 할 경우, 다른 이해관계인 또는 투자자가 우선적으로 그 주식을 매수할 수 있는 권리를 말한다. 공동매도권이라는 것은, 투자자 또는 이해관계인이 주식을 매도하고자 할 경우 다른 이해관계인 또는 투자자가 본인의 주식 역시 공동으로 매도할 수 있는 권리를 말한다. 이러한 권리를 Tag along이라고 한다. 반면, 투자자가 자신의 주식을 처분하면서 이해관계인까지 주식을 처분하도록 강제하는 조항이 있는데 이를 Drag along이라고 하며, Drag along은 이해관계인에게 불리한 대표적인 독소조항 중 하나다.

Tag along 조항은 신주인수계약서상에 일반적으로 아래와 같은 형태로 기재된다.

> 매도제안당사자가 양도대상주식을 제3자에게 양도하고자 할 경우, 투자자는 매도제안당사자에 대하여 투자자가 보유하는 대상회사의 주식 전부 또는 일부(이하 '공동매도대상주식')를 매도제안당사자와 동일한 조건으로 함께 매각하여 줄 것을 요구할 수 있는 권리(이하 '공동매도권')를 가진다.

일반적으로 Tag along이란 이해관계인이 자신의 지분을 제3자에게 매각하려 할 때, 투자자(주주)가 동일한 가격과 조건으로 함께 매도할 수 있는 권리를 말한다. 이해관계인이 지분을 처분하려고 할 경우 투자자가 이해관계인에게 본인의 주식도 함께along 처분해 달라고 요구Tag할 수 있고, 이 경우 이해관계인이 투자자의 주식도 함께 처분하여야 할 의무를 부담케 함으로써 투자자의 회수를 보장하게 하는 수단이다. 이해관계인의 지분과 함께 처분하게 됨에 따라 일반적으로 투자자는 경영권프리미엄을 받을 수 있기 때문에 투자자에게 유리한 조항으로 해석된다. 그러나 Tag along은 일반적으로 독소조항으로까지는 분류되지 않는다.

반면 Drag along은 일반적으로 이해관계인에게 매우 불리한 독소조항으로 분류된다. 주주들이 자기 주식을 매도할 때, 다른 주주의 주식도 거래에 끌어들여서Drag 같은 조건으로 같이along 매도할 수 있도록 하는 권리가 Drag along인데, 회사 사정이 좋아지지 않거나, 대주주의 경영능력이 개선되지 않는 경우 투자자들이 제3자로의 주식 매각을 통하여 Exit를 하기 위한 장치이며, 대주주의 지분을 동반along함으로써 거래의 가능성을 높일 수 있다.

Drag along 조항은 신주인수계약서상에 일반적으로 아래와 같은 형태로 기재된다.

> 투자자는 투자자가 보유한 지분에 부가하여 주요주주들이 보유한 지분의 전부 또는 일부를 함께 매각할 것을 요청할 수 있으며, 회사 또는 주요주주들은 이에 응하여야 한다.

Drag along은 보통 M&A 거래에 있어서 인수인이 피투자회사의 주식 중 50%를 초과하는 주식을 매수하여 경영권을 이전 받고자 하는 과정에서 행사된다. 대기업 등의 전략적 투자자 또는 대규모의 자금력을 보유한 사모펀드 등 재무적 투자자 등 인수인이 매력적인 스타트업의 주식을 50% 초과하여 매수하고자 하는 상황을 생각해보자. 이 과정에서 이미 스타트업에 투자를 하여 주주로 있는 투자자는 인수인에게 본인이 갖고 있는 스타트업 주식을 매각하고 싶어 하는

데 경영권을 지키고 싶은 주요 주주(보통 창업자)는 스타트업의 주식을 매각하고 싶어 하지 않을 수 있다. 이 경우 투자자가 Drag along 권리를 보유하고 있지 않다면 이해관계인이 본인의 주식을 스스로 매각하지 않는 이상 어쩔 도리가 없다. 그런데 만일 투자자가 이해관계인에 대하여 Drag along 권리를 갖고 있다면 투자자는 창업자가 보유한 주식을 본인의 동의 없이 본인이 인수인에게 매각하는 조건과 동일한 조건으로 매각할 수 있다.

투자자가 Drag along 권리를 행사하여 창업자의 주식을 인수인에게 매각하는 경우, 투자자가 본인 주식의 매각 조건과 동일한 조건으로 매각하므로 창업자의 주식이 헐값이 매각되는 경우는 많지 않고 창업자 역시 어느 정도의 경제적 이익을 얻을 가능성이 크다. 다만, 창업자가 본인의 의지와는 관계 없이 본인이 보유하고 있던 스타트업의 주식을 강제로 매각해야 한다는 점에서 본인의 권리를 매우 크게 제한하는 것은 사실이다. 그러므로 Drag along 조항을 투자계약서에 포함할지를 결정함에 있어서 매우 신중할 필요가 있다.

그런데 미국 투자계약서에서의 Drag along 조항의 내용은 한국 투자계약서에서의 Drag along 조항과 차이가 크다. 미국 투자계약서의 Drag along 조항에 따르면 우선주주들의 과반 지분 이상, 전체 주주의 과반 이상, 그리고 이사회 전원이 모두 동의하는 경우에만 투자자가 Drag along을 행사하여 창업자 등 다른 주주의 주식을 매각할 수 있도록 정하는 경우가 많다. 한국 투자계약서의 Drag along 조항의 경우 소수 주주인 투자자 본인 혼자만의 의사로 창업자 등의 지분까지 강제로 처분할 수 있도록 정하고 있는 점을 고려하면 큰 차이가 있다.

한국 투자계약상 일반적인 Drag along 조항의 경우 투자자 한 명에게 너무나 큰 권한을 부여하는 측면이 있고 Drag along이라는 조항은 애초에 지배주주가 경영권 이전 시 소수주주의 지분을 함께 처분할 수 있도록 강제하는 권리인 점을 고려할 때, 현재의 한국 투자업계의 일반적인 Drag along 조항은 위 미국 투자계약서의 조항처럼 변경될 필요가 있다. 이 경우 특정 투자자 혼자만의 일방적인 Drag along 행사로 창업자의 주식이 강제로 처분되는 것을 막을 수 있고 적어도 이사회 및 주주 다수의 동의 하에 Drag along이 행사되어 보다 합리적으로 주식 처분 및 경영권이 이전될 수 있을 것이다.

(8) 이해관계인의 연대책임

> **사례 4** A씨는 지금까지 스타트업 '좋은회사'를 최선을 다해서 경영해 왔다. 그런데 동종업계 회사들과의 경쟁에서 뒤처지면서 결국에는 파산을 해야 하는 상황에 이르렀다. 그런데 갑자기 1억 원을 투자하였던 투자자가 이해관계인의 무과실연대책임 조항을 근거로 해서 A씨 개인에게 투자자가 투자로 인하여 손해를 입은 1억 원을 모두 배상하라고 요구했다. A씨는 최선을 다해서 경영을 해 왔는데, 정말로 투자자에게 1억 원을 배상해야 하는 것일까?

본 주식양도계약을 위반하였을 경우의 손해배상에 대한 사항을 규정한 조항이다. ① 진술과 보장 조항이 허위임이 밝혀진 경우, ② 투자금 사용용도를 위반한 경우, ③ 기타 계약에서 합의한 사항을 위반한 경우 등 위반한 자기 손해를 배상하도록 규정하고 있는데, 이

때 이해관계인에게 연대책임을 지도록 규정할 때가 많다. 이해관계인이 본인의 책임이 있는 경우에만 손해배상을 하기 위해서는 '고의 또는 과실이 있을 때에만 연대책임을 진다'는 내용을 계약서에 포함시키는 것이 좋다.

이해관계인의 연대책임 조항은 계약서에 일반적으로 아래와 같이 기재된다.

> 회사와 주요주주들은 각각 그리고 연대하여, 투자자, 그 주주에게 발생하거나 초래되는 것으로서, (가) 본 계약서상 회사 및/또는 주요주주의 진술 및 보증의 위반 또는, (나) 본 계약상 회사 및/또는 주요주주의 약정, 확약 기타 의무 위반 내지 불이행으로부터 발생하는, 일체의 청구, 요구, 손실, 의무, 책임, 채무, 손해 등으로부터 피배상자들을 면책하고 방어하며 그 손해를 배상하여야 한다.

위 예시 조항에 의하면 주요주주들은 과실이 없더라도 연대하여 투자자에게 발생하는 손해를 배상하도록 정하고 있다. 즉, 이해관계인의 고의 또는 과실이 없음에도 불구하고 손해배상책임을 부담(무과실 책임 원칙)하도록 정하고 있는 것이어서 이해관계인에게 매우 불리한 조항이다. 따라서 이 부분은 이해관계인의 고의 또는 과실로 인하여 투자자에게 손해가 발생한 경우에 한해서만 연대책임을 부담하도록 계약을 체결하는 것이 필요하다.

건강한 투자가 이루어지기 위해서는 투자자와 스타트업, 그리고 이해관계인 사이의 신뢰가 매우 중요하다. 그런데 단순히 경영진의 도덕적 해이 등을 방지한다는 것을 이유로 이해관계인에게 무과실 책임을 부담시키려 한다면 그것은 투자 계약 당사자들 사이에 최소한의 신뢰마저도 부여되지 못한 것일 수 있어 매우 불공정한 측면이 있다. 그러므로 각 당사자는 서로에 대해 기본적 신뢰를 구축함과 동시에 이해관계자에게는 고의 또는 과실이 있는 경우에 한해서만 책임을 부담시키는 것이 적절하다.

(9) 주식매수청구권

주식매수청구권이란, 투자자와 회사, 이해관계인 간에 체결한 신주인수계약을 회사 또는 이해관계인이 위반하거나 특정 사유가 발견되어 이를 치유하지 못할 경우, 투자자가 회사 또는 이해관계인에게 투자자가 보유하고 있는 회사의 주식을 매수할 것을 청구하는 권리를 말한다. 일반적으로는 아래와 같은 사유가 발생하였을 경우 투자자가 주식매수청구권을 행사할 수 있으며, 이 경우 이해관계인에게 주식을 매수할 의무가 발생한다는 측면에서 사실상 이해관계인의 연대의무를 규정하는 조항이라고 할 수 있으며 스타트업과 이해관계인 입장에서는 매우 부담스러운 조항으로 해석된다.

주식매수청구권 발생 사유의 예시
 1. 진술과 보장이 허위 또는 부정확하였다는 것이 밝혀진 경우
 2. 투자금을 투자금 사용용도에서 규정한 사용용도 외로 사용한 경우
 3. 회사 또는 이해관계인이 본 계약에서 정한 의무를 고의 또는 과실로 위반한 경우
 4. 회사 또는 이해관계인이 거래완결 후 상법 또는 자본시장과 금융투자업에 관한 법률 등의 제반 법규를 위반하여 본 계약의 내용을 이행할 수 없는 경우

---

5. 주금의 가장납입 등 명목여하를 불문하고 회사가 중요자산을 사업목적 외의 용도에 사용하거나 유출시킨 경우
6. 회사의 중요자산에 대해 압류, 가압류, 가처분 또는 경매의 신청이 있는 경우
7. 회사에 대한 휴업, 해산, 청산, 파산, 폐업, 회생 또는 이에 준하는 절차(워크아웃 등)의 개시신청이 있거나 개시되는 경우
8. 은행거래정지 등의 부실징후기업으로의 인정 등의 절차가 개시되는 경우
9. 회사가 3개월 이상 계속하여 영업을 하지 아니하는 경우
10. 감사보고서 의견이 '의견거절' 또는 '부적정'인 경우

위 내용 중에서 진술과 보장이 허위 또는 부정확하였다는 것이 밝혀진 경우와 관련하여, 회사 또는 이해관계인이 모르는 상황에서 진술과 보장이 허위 또는 부정확할 수도 있고, 투자자가 이미 허위 또는 부정확하였다는 사실을 알고 있었을 수도 있다. 이러한 경우까지 회사 또는 이해관계인에게 책임을 묻는 것이 적절하지 않은 경우도 있다. 그러므로 이런 경우 '회사 또는 이해관계인이 알고 있는 경우에 한정'하여 진술과 보장을 하거나, '투자자가 이미 진술과 보장이 허위 또는 부정확하다는 사실을 알았던 경우에는 적용하지 않는다'는 취지의 내용을 주식매수청구권 조항에 포함하는 것이 회사 또는 이해관계인 보호를 위해서 적절하다.

또한, 위 사유 중 '회사의 중요자산에 대해 압류, 가압류, 가처분 또는 경매의 신청이 있는 경우'와 관련하여, 가압류나 가처분은 회사 및 이해관계인의 귀책사유 없이 제3자에 의하여 부당하게 이루어

지는 경우도 많다. 그러므로 가압류 및 가처분은 배제하고 '회사의 중요자산에 대해 압류 또는 경매의 신청이 있는 경우' 정도만 남겨 두는 것이 적절할 것으로 생각된다.

그 외에도 해당 조항에서는 투자자의 주식매수청구권이 발생하는 각 경우를 규정하고 있는데 위 조항이 사실상 이해관계인의 연대책임을 정하고 있다는 측면을 고려하여 투자자가 주식매수청구권을 행사할 수 있는 조건을 최대한 제한하는 것이 적절하다.

(10) 채무불이행 등을 이유로 신주 발생을 무효로 하는 것이 가능한지

대법원은 신주발행 결의에 취소 또는 무효의 하자가 있다고 하더라도 그 하자가 극히 중대하여 신주발행이 존재하지 아니하는 정도에 이르는 등의 특별한 사정이 없는 한 신주발행의 효력이 발생한 후에는 신주발행무효의 소에 의하여서만 다툴 수 있고(대법원 2004. 8. 20. 선고 2003다20060 판결), 반사회질서에 의한 신주발행도 신주발행의 무효의 소로 다투어야 할 신주발행의 무효 원인이라고 판시(대법원 2003. 2. 26. 선고 2000다42786 판결)하고 있다.

즉 단순히 신주인수 계약 위반 사례가 발생했다 하더라도 신주가 일단 발행된 이후이고, 이에 대해 투자자가 유효함을 주장하는 이상 스타트업 및 이해관계인은 소송을 통해서만 투자자에 대한 신주발행의 무효를 다툴 수 있다. 따라서 각 당사자는 보다 신중하게 투자계약을 체결할 필요가 있으며, 계약 일방이 투자계약을 위반할 경우 선행조건이나 진술과 보장 조항 등을 적절하게 기재하고 사전에 검증하여 신주발행의 효력이 발생하기 전에 투자계약이 바로 해제될 수 있도록 기술적으로 계약서를 작성할 필요가 있다.

(11) 투자와 함께 매칭펀드 등의 형식으로 정부 보조금을 받는 경우 유의사항

최근 국내에선 스타트업이 특정 투자자로부터 투자를 이끌어내면 매칭펀드 등의 형식으로 정부의 보조금을 받거나 정부의 투자를 받는 경우가 많다. 이 경우 특별히 유의해야 할 사항들이 있는데, 팁스 TIPS 프로그램(정부가 지정한 팁스 운영사가 스타트업을 선별해 최소 1억 원을 투자하면, 정부는 해당 스타트업에 최대 9억 원 상당(창업자금 3억 원, 기술개발 5억 원, 해외 마케팅 1억 원)을 지원하는 프로그램)을 예로 들어 설명하고자 한다.

상대적으로 투자 위험성이 매우 큰 초기 스타트업에 투자하는 투자회사를 엔젤투자자라고 부른다. 즉, 큰 위험성을 감수하면서까지 투자하는 천사라는 뜻이다. 초기 스타트업을 대상으로 하는 투자는 단순히 사업 아이템이나, 기술력, 또는 성장 가능성 등만을 고려하는 경우가 대부분이다. 그래서 높은 성장 가능성에도 불구하고, 재무제표 등은 굉장히 취약한 경우가 많다. 이 때문에 투자자는 기업가치를 평가하기가 매우 어려운 측면이 많으며, 팁스 프로그램 등을 통한 투자 시 국가보조금을 받게 해준다는 명목으로 과도한 지분을 확보하였다는 의심을 받을 수도 있다.

만일 스타트업 투자 당시 '팁스 프로그램에 반드시 선정되게 해주겠다'는 식의 내용이 오갔거나, 팁스 프로그램 운영 공무원을 대상으로 한 금품 및 뇌물 수수 등 불법행위를 통해 피투자회사의 팁스 프로그램 선정을 이끌어내고, 그 대가로 투자자가 과도한 지분을 챙겼다면 이는 명백히 불법이다. 다만, 위와 같은 부정행위가 없다고 하더라도, 특히 IT 기술 기반 스타트업을 대상으로 한 투자는 본디 정확한 기업 가치 측정이 어렵고, 투자자가 보유한 지식, 노하우, 기타 사업과의 연관성 등 고려해야 할 변수도 많기 때문에 일률적으로 과도한 지분을 받았다고 단정하기는 어렵다.

이런 점들을 고려하여 스타트업이 정부 보조금이나 정부 매칭펀드와 연계하여 투자를 받을 경우에는 스타트업이 인수한 신주에 해당하는 지분이 과도하지 않다는 근거를 명확히 남겨 두는 것이 좋다. 만일 누군가 팁스 프로그램 선정 또는 정부의 보조금 등을 받아주는 것을 이유로 하여 스타트업에게 과도한 지분을 요구하였다면, 이는 형사적으로 사기, 알선수재, 국고 보조금 관리법 위반 등에 해당될 여지가 있으니 유의하여야 할 것이다.

3. 주주간 계약과 동업자 계약 체결 시 유의사항

주주간 계약서의 필요성

사례 5 A씨는 공유경제 플랫폼을 이용하여 스타트업 '좋은회사'를 설립하였다. '좋은회사'를 설립할 당시에 A씨를 포함하여 총 3명이 공동 창업자로서 지분을 분배하여 설립하였다. 그런데 초기 창업자들끼리의 분쟁으로 인하여 회사가 제대로 운영되지 않는 사례들이 많이 발생하고 있고 A씨 역시 그러한 것을 목격한 적이 많기에, '좋은회사'의 공동 창업자들 사이에도 추후에 분쟁이 발생할까봐 걱정이 이만저만이 아니다. 주변 사람들에

'주주간 계약서Shareholder's Agreement'는 용어 그대로 주주 사이에 체결하는 계약을 의미한다. 기업에 투자를 한다는 건 결국 새로운 주주가 된다는 것을 의미하므로, 기존 주주와 새로운 주주 사이의 이해관계 등에 대하여 구체적으로 정하는 계약을 체결하게 되는 것이다.

일반적으로 스타트업이 엔젤투자를 받는 경우 엔젤투자자가 이름 그대로 '천사'인 것 같지만 꼭 그렇지만은 않다. 스타트업이 엔젤투자를 받고 성장하면 추후 시리즈 A부터 시리즈 B, C 투자까지 받게 되는데 이 경우 투자자가 많아지고 이해관계자들도 많아지면서 분쟁이 발생할 소지가 점점 커지게 된다.

이에 '좋은 것이 좋은 것이다'라는 생각은 버리고, 보다 냉철하고 명확한 주주간 계약을 체결하는 것이 투자자 및 기존 주주, 그리고 스타트업 모두에 좋다. 서두에서 이야기한 바와 같이 스타트업을 하다보면 언젠가는 주식을 환가해야 하는 상황이 발생한다. 주주였던 당사자가 추후 주주에서 빠지고, 그게 공동 창업자 또는 초기 투자자일수록 일반적으로 피투자회사에 미치는 영향은 더욱 크다. 명확하고 냉철한 주주간 계약이 체결되어 있지 않으면 이해관계인 사이에 '네가 그럴 줄 몰랐다'는 말이 나올 수밖에 없다.

참고로, 공동 창업자들이 스타트업을 설립하는 경우에도 주주는 한 명이 아니라 여러 명(공동 창업자들)이 되므로 이들 사이에서도 주주간 계약(Shareholder's Agreement 또는 Founders' Agreement)을 체결하는 것이 바람직하다. 스타트업을 설립할 당시에는 이해관계 대립 등이 발생할 여지가 크게 없다가도 추후 기업 상황에 따라 공동 창업자들 사이에서도 이해관계가 달라지고 대립할 가능성도 크기 때문에 그러한 분쟁이 발생하기 전에 주주간 계약을 체결하여 주주간 권리의무를 명확히 하는 것이 중요하다.

주주간 계약 체결 시 유의사항

(1) 주주간 계약서에 주로 포함되는 내용

주주간 계약서에는 주로, ① 주식처분제한 규정, ② 이사 선임 규정, ③ 신주인수권, ④ 스톡옵션Stock Option 규정, ⑤ 투자자의 동의권 및 협의권 규정, ⑥ 투자자의 우선매수권 규정, ⑦ 공동매도권 규정, ⑧ 비밀유지 규정, ⑨ 매수청구권Put Option에 관한 사항 등이 포함된다.

주주간 계약서는 신주인수계약서에 포함되는 내용과 상당 부분 중복되는 경우가 많다. 이에 주주간 사이의 권리의무를 규정하는 내용을 신주인수계약서에 다수 포함시킨 경우 일반적으로 주주간 계약서는 상대적으로 간단히 작성하고, 신주인수계약서를 간단히 작성한 경우에는 상대적으로 주주간 계약서를 세세하게 작성한다.

여기서는 신주인수 계약서에 포함되어 있지 않은 주주간 계약서의 내용 중 중요하다고 판단되는 것에 대해서만 구체적으로 설명하고자 한다.

(2) 주식처분제한 규정

> **사례 6** A씨는 공유경제 플랫폼을 이용하여 스타트업 '좋은회사'를 설립하였고, 지금까지 약 10년간 성공적으로 경영해왔다. 그런데 약 10년간 '좋은회사'의 경영에만 신경 쓰다 보니 심신이 너무나 지쳤고, 이에 이제는 '좋은회사'의 본인 주식을 매각하고 이사나 주주의 지위에서 물러나고자 한다. 그런데 갑자기 투자자가 이에 대해서 문제를 제기하였다. 주주간 계약에 의하면 주식처분제한 규정이 있고, 이에 A씨는 무려 향후 7년간 본인의 '좋은회사' 주식을 처분할 수 없다고 한다. A씨는 결국 7년 동안 '좋은회사'의 주식을 처분할 수 없는 것인가?

주식처분제한 규정은 주주간 계약서에서 일반적으로 아래와 같은 내용으로 기재된다.

> 각 주요주주는, 투자자의 사전 서면 동의를 얻고 또한 제7조 및 제8조의 규정에 부합하는 절차를 이행한 후 그가 소유하고 있는 대상회사의 주식에 관하여 양도, 매도, 교환, 이전, 담보설정 기타 일체의 처분(이하 "양도"로 통칭)을 하는 경우를 제외하고, 본 계약의 존속기간의 만료일 또는 회사 주식이 상장되는 시점 중 먼저 도래하는 날까지 주요주주 보유 주식을 제3자에게 양도하여서는 아니 된다.

상법 제335조 제1항에서는 원칙적으로 주식양도의 자유를 보장하되, 회사는 정관으로 정하는 바에 따라 그 발행하는 주식의 양도에 관하여 이사회의 승인을 받도록 할 수 있다. 이 때문에 주주간 계약을 통해 주식양도를 제한하는 것이 법적 효력이 있는지에 대해 논란이 있다. 이에 대해 우리 대법원은 "주식의 양도를 제한하는 방법으로서 이사회의 승인을 요하도록 정관에 정할 수 있다는 상법 제335조 제1항 단서의 취지에 비추어 볼 때, 주주들 사이에서 주식의 양도를 일부 제한하는 내용의 약정을 한 경우, 그 약정은 주주의 투하자본회수의 가능성을 전면적으로 부정하는 것이 아니고, 공서양속에 반하지 않는다면 당사자 사이에서는 원칙적으로 유효하다고 할 것이다"(대법원 2000. 9. 26. 선고 99다48429 판결 취지 참조)라고 판단하고 있다.

즉, 주주들 사이에서 주식 양도를 일부 제한하는 내용의 약정을 한 경우, 그 약정은 주주의 투하자본회수 가능성을 전면적으로 부정하는 것이 아니며, 공서양속에 반하지 않는다면 당사자 사이에서는 원칙적으로 유효하며, 이 경우 주식양도제한약정을 위반하여 주식 양도를 한 당사자의 손해배상의무를 인정하였다.

그렇다면 주주가 주식양도제한약정을 위반하여 주식을 제3자에게 양도한 경우 제3자는 회사에 대하여 주주로서의 권리를 행사할 수 있을까? 이에 대해서 대법원 판결(대법원 2000. 9. 26. 선고 99다48429 판결 등)을 참고하면 주식양도제한약정은 당사자 사이에 채권적 효력을 발생시킬 뿐이므로 양도제한약정을 위반해 주식이 양도되더라도 양수인의 선의/악의와 무관하게 주식양도는 유효하고, 회사는 양수인의 명의개서청구를 거절할 수 없다고 해석하는 것이 적절하다. 즉, 일방 당사자가 주식양도 제한약정을 위반하여 주식을 양도할 경우 상대방은 위반 당사자에게 계약위반에 따른 손해배상을 청구할 수 있을 뿐이다.

한편, 대법원은 회사의 설립일로부터 5년 동안 주식의 전부 또는 일부를 다른 당사자 또는 제3자에게 매각·양도할 수 없다는 내용의 약정은 주주의 투하자본회수 가능성을 전면적으로 부정하는 것으로서 무효라고 판단했다(대법원 2000. 9. 26. 선고 99다48429 판결). 따라서 위와 같이 5년 또는 그 이상 주식의 양도를 제한하는 취지로 주주간 계약이 이루어지는 경우 무효로 판단될 가능성이 크다.

(3) 근속의무 조항 및 주식매수 청구

창업자들 간에 체결하는 주주간 계약의 경우 근속의무에 대해서 정하면서 동시에 일정 기간동안 재직하지 않는 경우 해당 주주가 보유하고 있는 회사의 주식을 액면가 등으로 상대방 주주에게 매각해야 한다는 취지의 조항을 포함하는 경우가 있다. 해당 조항의 예시는 아래와 같다.

근속 의무 조항 예시

각 주주(이하 "퇴사 주주")는 대상회사에서 [3]년 이상 임직원으로 재직한다. 각 주주가 대상회사에서 퇴사(스스로 퇴직하거나, 대상회사로부터 해고를 당하는 등 이유를 불문하고 대상회사의 임직원으로 재직하지 아니하게 될 경우)를 하게 될 경우, 대상회사의 설립일로부터 퇴사일까지의 기간에 따라 퇴사 주주는 자신이 보유하고 있는 주식 중 아래와 같은 양의 주식을 다른 주주들에게 그 지분비율에 따라 액면가에 매각한다.

  1. 3년 미만 : 퇴사 주주 본인이 보유한 주식의 100%

  2. 3년 이상 ~ 4년 미만 : 퇴사 주주 본인이 보유한 주식의 50%

  3. 4년 이상 : 퇴사 주주 본인이 보유한 주식의 0%

---

(4) 프로큐어 조항(Procure Clause)과 이사 선임권 및 해임권

'프로큐어'는 회사 또는 자신이 지명한 이사로 하여금 일정한 행위를 하도록 하는 조항을 의미하며, 아래와 같은 내용으로 주주간 계약서에 포함되는 경우가 많다.

> 회사의 대표이사는 기존 대주주 또는 기존 대주주가 지정한 이사를 선임하기로 하고, 투자자는 자신이 지명한 기타 비상무이사로 하여금 이사회에서 기존 대주주 또는 기존 대주주가 기정한 자를 대표이사로 선임하도록 하여야 한다.

주주간 계약서에 규정되어 있는 위와 같은 프로큐어 조항은 법적 효력이 있을까? 주주간 계약의 당사자는 이사가 아니고 주주이다. 그런데 위와 같은 프로큐어 조항은 주주들 사이의 합의로서 주주간 계약의 당사자가 아닌 이사의 권리 및 의무를 규정하는 것으로 이사에게 위 내용을 그대로 이행할 의무를 강제할 수는 없을 것으로 보인다. 특히 이사는 회사의 수임인으로서 그 행위에 관하여 독자적인 책임을 지게 되므로 주주간 합의로서 이사의 직무수행 등에 대하여 제한을 할 수는 없다는 것이 일반적인 견해이며, 따라서 위와 같은 프로큐어 조항은 특별한 경우가 아닌 한 법적 효력이 없는 것으로 해석된다. 다만, 초기 스타트업의 경우 주주들이 결국 이사인 경우가 많아 스타트업의 이사들은 프로큐어 조항으로 인해 발생하는 주주의 의무로서 프로큐어 조항에 따른 행위를 해야 한다고 판단될 여지는 있다.

한편, 회사의 경영 및 업무집행은 이사회의 결의에 의해 진행된다. 즉 이사회의 구성은 회사지배구조 및 경영판단과 관련한 가장 중요한 사항이다. 그런데 신주인수 계약 또는 주주간 계약을 통해 투자자가 이사선임권을 갖는다고 규정하는 경우가 많다.

위와 같이 이사선임권을 규정하는 경우에는 이사해임권에 대하여도 규정해 놓는 것이 바람직하다. 즉, 이사를 선임한 주주는 자신이 지명한 이사를 언제든지 해임할 수 있으며, 그 주주가 해당 이사의 해임을 원하는 경우 다른 주주는 주주총회에서 해임하려는 이사의 해임을 위해 의결권을 행사해야 한다는 취지로 규정을 하는 것이 적절하다. 다만, 상법 제385조 제1항에 따라 정당한 이유 없이 임기 중에 이사를 해임하는 경우 그 이사는 회사에 대하여 해임으로 인한 손해배상을 청구할 수 있다. 위와 같이 이사를 선임한 주주가 다시 해당 이사를 해임하는 경우 그로 인한 이사의 손해배상청구권으로부터 회사를 면책한다는 규정도 포함시키는 것이 적절하다.

4. SAFE(조건부지분인수계약, Simple Agreement for Future Equity)

조건부지분
인수계약서
샘플

초기 단계의 스타트업은 제대로 된 비즈니스 모델의 구현과 의미 있는 회계상 지표가 만들어지기 전이기 때문에 스타트업의 가치를 객관적으로 평가하는 것이 매우 어렵다. 이 때문에 액셀러레이터나 엔젤투자자의 경우 초기 단계의 스타트업에 투자하면서도 제대로 된 평가를 하지 못한 채 투자를 하는 경우가 빈번하다. 지분을 과도하게 또는 과소하게 가져가게 되면 투자자 또는 스타트업 중 어느 한 당사자에게만 유리한 결과가 초래되는데, 이는 합리적인 가치평가에 따른 지분 배분이 아니라는 점에서는 적절하지 않을 수 있다.

벤처투자법 제2조 제1호에서는 "투자"의 종류에 대해서 열거하며 SAFE 계약을 "투자금액의 상환만기일이 없고 이자가 발생하지 아니하는 계약으로서 중소벤처기업부령으로 정하는 요건을 충족하는 조건부지분인수계약을 통한 지분 인수"라고 정의하고 있다. 여기서 "중소벤처기업부령으로 정하는 요건"이란 총 3개의 조건을 말한다.

구체적으로, ① 투자금액이 먼저 지급된 후에 후속 투자에서 결정된 기업가치 평가와 연동하여 지분이 확정되어야 하고, ② 조건부지분인수계약에 따른 투자를 받는 회사가 조건부지분인수계약의 당사자가 되고, 그 계약에 대해 주주 전원의 동의[9]를 받아야 하며, ③ 조건부지분인수계약을 통해 투자를 받은 회사가 자본 변동을 가져오거나 가져올 수 있는 계약을 체결하는 경우 조건부지분인수계약이 체결된 사실을 해당 계약의 상대방에게 문서로 고지해야 한다.

SAFE 투자자가 인수하게 되는 지분율 산정은 할인율(Discount rate)과 가치평가 상한(Valuation Cap.)이라는 2가지 지표에 따라 결정된다. 여기서 ① 할인율(Discount rate)이란 후속 투자가 이루어질 때 피투자회사의 투자 전 가치(Pre-value)대비 할인되는 비율을 의미하고, ② 가치평가 상한(Valuation Cap.)이란 투자하고자 하는 스

---

9 본 조건의 경우 SAFE 계약 체결 시 주주 전원의 동의를 받아야 한다는 점에서 다른 투자계약과 차이가 있다. 스타트업이 투자자와 신주인수계약을 체결하여 신주를 발행할 때에는 이사회의 결의(이사가 3인 미만이어서 이사회가 구성되지 않는 경우 주주총회의 결의)를 거쳐야 하는데(상법 제416조), SAFE 계약을 체결하는 경우 상법이나 벤처투자법에서 이사회 결의나 주주총회 결의 등의 절차적 요건을 별도로 정하고 있지 않다. 다만, 위와 같이 주주 전원의 동의를 받아야 한다는 점을 유의하여야 한다.

타트업 기업가치의 상한을 의미한다.

할인율을 적용한다는 것은 SAFE 투자자에게 적용되는 기업가치를 후속투자 시점의 기업가치 대비 낮게 평가한다는(할인해준다는) 의미이다. 이는 ① SAFE 투자자가 후속 투자보다 선행되는 투자를 하는 경우에는 후속 투자자에 비해서 투자 리스크를 더 많이 부담한다고 볼 수 있고, ② 일반적으로 피투자회사의 가치가 더 낮을 때 투자가 이루어진다고 볼 수 있기 때문이다.

가치평가 상한은 할인율을 적용하였을 때(할인율이 0%인 경우도 포함)의 가치가 가치평가 상한보다 더 높게 평가되는 경우에는 가치평가 상한의 가치를 피투자회사의 가치로 보기 위해서 설정한 개념이다. 피투자회사의 가치를 정확히 판단하기 어렵지만 SAFE 투자 시점에서 피투자회사의 가치의 상한을 정하는 것(즉, 최대한 높게 생각해도 이 정도 가치는 넘지 않는다는 것)은 어렵지 않다. 할인율을 적용한 가치가 가치평가 상한보다 더 높음에도 불구하고 SAFE 투자자가 할인율을 적용한 가치를 적용하여 지분을 분배받게 되면 너무 적은 지분을 인수하게 되므로 가치평가 상한을 둬서 보완하는 것이다. 아래와 같은 예시를 통해서 살펴보자.

SAFE 계약 조건
- SAFE 투자자의 투자금: 1억 원
  가치평가 상한: 25억 원
  할인율 : 20%

후속 투자 내용
- 후속 투자자 투자 전 피투자회사의 기발행 주식 수: 100만 주

- 후속 투자자가 투자할 때 피투자회사의 가치(Pre-value): 100억 원
- 후속 투자자의 투자금: 10억 원

후속 투자자가 투자할 당시 피투자회사의 가치는 100억 원이고 100만 주의 주식이 발행되어 있으므로 후속 투자자는 1주당 1만 원(=100억 원/100만 주)에 투자를 하는 것이다. 그렇다면 후속 투자자는 1주당 1만 원으로 하여 10억 원을 투자하는 것이므로 총 10만 주(=10억 원/주당 1만 원)를 인수하게 된다.

만일 SAFE 계약에서 할인율을 별도로 정하지 않고 가치평가 상한만 정하고 있는 경우, 피투자회사의 가치는 100억 원이 아니라 25억 원이 되고 100만 주의 주식이 발행되어 있으므로 SAFE 투자자는 1주당 2,500원(=25억 원/100만 주)으로 주식을 인수하게 된다. SAFE 투자자는 1억 원을 투자했으므로 4만 주(=1억 원/주당 2,500원)를 취득하게 되는 것이다.

만일 SAFE 계약에서 가치평가 상한은 별도로 정하지 않고 할인율만 정하고 있는 경우, 피투자회사의 가치는 100억 원이 아니라 80억 원(20% 할인)이 되고 100만 주의 주식이 발행되어 있으므로 SAFE 투자자는 1주당 8,000원(=80억 원/100만 주)으로 주식을 인수하게 된다. SAFE 투자자는 1억 원을 투자했으므로 12,500주(=1억 원/8,000원)를 취득하게 되는 것이다.

만일 SAFE 계약에서 가치평가 상한과 할인율을 함께 정하고 있는 경우, 할인율을 적용한 가치가 80억 원으로 가치평가 상한인 25억 원을 상회하므로 피투자회사의 가치는 가치평가 상한을 적용한 25

억 원이 된다. 이 경우 위에서 가치평가 상한을 적용한 결과와 동일하게 SAFE 투자자는 4만 주를 취득하게 된다.

5. 스타트업의 해외진출 전략 — 플립(Flip)

스타트업이 미국 등 해외에 진출하는 사례가 점점 늘어나고 있다. 스타트업의 많은 서비스가 어플리케이션이나 플랫폼으로 제공되고 있고, 해외 투자자와 만나는 것이 너무나 쉬워졌기 때문에, 이왕에 글로벌 마켓을 공략하려면 회사의 본사를 미국이나 싱가포르 등 해외로 이전하는 것이 더 좋지 않을까 하는 생각 때문인 것 같다.

스타트업이 해외에 진출하는 방법은 다양하다. 해외로부터의 투자 유치, 해외 시장으로의 제품 판매, 해외 이용자를 상대로 한 서비스 제공, 해외 법인이나 지사 설립 등을 방법으로 해외에 진출할 수 있다. 다만, 보다 근본적으로 해외에 진출하고자 한다면, 그리고 향후 미국 등 해외에서 시장 공개(IPO)를 하고자 한다면 플립이라는 절차를 거쳐서 모회사를 해외에 만들고 한국에 있는 회사는 자회사로 만드는 것이 중요하다.

플립이란 국내에서 창업한 회사가 해외에 법인을 설립한 후 해외법인을 모회사로 전환하는 과정을 의미한다. 일반적으로 국내법인 주주 구성이 해외법인에서도 그대로 유지(국내법인 주주 구성 및 지분율이 해외법인 주주 구성 및 지분율로 옮겨지는 것을 보통 미러링(mirroring)이라고 함)되며, 국내법인이 해외법인의 100% 자회사가 된다. 해외법인을 세워 실리콘밸리 VC 등 해외 현지 투자를 유치하고 보다 글로벌한 시장(market)에 직접적으로 진출하는 것이 주목적이다.

플립의 방법은 다양할 수 있는데 주로 3가지 방법으로 많이 진행한다. 첫째, 국내법인의 주주들이 가진 국내법인 주식을 해외법인에 출자하는 방법이다. 구체적으로 해외법인은 신주를 발행하고 국내법인의 주주는 해외법인 신주를 국내법인 주식으로 인수하는 방법이며 가장 일반적인 방법이다. 국내법인 주주들이 해외법인의 주주가 되고 플립 이후 국내법인의 경영에도 계속 참여할 수 있다. 둘째, 국내법인 기존 주주들이 국내법인 자산을 직접 해외법인에 출자해 해외법인만 남기고 국내법인은 청산하는 방법이 있다. 이 방법의 경우 청산 과정에서 시간이 많이 소요되며 국내 사업을 운영하는 데 어려움이 있다. 셋째, 해외법인이 국내법인의 주식을 매수하는 방법이 있다. 이 방법의 경우 기존 국내법인 주주들이 더 이상 주주가 아니게 된다는 점에서 문제가 있다.

플립을 하는 과정에서 크게 두 가지 어려움이 있다. 첫째, 창업자들의 세금 부담이 매우 크다. 스타트업이 플립을 하고자 하는 시점에서는 이미 많은 투자를 받아 스타트업의 가치가 상당히 높게 평가된 이후인 경우가 대부분이며, 이 경우 한국법인의 구주와 해외법인의 신주를 교환하는 과정에서 창업자들(주요 주주)은 액면가로 취득했던 한국법인 주식을 매우 높은 가치로 미국법인의 신주와 교환할 수밖에 없는데 이 과정에서 적게는 수천만 원, 많게는 수억 원 이상의 양도소득세가 발생하게 된다. 둘째, 플립을 하는 과정에서의 법률 절차가 복잡하고 비용이 상당히 많이 들 수 있다. 플립을 하기 위해서는 국내 및 해외 법무법인, 국내 및 해외 회계법인의 자문을 받아야 하고, 주식교환계약서 및 복잡한 외국환거래신고 절차를 진행해야 한다. 이 과정에서 절차적 어려움도 많고 비용이 많이 발생하는 것이 사실이다.

아직 크게 성장하지 않은 스타트업이 초기 시점에서 플립을 하는 것이 양도소득세 등 세금을 줄일 수 있고 전체적인 비용도 낮출 수 있다. 다만, 아직 한국에서조차 제대로 자리 잡지 못한 스타트업이 플립을 하는 경우 해외에서 자리 잡기가 수월하지 않을 수 있다. 즉, 플립 시 세금 부담의 정도와 플립 후 해외에서 자리 잡을 수 있는 가능성 간에 비대칭 문제가 발생하게 되고, 이에 플립 시점을 적절하게 정하는 것이 중요하다. 가장 좋은 방법은 초기 스타트업이 플립 후 바로 투자자들로부터 많은 투자를 받아서 플립 시의 절차적 어려움과 비용을 최소화하면서 플립 후 어렵지 않게 자금을 확보하는 것이다.

어떤 사업
인·허가를
받아야 하나

CHAPTER 05

제5장

어떤 사업
인·허가를
받아야 하나

이동주·이동균 변호사

KEY POINT

▶ 인·허가 대상
  • 민원24 홈페이지(http://www.minwon.go.kr)
  • 기업지원플러스 홈페이지(http://www.g4b.go.kr)

제5장
참고자료(PDF)
바로가기

---

1. 인·허가, 왜 중요한가?

창업하고자 하는 경우, 해당업종이 관련법에 의해 허가, 등록 또
는 신고가 필요한 업종인지 여부를 파악해야 한다. 인·허가가 필요
한 업종의 경우 인·허가 처리기관 및 처리 절차, 소요기간 및 경비,
시설기준 및 자격요건, 구비서류를 정확히 파악하여 소정의 절차에
따라 인·허가 등을 진행해야 한다. 점포 입지를 선정함에 있어서도

점포용도를 확인해 해당 업종의 영업활동이 가능한지 파악해야 한다. 반면 인·허가가 필요 없는 경우에는 사업자등록만으로 영업을 할 수 있다.

일반적으로 사업의 인·허가 여부는 관련 양식 등 필요 서류를 작성해 관할 시나 군, 구청의 민원실, 해당부서 등에 제출하면, 관할 관청이 현장답사나 서류심사를 통해 결정한다. 이러한 인·허가 사항의 여부는 주변의 같은 업종에 종사하고 있는 사람을 통해서도 파악할 수 있지만, 구청민원실 등 구체적인 기관을 통해 알아보는 것이 더 좋다.

민원24http://www.minwon.go.kr 홈페이지에서 해당업종을 검색하면 인·허가 대상 여부인지를 쉽게 확인할 수 있다. 인·허가 대상일 경우 필요한 서류 등 갖추어야 할 요건이 무엇인지도 안내해 주고 있으며, 기업지원플러스http://www.g4b.go.kr에서도 인·허가 대상 여부 및 필요 절차에 대한 사항을 확인할 수 있다.

2. 인·허가의 방법

창업하고자 하는 경우, 해당업종이 인·허가의 대상인지 여부를 파악해야 하는데, 구청민원실 등 구체적인 기관을 통해 알아보는 것이 좋고, 민원24http://www.minwon.go.kr나, 기업지원플러스http://www.g4b.go.kr 사이트에서도 확인이 가능하다.

민원24 홈페이지를 예로 들어보자. 페이지 오른쪽 상단 '민원24 이용안내' 항목 가운데 '인허가 자가진단'이 있다.

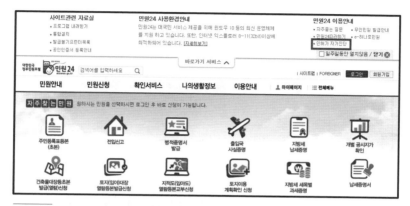

그림 5-1 민원24의 인허가자가진단 안내사항

　이를 클릭하면, 아래와 같은 화면이 나타나는데 검색창에 자신이
창업하고자 하는 업종 및 영업개설지를 기재하면, 해당 인·허가 내
용, 신청서식, 구비서류 등을 자세히 안내하고 있다.

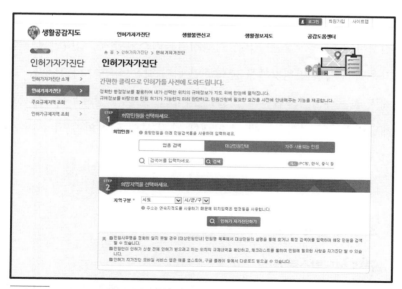

그림 5-2 민원24의 인허가자가진단 화면

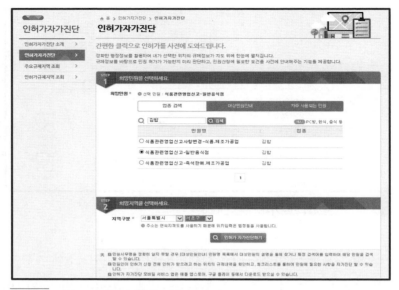

그림 5-3 민원24 인허가자가진단 규제정보 안내

예를 들어, 위 검색란에서 업종을 "김밥"을 검색하면, 신고하여야 할 대상이 나타나고, 창업 희망 지역에 따라 구체적인 절차를 어떻게 진행하면 되는지 알 수 있다. 기업지원플러스의 경우, 기업민원항목 가운데 주제별 민원찾기를 클릭하면 위와 같은 화면이 나타난다. 주제별 분류에서 "사업인허가"를 클릭하면, 오른쪽 상세분류 그리고 해당민원명이 나타나는데 이 안내에 맞춰 본인 업종의 인허가 여부를 파악하면 된다.

3. 규제 샌드박스

규제 샌드박스란?

규제 샌드박스의 '샌드박스' 용어는 아이들이 안전한 환경에서 자유롭게 뛰어 노는 모래놀이터Sandbox에서 유래하였다.

규제 샌드박스는 제한된 조건 하에서 새로운 제품 및 서비스에 대한 규제를 풀어주는 제도로, 주로 시장참가자들이 완화된 규제 환경에서 신산업·신기술 분야를 시험적으로 운영할 수 있도록 도입되었다.

규제 샌드박스를 통해 사업자들은 다양한 혁신 기술과 사업 모델들을 시장에 출시하기 전에 소규모 시험, 실시간 검증을 해볼 수 있으며, 규제 당국은 해당 혁신의 영향력과 효과를 모니터링하고 향후 이를 보완할 입법사항을 도출할 수 있다. 이는 시장의 발전 속도와 규제 및 입법 사이의 간극을 줄여주고, 사업자에게는 법적 위험에 따른 부담을 덜 수 있도록 도와주는 역할을 한다.

도입배경

4차 산업혁명은 급속한 기술 발전과 융합의 시대이다. 기존의 규제 체계에서는 신기술과 신산업의 빠른 변화를 신속하게 반영하기 힘든 한계가 있었다.

신산업·신기술에 대해서 '선先허용-후後규제' 방식으로의 규제 체계를 전환하고 있다. 규제 샌드박스는 그 일환으로 기존규제에도 불구하고 새로운 제품과 서비스의 시도를 가능케 하기 위해 도입되었다.

규제혁신 5법('1+4법')

- 정보통신융합법 일부개정('19. 1. 17. 시행)
- 산업융합촉진법 일부개정('19. 1. 17. 시행)
- 금융혁신법 제정('19. 4. 1. 시행)

- 지역특구법 일부개정('19. 4. 17. 시행)
- 행정규제기본법 일부개정('19. 7. 17일 시행)

규제 혁신을 위한 한국형 규제 샌드박스 '1+4법'

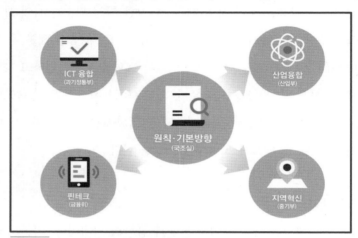

그림 5-4 규제 혁신을 위한 한국형 규제 샌드박스 '1+4법'

도입 대상 분야(담당 부처)

• ICT 정보통신 융합기술 분야(과학기술정보통신부)

• 산업융합신제품 분야(산업통상자원부)

• 핀테크/혁신금융 분야(금융위원회)

• 지역혁신 성장사업/지역전략사업 분야(중소벤처기업부)

(1) ICT 정보통신 융합기술 분야

"ICT"란 정보통신기술Information and Communication Technology의 약자로서
정보 기술IT: Information Technology과 통신 기술CT: Communication Technology의
합성어로서, 전기통신설비 또는 컴퓨터 등을 이용하거나 활용한 정

보의 수집·가공·저장·처리·검색·송신·수신 및 서비스 제공 등과 관련되는 기술을 말한다(「정보통신 진흥 및 융합 활성화 등에 관한 특별법」 제2조 제1항 제1호 참조). ICT 규제 샌드박스란 규제 샌드박스 중에서 ICT기술이 결합된 서비스를 대상으로 하는 제도이다.

(2) 산업융합신제품 분야

산업융합이란 산업 간, 기술 간, 기술과 산업 간의 창의적인 결합과 복합화를 통하여 새로운 사회적 시장적 가치가 있는 산업을 창출하는 활동을 말하며 새로운 신기술·신제품과 새로운 서비스까지 포함하는 폭넓은 개념이다(「산업융합 촉진법」 제2조 제1호, 제2호 및 제7호).

(3) 핀테크 / 혁신금융 분야

금융혁신법의 내용은 크게 혁신금융서비스 지정제도(금융규제 샌드박스)와 규제 신속 확인제도 및 지정대리인 제도 등으로 구분된다.

① 혁신금융서비스 지정제도(금융규제 샌드박스)

혁신금융서비스 지정제도(금융규제 샌드박스)는 금융위원회가 새로운 금융서비스의 출현을 촉진하고자 기존 금융서비스의 제공 내용·방식·형태 등과 차별성이 인정되는 금융업 또는 이와 관련된 업무를 수행하는 과정에서 제공되는 서비스를 '혁신금융서비스'로 지정하여 일정 기간 기존 규제를 면제하거나 유예하는 등 특혜를 부여하는 제도이다.

② 규제신속 확인제도 및 지정대리인제도

규제신속 확인제도는 혁신금융서비스를 제공하고자 하는 자가 규제 불확실성 해소를 위해 금융위원회에 해당 서비스와 관련된 법령 등의 적용 여부를 확인해 줄 것을 신청할 수 있는 제도이고, 지정대리인 제도는 혁신금융서비스의 시범 운영을 위하여 금융위원회가 지정한 지정대리인이 테스트에 필요한 범위 내에서 금융회사의 본질적 업무를 위탁받아 시범 운영하도록 하는 제도를 말한다.

(4) 지역혁신 성장산업 / 지역전략사업 분야

① 규제자유특구 지정

수도권을 제외한 시·도지사는 지역의 여건과 특성에 따라 지역혁신성장사업 또는 지역전략산업을 육성하기 위해 특구계획을 수립하고 규제자유특구의 지정을 신청할 수 있다. 이때 기업들은 시·도지사에게 사업계획을 제안하거나 시·도지사가 수립하는 계획에 참가하여 특구에서 사업 참여자가 될 수 있다. 규제자유특구로 지정되면 메뉴판식 규제특례와 규제 샌드박스 등 혁신적인 규제특례가 적용되며, 지역혁신성장사업 등이 성공할 수 있도록 재정·세제·각종 부담금 감면 등도 지원 받을 수 있게 된다.

② 규제자유특구계획 수립

규제자유특구계획에는 특구의 지정필요성, 혁신사업의 필요성과 육성방안, 규제특례 등을 적용받는 사업자, 특구 내에 적용되는 규제특례와 그 필요성 등을 포함하여야 한다.

③ 메뉴판식 규제특례와 규제혁신 3종 세트의 적용

규제자유특구에서는 각종 규제로 신기술 검증이나 사업화가 가로막히는 일이 없도록 획기적인 규제완화 조치가 적용된다.

규제 샌드박스 신청방법(규제정보포털, https://www.better.go.kr)

(1) 기존 시장에는 없는 새로운 제품 또는 서비스에 해당하는 경우

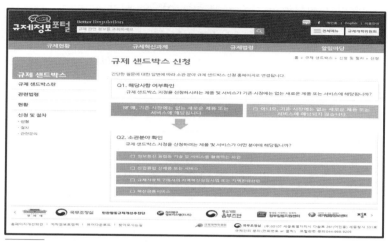

그림 5-5 기존 시장에는 없는 새로운 제품 또는 서비스에 해당하는 경우

(2) 기존 시장에는 없는 새로운 제품 또는 서비스에 해당하지 않는 경우

그림 5-6 기존 시장에는 없는 새로운 제품 또는 서비스에 해당하지 않는 경우

규제 샌드박스제도의 종류

(1) 규제혁신 3종 세트

신청받은 신사업의 기존 규제 존재 여부와 허가 필요 여부를 신속하게 확인해주는 ① '규제신속확인[1](신속처리, 규제신속확인, 규제확인)' ② 신사업 신청을 받아 규제특례심의위원회에서 심의한 뒤 '실증 특례' ③ 시장 출시를 '임시허가'하는 제도가 있다.

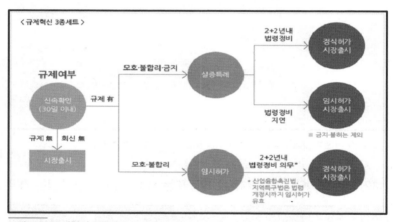

그림 5-7 규제혁신 3종세트

규제신속확인(규제신속처리)

(1) 의의

- 규제신속확인은 기업들이 신기술·신산업 관련 규제가 존재하는지, 허가가 필요한지 여부를 문의하면 30일 이내에 회신을 받는 제도이다
- 정부가 30일 이내에 회신하지 않으면 관련 규제가 없는 것으로 간주한다.

---

1 금융혁신지원법상의 '규제신속확인', 정보통신융합법상의 '신속처리', 산업융합촉진법상의 '규제신속확인', 지역특구법상의 '규제확인'이 있다.

(2) 절차

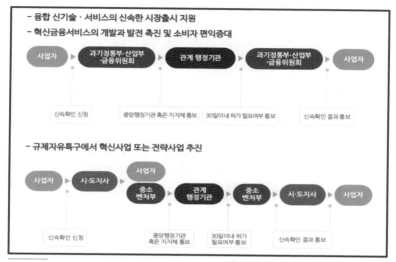

그림 5-8 규제 샌드박스의 절차

실증을 위한 규제특례

(1) 의의

- 관련 법령이 모호하고 불합리하거나, 금지규정 등이 있어 신제품·신서비스 등에 대한 시험 검증이 필요한 경우, 기존 규제에도 불구하고 일정 조건 하에서 신기술이나 서비스의 테스트를 허용하는 우선 시험 검증 제도이다.
- 민관합동 신기술·서비스 규제특례심의위원회의 심의 의결을 통해 최대 2년간 허용하고, 2년간 연장이 가능하다.

(2) 절차

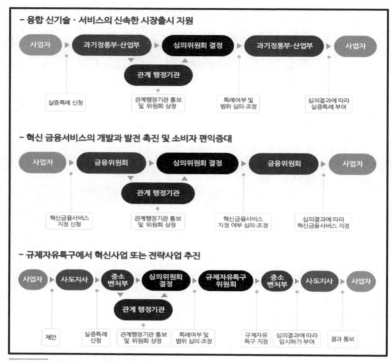

그림 5-9 규제 샌드박스의 절차

임시허가

(1) 의의

- 안전성과 혁신성이 검증된 신제품·신서비스임에도 불구하고 관련 규정이 모호하거나 불합리해 시장 출시가 어려울 경우 일정 조건 하에서 기존 규제의 적용을 받지 않는 임시허가로 시장 출시를 허용하는 제도이다
- 민관합동 신기술·서비스 규제특례심의위원회의 심의 의결을 통해 최대 2년간 허용하고, 2년간 연장이 가능하다.

(2) 절차

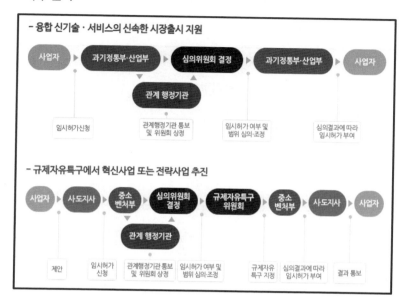

소비자 보호제도

- 심의위원회 심사 시 국민의 생명·안전·환경 등에 미치는 영향을 점검하여 우려가 있는 경우에는 규제특례 부여를 제한한다.
- 실증 테스트 진행과정을 지속적으로 점검하여 문제가 예상되거나, 실제 발생할 경우 즉시 규제특례를 취소한다.
- 사전 책임보험 가입을 의무화하고, 손해 발생 시 고의나 과실이 없음을 사업자가 입증하도록 하는 등 손해배상 책임 수준을 강화한다.

신청서 양식(ICT 규제샌드박스: https://www.sandbox.or.kr/sub0505)

서식 신속처리 신청서

■ 정보통신 진흥 및 융합 활성화 등에 관한 특별법 시행규칙 [별지 제9호서식] <개정 2019. 1. 17.>

신속처리신청서

※ 색상이 어두운 곳은 신청인이 작성하지 않습니다.

접수번호		접수일시	

신청인	회사명(성명)		사업자(법인)등록번호
			※ 사업자(법인)등록번호가 있는 경우 기재
	주소		
	대표자명	전화번호	전자우편

신규 기술·서비스	명칭		
	유 형	기술인 경우 ( ) 서비스인 경우 ( ) 기술과 서비스가 융합된 경우 ( )	※ 해당 난에 표시(√)
	주요내용		

소관 부처 및 기관 (선택적 기재)	예상되는 소관 중앙행정기관 또는 지방자치단체
	예상되는 허가등

「정보통신 진흥 및 융합 활성화 등에 관한 특별법」 제36조제1항 및 같은 법 시행령 제39조제1항에 따라 위와 같이 신규 정보통신융합등 기술·서비스 신속처리를 신청합니다.

년   월   일

신청인 성명   (서명 또는 인)

과학기술정보통신부장관 귀하

신청인 제출서류	신규 정보통신융합등 기술·서비스에 대한 설명서 1부

처리 절차

신청	→	접수	→	관계기관의 장에게 통보	→	검토 후 회신 (30일 이내)	→	결과 통지
신청자		과학기술정보통신부장관		과학기술정보통신부장관		관계기관의 장		과학기술정보통신부장관

210mm×297mm[백상지(80g/㎡) 또는 중질지(80g/㎡)]

서식 실증을 위한 규제특례신청서

■ 정보통신 진흥 및 융합 활성화 등에 관한 특별법 시행규칙[별지 제13호서식] <신설 2019. 1. 17.>

실증을 위한 규제특례신청서

※ 색상이 어두운 칸은 청구인이 적지 아니하며, [ ]에는 해당되는 곳에 √표를 합니다.

접수번호			접수일시		
신청인	회사명(성명)		사업자(법인)등록번호 ※ 사업자(법인)등록번호가 있는 경우 기재		
	주소				
	대표자명		전화번호		전자우편
신규 기술·서비 스	명칭				
	유형	[ ] 기술인 경우	[ ] 서비스인 경우		[ ] 기술과 서비스가 융합된 경우
	주요내용				

실증을 위한 규제 특례 신청 사유	1. 신규 정보통신융합 등 기술·서비스가 다른 법령의 규정에 의하여 허가등을 신청하는 것이 불가능한 경우(법 제38조의2제1항제1호) [ ]
	2. 허가등의 근거가 되는 법령에 따른 기준·규격·요건 등을 적용하는 것이 불명확하거나 불합리한 경우(법 제38조의2제1항제2호) [ ]

「정보통신 진흥 및 융합 활성화 등에 관한 특별법」 제38조의2제1항 및 같은 법 시행령 제42조의4제1항에 따라 위와 같이 신규 정보통신융합등 기술·서비스 실증을 위한 규제특례를 신청합니다.

년　　월　　일

신청인 성명

(서명 또는 인)

과학기술정보통신부장관 귀하

신청인 제출서류	1. 다음 각 목의 내용을 담은 실증을 위한 규제특례 계획서(실증계획서) 1부 　가. 신규 정보통신융합등 기술·서비스의 명칭 및 내용 　나. 신규 정보통신융합등 기술·서비스의 사업범위·추진방법·추진일정 　다. 신규 정보통신융합등 기술·서비스에 대한 실증과 관련한 신청자의 재정적·기술적 능력 　라. 신규 정보통신융합등 기술·서비스의 실증을 위하여 필요한 규제특례의 내용·기간 및 관련 법령 2. 신규 정보통신융합등 기술·서비스가 법 제38조의2제1항 각 호의 어느 하나에 해당함을 설명하는 자료 3. 신규 정보통신융합등 기술·서비스의 이용자 보호방안 1부 4. 그 밖에 실증을 위한 규제특례에 필요하다고 인정되는 것으로서 과학기술정보통신부장관이 요구하는 자료

처리 절차

신청	→	접수	→	신청내용 통지	→	검토 및 결과 회신	→	심의 상정	→	심의·의결	→	실증을 위한 규제특례 지정
신청자		과학기술정보 통신부장관		과학기술정보 통신부장관		관계기관의 장		과학기술정보 통신부장관		심의위원회		과학기술정보 통신부장관

210mm×297mm[백상지(80g/㎡) 또는 중질지(80g/㎡)]

서식 임시허가 신청서

■ 정보통신 진흥 및 융합 활성화 등에 관한 특별법 시행규칙 [별지 제11호서식] <개정 2019. 1. 17.>

임시허가신청서

※ [ ]에는 해당되는 곳에 √표를 하고, 색상이 어두운 곳은 신청인이 작성하지 않습니다.

접수번호		접수일시	

신청인	회사명(성명)		사업자(법인)등록번호 ※ 사업자(법인)등록번호가 있는 경우 기재	
	주 소			
	대표자명	전화번호	전자우편	

신규 기술·서비스	명칭		
	유 형	기술인 경우 ( ) 서비스인 경우 ( ) 기술과 서비스가 융합된 경우 ( )	※ 해당 난에 표시(√)
	주요내용		

임시허가 신청 사유	1. 허가등의 근거가 되는 법령에 해당 신규 정보통신융합등 기술·서비스에 맞는 기준·규격·요건 등이 없는 경우(법 제37조제1항제1호) ( )	해당 난에 표시(√)
	2. 허가등의 근거가 되는 법령에 따른 기준·규격·요건 등을 적용하는 것이 불명확하거나 불합리한 경우(법 제37조제1항제2호) ( )	

「정보통신 진흥 및 융합 활성화 등에 관한 특별법」 제37조제1항 및 같은 법 시행령 제40조제1항에 따라 위와 같이 신규 정보통신융합등 기술·서비스 임시허가를 신청합니다.

년   월   일

신청인 성명

(서명 또는 인)

과학기술정보통신부장관 귀하

신청인 제출서류	1. 다음 각 목의 내용을 담은 사업계획서 1부 　가. 신규 정보통신융합등 기술·서비스의 명칭 및 내용 　나. 신규 정보통신융합등 기술·서비스의 사업범위·추진방법·추진일정 2. 신규 정보통신융합등 기술·서비스가 법 제37조제1항 각 호의 어느 하나에 해당함을 설명하는 자료 3. 신규 정보통신융합등 기술·서비스의 안전성 검증 자료 및 이용자 보호방안 1부 4. 그 밖에 임시허가에 필요하다고 인정되는 것으로서 과학기술정보통신부장관이 요구하는 자료

처리 절차

신청 (요청)	→	접수	→	협의	→	시험, 검사 실시 (필요시)	→	심의·의결	→	임시허가
신청자 (관계기관의 장)		과학기술정보통신부 장관		과학기술정보통신부 장관 /관계기관의 장		시험·검사 기관		심의위원회		과학기술정보통신부 장관

210mm×297mm[백상지(80g/㎡) 또는 중질지(80g/㎡)]

지식재산권,
어떻게
보호해야 할까

CHAPTER 06

스타트업 법률가이드

제6장

지식재산권, 어떻게 보호해야 할까

김정욱 변호사

제6장
참고자료(PDF)
바로가기

KEY POINT

▸ 특허권
  • 특허, 노하우와 기술공개
  • 선행기술조사 : 특허 등록 가능성 체크
  • 외국에서 보호받기 위해서는 해당 국가에 특허 출원이 필요함
  • 투자와 특허 지분 공유
  • 직무발명과 보상제도

▸ 상표권
  • 스타트업 상호와 상표의 비교
  • 상표권 등록 가능성 체크

▸ 디자인권

▸ 실용신안권

▸ 저작권 : 아이디어가 아니라 표현을 보호하기 위한 제도
  • 저작물과 저작자
  • 회사에서 만든 저작물의 저작권
  • 저작권의 구체적인 내용

▸ 부정경쟁방지법
  • 등록되지 않은 지식재산권의 보호
  • 영업비밀 보호

1. 지식재산권은 무엇인가?

사례1 A씨는 스타트업을 준비 중에 있다. 그런데 스타트업과 관련된 어느 모임에 갔다가, 지식재산권이 있는 스타트업이 5년 이후 생존 확률이 훨씬 높다는 이야기를 들었다. 지식재산권에 대하여 생각조차 하고 있지 않았는데 마음이 급해졌다. 스타트업을 위한 지식재산권은 어떻게 준비해야 할까?

우리들의 평범한 일상 곳곳에는 지식재산권이 숨어 있다. 치약의 제조 공정에는 영업비밀이 있으며, 비누에는 특허권이 걸려 있고, 칫솔에는 특정 디자인으로 고안된 디자인권이 있다. 신문에는 저작권이 있으며, 햄버거와 커피 브랜드는 상표권이, 노래방 기기에 들어 있는 모든 노래에는 저작권이 있다.

당신이 스타트업을 준비하고 있다면 반드시 지식재산권을 확보하려고 노력하여야 한다. 한 연구조사에서는 지식재산권을 확보한 스타트업과 그렇지 못한 스타트업을 비교·분석한 결과, 스타트업의 5년 후 기업성과지표에 있어서 크게 차이가 발생한다는 사실이 확인되기도 하였다.

본 장에서는 지식재산권이 무엇인지 쉬우면서도 조금 더 진지하게 살펴보고자 한다.

2. 지식재산권에는 어떤 것이 있나?

> **사례 2** A씨는 사람들의 창업을 돕는 상담사이며, 그에 관련된 책을 썼다.
> 그리고 B씨는 기존보다 온라인 책 판매를 원활하게 할 수 있는 새로운 비
> 즈니스 방법을 개발하여 앱으로 만들었다. A씨와 B씨는 어떤 지식재산권
> 을 가지고 있을까?
> → A씨는 책의 저작권, B씨는 특허를 받을 수 있는 권리와 앱 프로그램의
>   저작권을 가지고 있다. B씨가 특허를 출원하여 등록이 되면 특허권이
>   생긴다.

우리가 말하는 지식재산권은 하늘에서 뚝 떨어진 것이 아니다. 인류가 살아오면서 개발해 낸 그 무엇인가가 바로 지식재산이다. 다만 모든 발명품에 지식재산에 대한 '권리'를 부여하는 건 아니다. 예컨대 볼트와 너트는 처음 개발된 당시엔 엄청난 발명품이었을 테지만 오늘날은 누구나 쉽게 그것들을 만들 수도, 사용할 수도 있다. 지식재산권은 이처럼 누구나 아는 것을 보호하지 않는다. 여러 지식재산 가운데 특별한 그 무엇인가만 보호하는데, 이를 법적 의미에서 지식재산권이라고 한다.

지식재산권이란 과학기술 및 문화적 창조활동의 지적인 소산물에 부여되는 법적 권리들을 합하여 부르는 말이다. 예전에는 지적재산권知的財産權이란 용어를 사용했으나, 일본식 한자어라는 지적이 있어 최근에는 지식재산권이라고 부르고 있다. 지식재산권에는 특허, 실용신안, 상표, 디자인을 포함하는 '산업지식재산권'과 문학, 음악, 미술, 사진 등의 창작자를 보호하는 '저작권', 영업비밀과 같이 기존

의 산업재산권 및 저작권으로는 보호하기가 적당하지 않아 별도 법률로 보호하고 있는 '신지식재산권' 등이 있다.

3. 지식재산권은 등록이 필요한가?

사례3 A씨가 쓴 영어교육 책은 저작권으로 보호받는다. 또한 B씨는 자신의 영어교육 방법에 대하여 특허를 받을 계획이다. 각 권리는 등록을 해야 할까?
→ 특허는 등록을 해야 하지만, 저작권은 등록이 필요 없다.

산업지식재산권인 특허권, 실용신안권, 상표권, 디자인권과 신지식재산권인 영업비밀의 가장 큰 차이는 등록 여부이다. 특정 기술을 가진 사람이 자신의 기술을 아무에게도 공개하지 않은 채 영업을 할 수도 있고, 반면 일반 대중에게 자신의 기술을 공개하고 그 대신 해당 기술에 대한 배타적이고 독점적인 권리를 획득할 수도 있다. 기술을 비밀로 유지하면서 '부정경쟁방지 및 영업비밀보호에 관한 법률' 상 요구하는 일정 요건을 충족하면 가질 수 있는 권리가 '영업비밀'이라면, 공개 이후 등록을 통해 획득하는 법적 권리가 특허권, 실용신안권, 상표권, 디자인권이다.

우리나라의 경우 저작권은 저작자가 저작물을 창작하는 순간부터 자연적으로 발생하고, 별도로 등록하지 않아도 된다. 그 대신 저작권 분쟁이 발생하게 되면, 저작자는 재판 중에 자신이 창작했다는 사실을 증명하여야 하는데 이것이 생각만큼 쉽지 않다. 그래서 저작자가 한국저작권위원회에 등록을 하면 저작자로 추정이 되므로, 본인이 저작자라는 사실을 증명하기에 유리하다. 반면에 우리나라와는 달리 정책적인 필요에 따라 저작권 등록이 필수적인 국가도 있다.

4. 특허권에 대해 알아보자

특허를 굳이 내야 하나

> **사례4** B씨는 특허에 대해 이제 막 공부하기 시작했다. 그런데 특허는 공개를 대가로 국가로부터 독점·배타적인 권리를 부여받는 것이라고 한다. 특허는 받고 싶지만 공개라는 점이 걱정된다.

특허는 독점적이고 배타적인 권리를 부여하는 것이다. 그런데, 특허는 출원한 다음 일정 기간이 지나면 공개가 되고, 그 후 심사를 거쳐 등록결정을 받는다. 공개가 된다는 점에서 일부 사업자들에게는 이해관계가 엇갈릴 수 있다.

어떤 사업을 한다고 했을 때, 그 사업의 핵심은 아무래도 기술력일 가능성이 높은데, 기술력이란 외부에 공개를 하지 않는 것이 좋을 수도 있다. 고려청자를 만드는 도자기 기술을 한 번 생각해 보자. 도자기 기술을 가진 고려 시대 장인들은 외부에 기술이 노출되는 것을 엄격하게 금하였고, 그 결과 고려청자 기술은 오늘날에조차 청자의 비취빛 색깔을 구현하기 힘들 정도로 고려청자 장인만의 기술이 될 수 있었다. 그런데, 만약 독점·배타적 권리를 받는 대가로 이 기술을 외부에 공개해야만 하는 특허와 같은 제도가 그 당시에 있었다고 한다면 어떻게 되었을까? 아마도 제3의 장인이 공개된 고려청자 기술을 모방하고 이를 응용하여 새로운 도자기 기술을 개발해 내었을 것이다. 그 결과 도자기 기술은 더욱 발전하였을 것이고 도자기 사업은 고려라는 국가의 가장 중요한 사업 아이템이 되었을 것이다. 그런데 특허제도를 통해 관련 사업을 발전시키고자 하는 것은 국가의 바람일 뿐이며, 사업자의 입장은 다를 수도 있다.

사업자로서는 언젠가는 자신의 기술력이 후발 주자들에게 따라잡힐 수 있다는 가정 아래에 특허권을 획득하여 20년[1]간 후발 주자들로부터 안전하게 시장에서의 자기 지위를 유지할 것인지, 아니면 후발 주자들은 자신의 기술을 절대로 베낄 수 없다는 가정 아래 옹가네 고추장 광고처럼 '며느리도 모르게' 해당 기술을 비밀로 유지하여 독점적 생산·판매를 할 것인지를 선택해야만 한다. 고려청자 장인들은 후자를 선택했던 것이다.

그러면 본인의 고유한 기술에 대하여 특허를 내는 것이 좋을까? 아니면 비밀로 유지하는 것이 좋을까? 그것은 기술의 특성에 따라 다를 수 있다. 고려청자처럼 절대로 후발 주자가 근접할 수 없는 독보적 기술력을 가졌다면 특허를 출원하지 않고 비밀로 유지하는 편이 더 나을 수도 있다.

특허를 출원할지 결정하기 위해서는 무엇보다도 먼저 특허 등록이 가능한지 고려해 보아야만 한다. 자신의 발명이 특허요건인 신규성, 진보성, 산업상 이용가능성을 가지고 있어야만 특허청에서는 특

---

1 특허법 제88조(특허권의 존속기간) ① 특허권의 존속기간은 제87조 제1항에 따라 특허권을 설정등록한 날부터 특허출원일 후 20년이 되는 날까지로 한다.

허를 등록해 준다. 따라서 자신의 기술이 특허 등록이 되기에 부적합하다면 공개를 전제로 한 특허 출원보다는 영업비밀로 유지하는 것이 오히려 사업자에게는 더 도움이 될 것이다. 예를 들어, 빈대떡을 부쳐서 파는 요리사가 있다고 치자. 이 빈대떡은 너무나 맛이 있고 요리사는 어떤 비법을 가지고 있다. 그런데 이 비법이 특허를 받을 수 있을까? 앞서 언급한대로 특허를 받으려면 신규성, 진보성, 산업상 이용가능성의 요건을 충족하여야만 한다. 일단 특허를 출원하게 되면 등록 여부와 관계없이 공개가 된다. 만약 요리사의 비법이 그 요건들을 통과하지 못하여 특허 등록되지 못한다면 요리사로선 별다른 혜택도 없이 자신의 비법만 공개한 꼴이 된다. 그렇다면 요리사는 특허를 출원하지 않고 비법을 비밀로 간직하면서 빈대떡 장사를 하는 편이 더 나을 것이다.

특허를 내면 내 기술이 전부 공개되나?

> **사례 5** B씨는 창업 카운슬러로서 관련 아이디어를 개발하였고 사람들이 소정의 비용을 지급하고 그에 대한 정보를 주는 방식의 어플을 만들었다. 그런데, B씨는 자신의 아이디어 중 핵심적 영역에 대해서는 공개하지 않기를 원한다. 특허를 내면 자신의 아이디어 전부 공개되는 것일까?
> → 특허를 내더라도 핵심적인 아이디어는 공개를 하지 않고 영업비밀로 가지고 있을 수도 있다.

특허를 내는 경우라 할지라도 자신의 기술 전부를 세상에 완전히 모두 공개하는 것은 누구라도 사실 꺼려하게 된다. 기술을 세상에 완전히 공개한다면, 곧 후발 주자들이 금방 기술을 따라잡아 새로운 발명을 내놓게 될 것이고, 결과적으로 발명자는 시장에서 후발 주자에게 밀리게 될 수 있다.

여기서 노하우know-how라는 개념이 나온다. 노하우는 비밀리에 관리되는 기술적 지식이나 경험을 말한다. 발명도 특허 출원 이전에는 노하우로 볼 수 있으며, 특허 출원으로 발명이 공개되면 더 이상은 노하우에 속하지 않게 된다. 여기서 잠깐. 앞서 나왔던 영업비밀과 노하우는 어떤 차이가 있을까. 노하우 가운데 '부정경쟁방지 및 영업비밀보호에 관한 법률'상 요구하는 일정 요건, 즉 비공지성, 경제적 유용성, 비밀 관리성의 요건을 충족하면 영업비밀로 보호를 받게 되는데 이에 대해선 영업비밀 편에서 자세하게 설명하고자 한다.

발명자는 자신의 기술 전부를 공개하기 꺼려한다. 하지만 특허를 내고는 싶다. 이때 발명자는 자신의 기술 중 일부분에 대해서만 특허를 내고, 아주 핵심적인 부분에 대해서는 비밀로 할 수도 있다. 가령 어떤 플라스틱 제품을 만들 때 필요한 온도가 60℃라고 한다면, 특허 출원 명세서에는 40~80℃로 표기를 한다. 그러면 후발 주자들은 40℃부터 80℃까지 온도를 전부 일일이 테스트하여 제품의 생산 조건을 알아내야 한다. 이때 60℃라는 특정한 생산 조건은 노하우가 되며, 영업비밀이 될 수도 있다. 기술의 어떤 부분을 노하우로 감추고 어떤 부분을 특허로 출원할지는 고도의 기술적 검토가 필요하다.

내가 생각해 낸 것도 발명이 될 수 있나?

사례 6 B씨는 자신이 만든 어플이 특허를 받을 만한 발명인지 궁금하다.

발명은 먼 나라의 이야기 같기만 하다.

특허를 내기 전에 일단 발명을 해야 된다. 발명이란 생각하는 것처럼 어려운 것이 아니다. 엄청난 기계를 만들어내는 것도 발명이지만, 사소한 생활용품을 만들어 내는 것도 발명이다. 볼펜을 사용하다가 땀에 미끄러지는 것을 방지하기 위하여 볼펜의 손에 쥐고 쓰는 부분에 미끄럼방지를 위한 손잡이를 다는 것도 발명이며, 더 간단하게는 빨대를 휠 수 있도록 하여 먹기 편하게 한 것도 발명이다.

우리나라 특허법상, 발명은 세 가지 종류가 있다. 즉, 물건의 발명, 방법의 발명, 물건을 생산하는 방법의 발명(특허법 제2조 제3호)이 있다. 물건의 발명이 무엇인지는 쉽게 생각할 수 있다. 예를 들어, 아스피린의 발명이 물건의 발명에 해당한다. 물건을 생산하는 방법의 발명은 아스피린을 화학적으로 합성하여 만드는 방법의 발명을 생각하면 된다. 그런데, 방법의 발명은 무엇일까? 고층 건물을 쉽게 짓는 건축 방법이 방법의 발명에 해당한다. 최근 등장한 방법의 발명으로는 BMBusiness Method 발명이 있다. BM 발명은 영업방법을 컴퓨터 기술로 구현시킨 것인데, 각종 애플리케이션(앱)의 경우 BM 발명을 이용하고 있다고 볼 수 있다. 가령 전자상거래의 경우를 앱으로 만들었을 때 기존에 없던 참신한 아이디어를 더하여 새로운 유형의 서비스를 제공한다면 BM 발명이라고 볼 수 있다. 물건의 발명과 비교할 때 방법의 발명의 가장 큰 차이점은 시계열적으로 각 단계가 구현되어야 한다는 점이다. 쉽게 말하여, 인공지능(기계)이 밥을 짓는 방법을 설명한다면, 쌀을 씻는 단계, 이물질을 제거하는 단계, 쌀과 콩 등의 재료에 따라 쌀과 물의 비율을 맞추는 단계, 열을 가하는 단계, 뜸을 들이는 단계로 나눌 수 있을 것이다. 방법의 발명자는 특허 출원을 할 때 발명의 각 단계를 물건의 구성요소처럼 생각하고 명세서를 작성해야 한다.

또한, 발명은 구체적인 물건을 만들어내지 않아도 된다. 방법의 발명이나 물건을 생산하는 방법의 발명 같은 경우는 구체적인 발명품이 존재하지도 않겠지만, 물건의 발명 역시 구체적인 물건을 보여줄 필요는 없으며 설계도 등의 도면으로도 충분히 인정받을 수 있다.

내 발명은 특허를 받을 수 있을까?

> **사례 7** B씨는 자신이 만든 어플의 작동원리가 방법의 발명에 속한다는 것을 알았다. 그런데 특허 출원을 하면 등록 가능성은 얼마나 될지 궁금해 한다.

발명을 했다고 하여 모든 발명이 특허를 받는 건 아니다. 특허법 제29조 제1항은 산업상 이용가능성과 신규성을, 제2항은 진보성을 특허요건2으로 정하고 있다.

---

2 **특허법 제29조(특허요건)** ① 산업상 이용할 수 있는 발명으로서 다음 각 호의 어느 하나에 해당하는 것을 제외하고는 그 발명에 대하여 특허를 받을 수 있다.
  1. 특허출원 전에 국내 또는 국외에서 공지(公知)되었거나 공연(公然)히 실시된 발명
  2. 특허출원 전에 국내 또는 국외에서 반포된 간행물에 게재되었거나 전기통신 회선을 통하여 공중(公衆)이 이용할 수 있는 발명
  ② 특허출원 전에 그 발명이 속하는 기술분야에서 통상의 지식을 가진 사람이 제1항 각 호의 어느 하나에 해당하는 발명에 의하여 쉽게 발명할 수 있으면 그 발명에 대해서는 제1항에도 불구하고 특허를 받을 수 없다.

(1) 산업상 이용가능성이란

산업상 이용가능성은 여러 측면에서 검토를 해야 한다. 발명은 일단 완성이 되어야 하는데, 미완성 발명은 산업상 이용가능성이 없으므로 특허를 받지 못한다. 특히 문제가 되는 발명은 미생물, 식물GMO 같은 생물의 발명이다. 특허는 누구에게나 공개를 하는 것을 원칙으로 하기 때문에 미생물을 국제기탁기관에 기탁(보관)해 두어야 하고 기탁이 되지 않았다면 미완성 발명으로 특허를 받을 수 없다. 또한 의약 용도발명에 있어서도 약리효과의 실험 데이터가 명세서에 기재되지 않았다면 미완성 발명으로서 특허를 받을 수 없다.

발명이 완성되었다 하더라도 산업상 이용가능성이 없는 경우가 있다. 의사의 수술방법이 대표적이다. 의사 등 임상 전문가의 판단을 필요로 하지 않는 기계적인 진단 방법이나 진단 키트는 특허의 대상이 되지만, 의사의 수술 방법이나 임상적 판단이 요구되는 진단 방법과 같은 경우에는 공익적 차원에서 누구나 사용 가능해야 하므로 발명자의 독점적 지위를 인정하지 않기 때문에 산업상 이용가능성이 없다. 단, 특허 등록은 국가의 정책이므로, 해외 특정 국가에서는 의사의 수술방법이 특허를 받기도 한다.

(2) 신규성이란

신규성이란 기존 기술과는 다른 새로운 것을 의미한다. 특허법 제29조 제1항의 각 호는 신규성 상실을 열거하고 있다. 즉, 공지되었거나, 공연히 실시되었거나, 반포된 간행물에 게재되었거나, 전기통신 회선을 통하여 공중이 이용할 수 있는 발명 등은 신규성의 상실로 특허를 받을 수 없다. '공지'라는 것은 불특정인에게 발명이 특허 출원 전에 공개가 되었다는 것을 의미하고, '공연히 실시되었다'는 것은 특허 출원 전에 해당 발명품을 판매한 경우를 예로 들 수 있다. '반포된 간행물의 경우'는 특허 출원 전에 발명품의 카탈로그를 제작되었다거나, 대학도서관에 학위논문이 입고된 것을 예로 들 수 있다. '전기통신회선'이란 간단히 말하여 인터넷에 발명이 공개된 것을 의미한다.

특허 등록을 위하여는 신규성 요건을 충족하여야 하고, 만약 신규성이 상실되면 특허등록이 거절된다. 그런데, 예컨대 논문 발표 등 본인이 발명을 공개했던 것 때문에 특허를 받지 못한다면 매우 억울할 것이다. 이러한 불합리성을 방지하기 위해 우리나라 특허법 제30조는 발명자에 의해서 공개된 후 1년 이내에 특허 출원을 하면 신규성이 의제되어 특허를 받을 수 있도록 하고 있다. 또한 발명자의 의사에 반하여 공개된 경우에도 신규성 의제로 인정될 수 있다. 단, 신규성 의제 제도는 국가별[3]로 매우 다르기 때문에 주의가 필요하다. 신규성 의제를 위하여는 특허를 출원하면서 특허 출원인의 주장을 증명할 수 있는 서류를 반드시 제출해야 한다.

(3) 진보성이란

특허법 제29조 제2항에서 규정하고 있는 진보성은 "그 발명이 속하는 기술 분야에서 통상의 지식을 가진 사람이 제1항 각 호의 어느

---

3 우리나라, 미국은 1년, 일본, 유럽은 6개월의 기간 제한이 있다. 특히, 유럽은 오직 국제박람회에 한하여 6개월의 기간 제한이 있으며, 학위 논문 및 간행물 등의 사유는 신규성이 의제되지 않는다는 점을 주의해야 한다.

하나에 해당하는 발명에 의하여 쉽게 발명"할 수 없는 발명을 의미한다. 진보성은 당연히 신규성을 전제로 한다. 가령, 빨간 볼펜이 기존의 기술인데, 파란 볼펜을 누군가 발명했다고 했을 때, 빨간 볼펜과 파란 볼펜은 다르므로 신규성은 있으나 진보성은 없을 것이다. 진보성이란 장애물 달리기의 허들에 비유가 될 수 있는데, 일반인들에게 30㎝ 허들은 쉬우나, 50㎝ 허들은 어려울 것이다. 하지만 달리기 선수들에게는 50㎝의 허들은 쉬우나, 100㎝의 허들은 어려울 것이다. '그 발명이 속하는 기술 분야에서 통상의 지식을 가진 사람'은 일반인들이 아니라 달리기 선수들이고, 달리기 선수들에게 쉽게 넘기 어려운 정도의 허들의 높이가 진보성을 의미한다고 볼 수 있다. 진보성 허들은 일정한 기준이 있는 것이 아니며, 각 기술 분야마다 그 허들의 높이가 다를 수 있다. 후술하겠지만, 진보성 허들의 높이는 '선행 기술 조사'를 통하여 그 기술 분야의 발명들을 비교, 분석해야 알수 있다.

진보성에서 주의해야 할 점은 사후적 고찰의 금지이다. 쉽게 설명하면 콜럼버스의 달걀 이야기와 같다. 콜럼버스가 삶은 달걀의 끝을 살짝 깨서 달걀을 세우기 전까지는 아무도 달걀을 세우지 못했다. 콜럼버스가 삶은 달걀을 세운 후에야 사람들이 달걀을 세우는 방법을 알게 된 것이다. 일단 누군가에 의해 행해진 발명은 그 이후 매우 쉽게 느껴지게 되는데, 이를 사후적 고찰이라고 한다. 따라서 발명품에 있어 진보성의 유무[4]는 현재 기준이 아니라 특허 출원 당시의 기

---

4 진보성의 유무를 따질 때 사후적 고찰이나 상업적 성공 여부가 문제가 되는 이유는, 특허 출원 후 심사를 받기까지 1년 이상이 소요되기 때문이다. 가령 핸드폰 특허의 경우, 특허를 출원한 직후에 핸드폰은 출시가 되어서 특허 심사를 받을 때에

준에 비추어 판단되어야 한다. 그 외에도, 진보성 판단에 있어 고려해야 하는 점은 상업적 성공 여부와 진보성은 무관하다는 점이다. 지우개가 달린 연필은 상업적으로 엄청난 성공을 거두었지만, 진보성이 부정되었던 대표적인 사례다.

신규성과 진보성을 어떻게 확인할 수 있나?

> **사례 8** B씨는 특허에 대한 전문가가 아니므로 자신의 발명이 신규성, 진보성이 있는지 판단하기 힘들어 한다. 어떻게 알아보아야 할까?
> → 키프리스와 구글 특허 검색 등 인터넷 조사를 통하여 다른 유사 발명과 비교를 하면서 선행기술조사를 하면 된다.

일단 발명을 했다면, 자신의 발명이 신규성, 진보성이 있는 것인지 확인해 보아야 한다. 이러한 절차를 '선행 기술 조사'라고 한다. 각 나라의 특허청은 일반인들도 쉽게 찾아 볼 수 있도록 특허 검색 시스템을 제공하고 있다. 우리나라에서는 키프리스www.kipris.or.kr라는 사이트를 통하여 자신의 발명을 기존에 있던 기술(선행 기술)과 비교, 분석해 보고 신규성과 진보성 여부를 체크해 볼 수 있다. 해외 특허를 찾고자 한다면 구글 특허 검색 사이트https://patents.google.com를 추천한다. 여기서는 구글 번역을 통하여 해외 특허 명세서의 외국어를 한글 또는 영어로 자동번역해 주므로 유용하다.

특허정보넷
키프리스
바로가기

는 이미 누구나 사용하는 쉬운 기술이 되었으나, 특허 등록을 위한 심사에서 진보성은 특허 출원 당시로 판단되어야만 하기 때문이다. 이 점은 특허 무효 소송에서도 마찬가지다. 특허 무효 소송에서 진보성은 소송 당시의 기술 수준에서가 아니라 출원 당시의 기술 수준에서 판단해야만 한다.

특허법은 '속지주의' 원칙을 취한다. 즉, 각 나라별로 특허를 등록하고 특허가 등록된 나라에서만 보호받을 수 있다. 가령 장영실이란 사람이 자신의 발명을 우리나라에만 특허 출원·등록하였다면 미국에서는 특허 침해에 대하여 아무런 보호를 받을 수 없다. 이를 방지하기 위해선 미국에서도 특허 등록을 마쳐야만 한다. 최근 동남아시아에 화장품을 수출하려는 기업들이 많아졌는데, 마찬가지로 동남아시아 각 국가들에서 특허 보호를 받기 위하여는 우리나라가 아닌 해당 국가에 특허를 출원, 등록하여야 한다.

선행기술조사에 있어서 주의할 점은, 특허법이 속지주의가 적용되더라도 특허를 받을 수 있는 발명은 특허 출원된 국가뿐만 아니라 전 세계적으로 신규성과 진보성을 갖추어야 한다는 점이다. 결국 키프리스 검색에서 선행 기술은 국내와 해외 모두를 찾아보아야 한다. 그 외에도 구글google 검색을 통하여 자신의 발명과 동일한 선행 기술이나 논문이 있었는지를 추가로 조사해 보는 것이 좋다. 자신의 발명이 선행 기술과 다른 기술이 아니라면 특허를 출원해도 등록되지 못한다. 결론적으로, 국내에서 특허를 출원하더라도 해외에 똑같은 기술이 이미 존재했다면 특허 등록은 거절당하게 된다.

진보성이란 간단히 말해 기존의 기술보다 약간 더 진화된 발명이다. 즉 신규성은 똑같은 발명이라면, 진보성은 그것에 살을 붙인 발명이다. 다만 진보성의 '정도'에 대해선 일률적으로 말할 수 없다. 개개의 발명이 속하는 기술 분야가 모두 다르며, 각 분야에서 통상의 지식을 가진 사람의 수준도 모두 다르기 때문이다. 따라서 진보성의 정확한 판단을 위해서는 변호사나 변리사와 같은 전문가의 도움이

필요한 경우가 많다. 다만 대략적인 수준에서 스스로 알아볼 수 있는
방법이 있는데, 키프리스 검색, 구글 특허 검색, 논문 검색 등을 통하
여 자신의 기술 분야에서 자신의 발명과 유사한 발명이 있는지 찾아
보고, 선행 기술들 중 등록된 특허와 거절된 특허를 비교해 보면 특
허 등록을 위하여 필요한 진보성 허들의 높이에 대하여 유추할 수 있
다. 그 후 가장 최근에 등록된 특허와 비교하여 자신의 발명이 얼마
나 차별성이 있는지 검토해 본다면 특허 등록 가능성을 예상해 볼 수
있다.

구글 특허 검색
바로가기

내 발명, 특허 출원하려면 어떻게 하나?

> **사례 9** B씨는 선행기술조사를 통하여 자신의 발명이 등록될 수 있다는
> 확신이 생겼다. 이제 출원을 하고자 한다.

특허 출원은 가급적 전문가의 도움을 받아 일단 관련 서류를 작성
해야 하는 것이 시간과 노력을 절약할 수 있다. 출원을 위하여 준비
할 서류에는 특허출원서, 명세서, 도면, 요약서가 있는데 보통은 명
세서라고 총칭하여 부른다. 특허출원서에는 특허출원인의 성명과
주소, 발명자의 성명과 주소 등의 정보가 들어간다. 명세서에는 발
명의 명칭, 도면의 간단한 설명, 발명의 상세한 설명, 특허 청구범위
를 기재하게 된다. 도면은 명세서 기재 내용의 이해를 돕기 위하여
첨부한 그림이다. 요약서는 발명의 개요를 간단하게 적는다.

이들 서류 중에서 가장 중요한 것은 명세서이며, 그 중에서도 가
장 중요한 것은 특허 청구범위다. 명세서에는 자신의 발명에 대한 자

세한 정보를 담는다. 앞서 설명한 노하우에 관한 부분은 생략하고 꼭 들어가야만 하는 내용만으로 명세서를 작성한다. 사람들은 명세서에 담은 자신의 발명에 대한 상세한 설명이 특허권의 권리 범위라고 종종 오해를 하는데, 실제로는 특허권의 권리 범위는 특허 청구범위에 쓰여진 내용에 의해서 정해진다는 사실에 유의해야 한다. 특허 청구범위는 특허 청구항들로 구성되어 있으며 특허 청구항은 짧은 문장으로 쓰여져 있으므로, 당연히 발명의 상세한 설명에 비하여 매우 간단하다. 특허권은 원칙적으로 그 짧은 특허 청구범위에 글자로 기재된 내용만 해당하며, 발명의 상세한 설명은 특허 청구범위를 보완해 주는 기능 밖에 없다. 따라서, 특허 청구범위를 얼마나 잘 작성하느냐가 발명이 특허로 얼마나 잘 보호받을 수 있느냐를 결정하게 된다.

자신의 발명이 물건인 경우에, 그 물건은 각각의 구성요소로 다시 나눌 수가 있다. 가령, 컵이라는 물건은 용액이 담길 수 있는 용기 (A), 손잡이(B), 뚜껑(C)으로 나눌 수가 있다. 물건의 발명은 특허 청구항에서 이들 구성요소에 의하여 특정이 된다. 따라서, 누군가가 특허권자의 특허를 침해하려면 특허 청구항의 모든 구성요소를 포함하고 있어야만 침해로 인정이 되는데, 이를 구성요소 완비의 법칙이라고 한다. 가령 특허 청구항의 구성요소가 A+B+C인 경우에 타인의 상품이 A+B+C 혹은 A+B+C+D인 경우에는 특허 청구항의 모든 구성요소를 완비하고 있으므로 특허 침해가 되지만, 만약 타인의 상품이 A+B 혹은 A+B+C+E라면 모든 구성요소를 완비하고 있지 않으므로 침해가 되지 않는다. 따라서, 특허 청구항은 필요불가결한 최소한의 구성요소로만 작성되는 것이 매우 중요하다.

만약 불필요한 구성요소를 하나라도 포함하고 있다면, 침해자가 그 불필요한 구성요소 하나를 생략한 채 기술을 실시하는 경우에는 침해가 아니므로 특허가 등록되어 있더라도 아무런 법적 보호를 받을 수 없기 때문이다. 구성요소 완비의 법칙은 방법의 발명, 물건을 생산하는 방법의 발명 모두 동일하게 적용된다.

특허 등록 가능성과 특허 청구항의 권리 범위는 반비례 관계라고 할 수 있다. 특허 권리 범위를 넓게 가져가면 가져갈수록 사후 있을지 모르는 특허 침해에 대해 잘 대비할 수 있지만 그만큼 특허 등록을 받기가 어렵다. 반대로 특허 권리 범위를 좁게 가져가면 특허 등록 가능성은 높으나, 특허 침해에 대하여는 방어가 그만큼 어렵다. 가령, 뚜껑 > 병뚜껑 > 플라스틱 병뚜껑의 순으로 권리범위가 작아질 것이지만, 특허 등록 가능성은 진보성을 고려한다면 플라스틱 병뚜껑이 제일 높다. 단, 특허침해자가 플라스틱 병뚜껑 대신 고무 병뚜껑을 사용한다면 더는 특허침해가 아니게 되므로 방패로서의 기능은 축소될 것이다. 따라서 발명자는 자신의 발명에 대하여 후발주자들로부터 특허침해로부터 확실하게 보호받기를 원한다면 특허 출원시 특허 청구항의 권리 범위가 필요불가결한 최소한의 구성요소로 이루어져 있는지, 일반적이고 보통 명사들로 작성되어 있는지, 그러면서도 특허 등록을 위한 최소한의 진보성 요건을 확보하고 있는지 등을 확인하는 것이 무엇보다 중요하다.

만일 스스로 특허 등록 신청을 하고자 할 때는 앞의 설명을 참조해 특허청이 개설한 '지식재산 탐구생활' 홈페이지를 통해 기본 내용을 확인해 본 후http://www.kipo.go.kr/easy, 특허청 홈페이지에 있는 전

지식재산
탐구생활
바로가기

자출원 사이트인 특허로를 통해 출원 신청을 하면 된다.

특허 출원 후 등록까지는 얼마나 걸리나?

사례 10 B씨는 특허를 출원하였다. 그런데 등록은 언제 결정이 될까? 기다리는 시간이 힘들다.
→ 특허 출원 후 등록결정까지는 2년 정도 걸린다.

특허는 공개를 대가로 권리를 부여하는 것이라는 점에 대하여는 이미 설명한 바가 있다. 공개는 특허를 출원한 후 1년 6개월이 경과된 임의의 시점에 이루어진다. 이때 공개되는 발명을 공개 특허라고 하는데, 공개 특허는 아직 특허 등록이 된 것이 아니므로 특허권이 없다. 그 후 발명의 신규성, 진보성 등에 대하여 특허청의 심사가 있다. 특허청에서는 발명이 특허 등록을 하는 데에 특허 요건상 문제가 있다면 보정을 하도록 의견제출통지서를 보내고, 출원인은 의견제출통지서를 받은 후에 의견서 및 보정서를 제출하여 특허 청구범위를 보정할 수 있다. 보정 후 특허 청구범위에 문제가 없다면 특허청에서는 등록 결정을 한다. 그 후 등록료를 납부하면 그때서야 특허권이 부여가 되는데, 특허 출원 후 등록까지는 최소한 2년 정도의 시간이 소요된다. 출원인에 따라서는 추가 심사비용을 들여 보다 빠른 우선심사제도를 신청하는 경우도 있다.

특허 심사에서 거절이 되는 경우도 있는데, 이때에는 특허청에 재심사청구를 해 다시 한번 심사를 받거나, 특허청에 거절결정불복심판을 청구하여 쟁송으로 해결을 도모할 수도 있다. 재심사청구에서

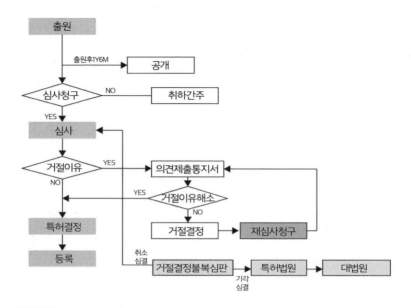

그림 6-1 특허 출원부터 등록까지

는 특허 출원인이 청구범위의 보정을 하는 데 있어 처음 심사 때보다 까다롭게 심사하게 된다. 거절결정불복심판에서 거절결정 취소심결을 받으면 특허청에서 다시 한번 등록 심사를 받게 되며, 만약 기각 심결을 받게 되면 출원인은 항소하여 특허법원에서, 그 후에는 상고하여 대법원에서 특허 등록 여부를 다투게 된다.

발명자에게는 돈이 없는데, 투자자가 특허 지분 공유를 조건으로 투자를 해 준다고 할 경우(특허 공유의 문제점)

사례 11 B씨는 자신이 개발한 어플로 사업하기를 희망한다. 하지만 B씨는 자본이 없다. 우연히 B씨의 어플과 사업전망을 알게 된 A씨는 자신이 자본을 투자하는 대신 공동사업을 하자고 하면서 특허를 받을 수 있는 권리 또는 특허권을 공유하자고 B씨에게 제안하였다.

특허 출원에 대한 설명을 보면서 눈치가 빠른 사람은 출원인과 발명자의 용어 두 가지가 있다는 점에 대하여 알아차렸을 것이다. 발명자가 곧바로 특허권자가 되는 건 아니다. 발명을 하여 특허 출원을 할 수 있는 권리를 '특허를 받을 수 있는 권리'라고 하는데, 특허를 받을 수 있는 권리를 가진 사람은 발명자 또는 그 승계인이다. 승계인이라 함은 유·무상으로 특허를 받을 수 있는 권리를 이전받은 자를 의미한다.

발명자가 자신의 발명에 관하여 '특허를 받을 수 있는 권리'를 제3자에게 양도하면 그 제3자는 특허 출원을 할 수 있다(특허법 제33조, 제37조). 만약 특허 등록까지 마치게 되면 제3자가 특허권자가 된다. 혹은 발명자가 자신의 지분 일부를 제3자에게 주고 특허를 받을 수 있는 권리를 공유한 후 공동으로 특허출원을 하고 특허 등록을 마치게 되면 특허 공유권자가 된다. 발명자가 특허 등록을 이미 완료한 상태라면 투자자에게 자신의 특허 지분을 양도하여 특허권을 공유로 설정할 수도 있다.

그런데, 특허권의 공유는 매우 신중해야 한다. 특허권은 무체 재산권으로 토지 소유권과 같은 유체 재산권과 성격이 다르다. 우리나라 특허법상, 특허권이 공유인 경우 각 공유자는 다른 공유자 모두의 동의를 받아야만 지분 양도를 할 수 있다. 즉, 특허 등록이 발명자와 투자자 두 사람의 명의로 되어 있다가 두 사람 사이에 분쟁이 발생하게 될 경우 발명자는 자신의 특허를 제3자에게 팔고 싶어도 투자자의 동의 없이는 팔 수가 없는 것이다. 심지어 통상실시권이나 전용실시권, 즉 라이선스 계약을 제3자와 맺는 것조차 할 수가 없다.[5] 반면 투자자는 자기 자본으로 직접 사업을 할 수 있다. 결국 발명자는 투자자로부터 팽당하고 투자자는 특허를 가로채는 결과가 발생할 수도 있는 것이다. 이와 같이, 무체 재산권으로서 특허권의 특수한 법적 성질로 인하여 특허법의 취지와는 다르게 오히려 발명자를 보호하지 못하는 문제를 발생시킬 수도 있다. 따라서, 특허권의 공유는 매우 신중하여야 하며, 공동사업 계약서 또는 특허권 공유 계약서에는 투자자 단독으로 특허를 실시할 수 없음을 반드시 명시하여야 한다.

회사에서 한 발명의 특허는 누구 소유인가?(직무발명)

사례 12 주식회사 B제과점의 임원 A씨는 크림단팥빵을 만드는 방법의 발명을 특허 출원하여 등록이 되었다. 특허권자는 누구일까?
→ 특허를 받을 수 있는 권리는 A씨에게 있다. 그 후 A씨가 특허를 출원 등

---

5 특허법 제99조(특허권의 이전 및 공유 등) ① 특허권은 이전할 수 있다.
② 특허권이 공유인 경우에는 각 공유자는 다른 공유자 모두의 동의를 받아야만 그 지분을 양도하거나 그 지분을 목적으로 하는 질권을 설정할 수 있다.
③ 특허권이 공유인 경우에는 각 공유자는 계약으로 특별히 약정한 경우를 제외하고는 다른 공유자의 동의를 받지 아니하고 그 특허발명을 자신이 실시할 수 있다.
④ 특허권이 공유인 경우에는 각 공유자는 다른 공유자 모두의 동의를 받아야만 그 특허권에 대하여 전용실시권을 설정하거나 통상실시권을 허락할 수 있다.

록하면 특허권자는 A씨가 된다. 만약 근로계약서에 특허를 받을 수 있는 권리를 B에게 승계시키기로 하였고, 그 후 B가 특허를 출원하여 등록하면 특허권자는 B가 된다. 단, 직무발명에 대하여 B는 A씨에게 정당한 보상을 하여야 한다.

회사에서 한 발명이 우선 업무상 이루어진 것인지 여부가 검토되어야 한다. 발명진흥법 제2조 제2호는 직무발명을 "종업원, 법인의 임원 또는 공무원이 그 직무에 관하여 발명한 것이 성질상 사용자·법인 또는 국가나 지방자치단체의 업무 범위에 속하고 그 발명을 하게 된 행위가 종업원 등의 현재 또는 과거의 직무에 속하는 발명"이라고 정의하고 있다. 만약, 회사와 전혀 무관하게 발명을 하였는데, 우연히 회사에서 그 발명을 알게 되고 가치를 높이 평가하여 회사에 귀속시키려 한다면, 직무발명이 아닌 개인의 발명이므로 별도의 양도계약을 맺어야만 할 것이다.

직무발명을 한 경우 회사와 종업원은 어떤 관계에 놓이게 될까. 발명진흥법 제10조 제1항은 "직무발명에 대하여 종업원 등이 특허, 실용신안등록, 디자인등록을 받았거나 특허 등을 받을 수 있는 권리를 승계한 자가 특허 등을 받으면 사용자 등은 그 특허권, 실용신안권, 디자인권에 대하여 통상실시권을 가진다"고 규정하고 있다. 통상실시권이란 쉽게 말해 비독점적인 라이선스 권리 내지는 대리점의 권리라고 생각하면 된다. 중소기업인 회사는 종업원의 직무발명에 대하여 기본적으로 통상실시권을 가질 수 있다. 더 나아가, 사전에 근로계약을 통하여 특허를 받을 수 있는 권리를 회사에 승계시키기로 하였다면, 이 경우에는 종업원이 직무발명을 하였더라도 결국 회사가 특허권자가 된다.

회사로부터 직무발명에 대한 보상은 받을 수 있나?

사례 13 한국과학기술연구원의 공무원인 A씨는 최근 자신의 연구를 특허 출원하여 등록이 되었다. 그 후 주식회사 발해는 A씨의 특허에 대하여 국 가로부터 기술이전을 받으면서 국가에 그 대가로 10억을 지급하였다. A 씨는 국가로부터 얼마를 받을 수 있을까?
→ A씨는 자신의 직무발명에 대하여 등록보상금 50만 원, 처분보상금 5 억 원을 받을 수 있다.

직무발명에 대하여 발명자인 종업원은 회사에 특허권의 실시권을 준다면 일정액의 라이선스 이익을 얻을 수 있다. 반면 특허권 자체를 회사에 주었다면 어떤 보상을 받을 수 있을까.

발명진흥법 제15조 제1항은 "종업원 등은 직무발명에 대하여 특 허 등을 받을 수 있는 권리나 특허권 등을 계약이나 근무규정에 따라 사용자 등에게 승계하게 하거나 전용실시권을 설정한 경우에는 정 당한 보상을 받을 권리를 가진다"고 규정하고 있다. 또한, 발명진흥 법 제16조에 따르면 사용자등은 직무발명에 대한 권리를 승계한 후 출원하지 아니하거나 출원을 포기 또는 취하하는 경우에도 정당한 보상을 하여야 하며, 이 경우 그 발명에 대한 보상액을 결정할 때에 는 그 발명이 산업재산권으로 보호되었더라면 종업원등이 받을 수 있었던 경제적 이익을 고려하여야 한다고 명시되어 있다. 또한 판례 에 따르면 특허를 등록한 후에 실시하지 않은 직무발명인 경우, 실제로 상품화되지 않았음에도 불구하고 그 특허로 인하여 경쟁사들이 해당 기술을 사용할 수 없도록 하는 효과가 있다는 점을 인정하여 직무발명에 대한 정당한 보상을 하여야 한다.

그런데 종업원의 직무발명에 대하여 어느 정도의 보상이 정당한 보상일까? 보상금 산정은 특허권에 기인한 독점적 이익과 그 특허권에 대한 발명자의 공헌도를 고려해야만 한다. 특허권자인 회사가 발명을 위하여 자본을 투입하고 상품화를 위하여 공장 설비를 제공한 경우, 회사의 공헌도를 제외한 발명자만의 공헌도를 산정해야 할 것이다. 또한 발명자가 여러 명인 경우에는 공동발명자 중에서 발명자 개인의 기여도를 산정하여야 한다. 결국 보상금은 '사용자의 이익액(직무발명에 의해 사용자가 얻을 이익의 액) × 발명자 보상률(발명에 대한 사용자 및 종업원의 공헌도) × 발명자 기여율(공동발명자가 있을 경우 그 중 발명자 개인의 기여도)'이라는 계산식으로 정리될 수 있다. 예를 들어, 사용자 이익이 100억 원이고 발명자 보상률이 10%이며 2명의 공동발명자 중에서 자신이 30%의 기여율을 했다면, 보상금은 3억 원 정도가 될 것이다(100억 원×10%×30%).

사용자 이익은 통상실시가 아닌 독점·배타적 이익을 의미하며 영업상 이익이 아닌 직무발명 자체에 의하여 얻을 이익을 의미한다. 발명자 보상률은 최근 우리나라 판례를 보았을 때 보통 10~30% 정도를 인정하고 있다. 만약 회사가 연구비를 지원하고, 연구 제반설비 등을 제공하였다면 발명자의 공헌도는 더 작아지게 될 것이다. 또한, 상품에 대한 특허 자체의 가치도 고려해야 한다. 휴대폰의 경우 수천 개의 특허 중 하나의 특허의 가치는 매우 미비할 수 있으며, 반

대로 의약은 특허 하나가 전체 이익을 좌우하므로 훨씬 더 비중이 클 것이다.[6]

직무발명에 대한 정당한 보상의 범위는 전 세계적으로 중요한 현안이다. 일본의 과학자 나카무라 슈지는 일본 니치아화학 공업의 종업원으로 일하면서 1993년 직무발명으로 청색 발광 다이오드LED 발명을 하였고 최근 노벨물리학상을 수상하였다. 그런데, 발명 당시 회사로부터 2만 엔의 보상금만 받게 되자 미국 대학으로 이직하였고, 그 후 민사소송을 통하여 5%의 발명자 공헌도를 인정받아 6억 800만 엔의 보상금을 받은 바 있다. 그런데 위 보상금이 큰 금액이기는 하지만 과연 정당한 보상인지는 의문이다. 발명 당시 청색 발광 다이오드를 개발하는 데 모두 실패를 했었고 노벨물리학상을 받을 정도의 발명이었다면 발명자 공헌도를 5%보다는 훨씬 더 높게 인정했어야 하지 않을까.

공무원의 경우는 어떨까? 공무원의 직무발명의 경우에는 '국가공무원 등 직무발명의 처분·관리 및 보상 등에 관한 규정'에 따라 보상을 받게 된다. 공무원이 직무발명을 하면 국가나 지방자치단체가 특허를 받을 수 있는 권리를 승계하게 되고, 그 후 특허가 등록이 되면 국유특허권이 된다. 발명자는 국유특허권에 대하여 각 권리마다 50만 원의 범위 내에서 등록보상금을 받게 된다(제16조). 기업의 직

---

6 **대표적 사례:** 엘지생명과학 사건(서울고등법원 2009. 8. 20. 선고 2008나119134 판결), 보상률 10%, 공동발명자 5인 중 전체발명을 주도한 발명자 기여율 30% / 동아제약−한국얀센 사건(서울고등법원 2004. 11. 16. 선고 2003나52410 판결), 보상률 10%, 공동발명자 5인 중 결정적 아이디어 제공한 발명자 기여율 30% / 삼성전자 휴대폰 사건(서울고등법원 2014. 7. 17. 선고 2013나2016228 판결), 휴대전화 완성품에 대한 각 특허발명의 기여도는 2%.

무발명에 비하면 현저히 적은 액수이다. 그런데, 만약 국유특허권 또는 특허출원 중인 직무발명에 대하여 특허를 받을 수 있는 권리를 유상으로 처분한 경우에는 그 처분수입금의 100분의 50의 범위에서 처분보상금을 받게 된다(제17조). 따라서 공무원의 직무발명 보상금은 등록 여부보다 기술이전 여부가 더 중요할 수 있다.

직무발명에 대한 정당한 보상은 발명의욕을 고취시켜 기업의 연구·개발R&D 문화에 선순환을 가져온다는 점에서 특허법의 기본 취지인 산업발전에 이바지할 수 있도록 하는 원동력이다. 특히 4차 산업혁명 시대에 기업경쟁력은 특허권과 같은 지식재산권에서 출발한다는 점에서 발명의 정당한 보상이 사회 전반에 확고하게 자리잡는 것은 국가경쟁력을 위하여 무엇보다 중요할 수 있다. 또한, 직무발명에 대한 정당한 보상은 기업의 영업비밀을 보호하는 안전장치 중 하나로 작용하게 되므로, 직무발명에 대한 정당한 보상은 무엇보다도 기업적 차원에서 인식의 변화가 있어야 할 것이다.

특허권 보호 강화의 필요에 따른 법률의 개정

특허법에는 2019. 1. 8. 고의[7]적인 특허 침해로 인한 손해배상의 경우, 3배까지 징벌적 손해배상이 가능하도록 하는 규정[8]이 신설되었다. 법원은 침해행위를 한 자의 우월적 지위 여부, 고의 또는 손해

---

[7] 종래의 손해배상 규정에서의 '고의'와 구분하기 위하여 3배 손해배상 규정에 적용할 '고의'를 해의(害意)라고 보는 견해가 많다.

[8] 특허법 제128조(손해배상청구권 등) ⑧ 법원은 타인의 특허권 또는 전용실시권을 침해한 행위가 고의적인 것으로 인정되는 경우에는 제1항에도 불구하고 제2항부터 제7항까지의 규정에 따라 손해로 인정된 금액의 3배를 넘지 아니하는 범위에서 배상액을 정할 수 있다.

발생의 우려를 인식한 정도, 침해행위로 인하여 특허권자 및 전용실시권자가 입은 피해규모, 침해행위로 인하여 침해한 자가 얻은 경제적 이익, 침해행위의 기간·횟수 등, 침해행위에 따른 벌금, 침해행위를 한 자의 재산상태, 침해행위를 한 자의 피해구제 노력의 정도를 고려하여 3배의 손해배상액이 적정한지 판단한다.

특허 침해죄는 과거에는 피해자의 고소를 필요로 하는 친고죄였고(구 특허법 제225조 제2항), 범인을 알게 된 날로부터 6개월 이내에 고소해야만 했다(형사소송법 제230조 제1항). 그러나, 친고죄 조항은 2020. 10. 20.에 반의사불벌죄(피해자의 명시적인 의사에 반하여 공소를 제기할 수 없는 죄)로 개정되었다. 특허 침해죄에 대한 고소 기간의 제한이 사라지면서 특허권자를 더욱 강력하게 보호할 수 있게 된 것이다.

5. 상표권에 대해 알아보자

스타트업 이름과 상표

> **사례 14** A씨는 떡볶이 분식 체인 사업을 시작하면서 사업체 이름을 'C떡볶이'라고 하였다. 그런데, A씨는 상법상 상호 등기와 상표 출원에 대하여 고민하고 있다.

스타트업에서 가장 고민되는 것 중 하나가 바로 사명社名일 것이다. 사람도 이름이 있고, 집에서 키우는 반려동물도 이름이 있는데, 하물며 새로 시작하는 사업체의 이름의 중요성은 이루 말할 수 없을 것이다. 소비자들이 듣거나 부르기 편하면서도, 한편으로는 좀 세련되고 멋진 이름을 어느 창업자나 갖고 싶어 할 것이다.

그런데 고민 끝에 스타트업 이름을 지었더라도 상표 등록이 안되는 경우가 있을 수 있다. 뒤에서 설명하겠지만, 상표 등록 거절 이유에 해당하는 경우에는 아무리 멋진 이름이라 하더라도 상표 등록이 불가능하다. 더구나 이미 스타트업을 한참 전에 시작하여 자신의 브랜드를 주변에 알리기 시작했는데 나중에 상표 등록을 거절당한다면 무척이나 당혹스러울 것이다. 따라서 스타트업 이름을 잘짓기 위하여 작명하는 단계에서부터 상표 등록을 염두에 두고 있어야만 한다.

상표란 무엇인가

상표Brand는 소나 말 등의 목축에 인두질로 화인火印하는 노르웨이의 고어 'Brandr'로부터 유래되었으며, 소유권 표시의 방법으로 사용되었다. 오늘날 상표는 자타상품을 식별하기 위하여 사용하는 일체의 감각적 표현수단을 의미한다.

오늘날 상표는 매우 다양하다. 간단한 기호로 이루어진 기호상표, 문자로 구성된 문자상표, 기하학적 도형으로 이루어진 도형상표가 있으며, 문자나 도형 등을 결합한 결합 상표가 있다. 또한, 코카콜라 병이나 켄터키 프라이드치킨 할아버지 모습 등의 입체상표가 있다. 그 외에도 최근에는 냄새, 소리 등도 상표로 쓰인다. 예를 들어 어떤 영화에서는 시작 화면에서 사자 모습과 함께 사자 울음소리가 들리는데, 이것은 소리 상표에 해당한다.

특허권의 보호기간은 20년이나 되지만 상표권의 보호기간은 10년에 불과해 상대적으로 짧다. 다만, 10년마다 갱신할 수 있다는 장점이 있다.

왜 상표가 필요한가?

상표는 자기의 상품과 타인의 상품을 식별할 수 있도록 하며, 더 나아가 상품의 출처를 표시하거나 상품의 품질을 보증하기도 한다. 이것을 각각 상표의 자타상품의 식별기능, 출처표시 기능, 품질보증 기능이라고 한다. 이 외에도 상표는 오늘날 브랜드 파워로 일컬어지는 재산적 기능과 광고 선전 기능을 가지기도 한다. 따라서 스타트업을 하면서 자신만의 상표를 가지는 것은 미래가치 창출을 위하여 매우 중요할 수 있다. 더구나 4차 산업혁명 시대에서는 선두 주자로부터 나온 특별한 아이디어의 상업화가 다양한 후속 주자들을 나타나게 만든다. 그러한 후속 주자들과 선두 주자들을 차별화할 수 있는 방법이 바로 상표일 것이다.

상표는 상호랑 다른가?

상표와 종종 헷갈리는 것이 상호인데, 상표와 상호는 본질적으로 다르다. 어떻게 다를까. 우리가 보통 접하는 가게의 간판이 바로 상호이다. 상호 대신 상표 등록을 꼭 해야 하는 이유는 무엇일까? 상표 등록을 마치면 상표법에 따라 국내 전 지역에서 등록한 지정상품에 대하여 보호를 받는다. 반면, 상호는 상법에 따라 등기를 하여 특별시·광역시·시·군 내에서 상품의 종류에 관계없이 보호를 받는다.

문제는 상호 등기를 하였어도 상표 등록을 하지 않았다면, 타인이 먼저 상표를 등록하는 경우 상표 침해가 될 수도 있다는 것이다.

상표는 어떻게 등록하나?

상표는 각 나라의 상표법에 따라 각국 심사기관의 심사를 거친 뒤 거절 이유가 없으면 등록이 된다. 1857년 프랑스에서 상표법이 처음 만들어진 이래, 세계 각국에서 상표법 제도가 시행되었다. 현재 각 나라에 등록된 상표는 해당 등록 국가에서만 보호가 되며, 다른 나라에서 자신의 상표를 보호하기 위해서는 마드리드 의정서나 파리협약에 의하여 국제출원을 하여 등록을 해야 한다.

상표를 출원하면 특허청에서 심사를 하게 된다. 만약 본인 스스로 상표 출원을 하고자 하는 경우에는 특허청이 개설한 '지식재산 탐구생활' 홈페이지http://www.kipo.go.kr/easy를 참고하기 바란다. 심사 후 거절 이유가 없으면 등록 결정이 나오며, 등록료를 납부하면 10년[9]간 보호를 받는다.

상표의 등록결정 거절 이유

사례 15 의사 A씨는 '속편한 내과'를 개원하면서 상표를 출원하였다. 조리사 B씨는 횟집을 개업하면서 '제주 물회'라는 상표를 출원하였다. A씨와 B씨가 출원한 상표는 등록될 수 있을까?

---

9 상표법 제83조(상표권의 존속기간) ① 상표권의 존속기간은 제82조 제1항에 따라 설정등록이 있는 날부터 10년으로 한다.

상표등록을 하기 위해서는 거절 이유가 없어야 한다. 거절 이유 중 대표적인 것이 보통명칭상표, 기술적 상표, 현저한 지리적 명칭, 간단하고 흔히 있는 표장으로 된 상표 등이 있다. 이러한 상표들은 상표 등록을 할 수 없으며 출원해도 심사 과정에서 거절된다. 이에 대해 보다 자세하게 살펴보자.

보통명칭상표란 일반인들이 보편적으로 사용하는 단어만으로 이루어진 상표를 의미한다. 일상생활에서 일반적으로 사용하는 명칭은 누구나 자유롭게 사용할 필요가 있으므로 특정인에게 독점적이고 배타적인 권리를 인정하는 것은 공익에 반하여 상표 등록을 받을 수 없다. 다만 보통명칭상표에는 예전에는 상표였다가 식별력이 희석화되어 현재 보통명칭으로 된 상품들도 있다. 예를 들어, 아스피린, 지프Jeep, 초코파이 등은 처음에는 특정 회사의 상표이었을지 모르나 현재에는 두통약이나 지프차, 초코파이 과자류를 의미한다. 보통명칭상표와 유사한 개념으로 관용상표가 있다. 관용상표란 예를 들어 정종과 같이 특정종류의 상품에 관하여 동업자들에 의하여 관용적으로 사용되는 상표를 의미한다.

기술적 상표는 상품의 산지産地·품질·원재료·효능·용도·수량·형상·가격·생산방법·가공방법·사용방법 또는 시기 등만을 표장으로 쓴 상표를 의미한다. 특히 상품의 성질을 직접적으로 기술한 상표를 '성질표시상표'라고 한다. 예를 들어, 대구(사과), 한산(모시), 영광(굴비)과 같이 산지를 표시하거나, 특선, 일품, 원조, 명품과 같이 품질을 표시하거나, 울wool, 실크silk와 같이 원재료를 표시하거나, '속편한 내과'와 같이 효능을 표시하는 등의 방법으로 상품의 성질을 직접 나타내는 상표이다. 이러한 성질표시상표는 식별력이 약하여 상표 등록을 받을 수 없다. 다만, 상품의 성질을 암시적으로 기술하는 경우에는 상표등록을 받을 수 있다.

다음으로 사람들이 시도는 많이 하지만 등록할 수 없는 상표가 현저한 지리적 명칭을 이용한 상표다. 현저한 지리적 명칭이란 국가명, 국내·외의 수도명, 대도시명, 유명 관광지 등 일반인들이 잘 아는 지명을 의미한다. 이러한 현저한 지리적 명칭은 식별력이 약하여 상표 등록을 받을 수 없다. 단, 그 기준시기는 상표 등록을 결정하는 결정 시를 기준으로 한다.[10]

그런데 '현저한 지리적 명칭'이란 매우 추상적일 수밖에 없는 용어인데, 어느 정도가 되어야 과연 '현저한' 것일까. 예를 들어 조선시대에는 뉴욕, 파리, 보스톤 등을 일반인들이 전혀 몰랐을 것이다. 그런데 요샌 해외여행을 많이 가게 되면서 몽마르뜨Mont-Martre 같은 생소한 지역조차 사람들이 잘 아는 지역이 되었다. 그 결과, 몽마르뜨 김밥집, 몽마르뜨 스튜디오, 몽마르뜨 제과점 등 몽마르뜨 명칭만으로 된 상표는 등록이 거절되었다. 현저한 지리적 명칭은 과거의 지명도 포함된다. 가령, 빛고을이나 한빛이란 명칭은 광주, 대전의 옛 지명이므로 상표 거절이 된다.

간단하고 흔히 있는 표장만으로 된 상표란 어떤 것일까. 영어 알파벳 2~3글자로만 이루어진 상표같은 것을 의미한다. 예를 들어,

---

10 사리원은 황해북도의 도청 소재지로서, 대법원은 "사리원면옥"이라는 상표의 "사리원"이라는 명칭이 등록결정일인 1996. 6. 26.을 기준으로 일반 수요자에게 널리 알려져 있는 현저한 지리적 명칭이라고 판단하였다(대법원 2018. 2. 13. 선고 2017후1342 판결 참조).

OZ와 같은 상표가 있을 수 있는데, 이러한 상표는 식별력이 약하여 상표 등록을 받을 수 없다.

그런데 우리 주변에서 가끔 이러한 짧은 영단어 상표를 찾아 볼 수가 있다. 가령 K2와 같은 상표가 있다. 이것은 어떻게 상표 등록이 된 것일까. 상표법 제33조 제1항에는 사용에 의한 식별력 취득 요건 이 있다. 기술적 표장, 현저한 지리적 명칭과 같이 식별력이 없는 상 표라 하더라도 상표등록출원 전에 사용한 결과 수요자간에 특정 상 품의 출처표시로 현저하게 인식되어 있는 경우에는 사후적으로 식 별력을 취득한 것으로 보아 해당 특정 상품에 한하여 상표등록을 허 용하고 있다.

성질표시상표나 현저한 지리적 명칭 상표는 사용에 의한 식별력 을 취득하는 경우 외에는 등록이 불가능할까. 상표법 제33조 제1항 3호, 4호의 조문들을 자세히 살펴보면 '성질표시만으로 된 상표' 또 는 '현저한 지리적 명칭만으로 된 상표'는 상표등록을 받을 수 없다 고 되어 있다. 즉, 반대해석하면 성질표시상표나 현저한 지리적 명 칭 상표라 하더라도 기호, 도형 등의 다른 상표와 결합된 형태로 된 결합상표의 경우에는 그 결합된 다른 부분의 식별력에 의하여, 또는 결합에 의하여 새로운 관념을 낳거나 새로운 식별력을 형성하는 경 우에는[11] 등록이 될 수 있다.

심사 과정에서는 출원된 상표가 다른 기존의 등록 상표와 비교하여

---

[11] "서울대학교" 상표는 단순히 '서울에 있는 대학교'가 아니라 '서울특별시 관악구 등에 소재하고 있는 국립종합대학교'라는 새로운 관념이 일반 수요자나 거래자 사 이에 형성되어 충분한 식별력을 가지므로 상표등록이 허용된다(대법원 2015. 1. 29. 선고 2014후2283 판결).

유사한지를 판단하여 식별력이 있으면 등록 결정을 한다. 상표의 유사란, 동종의 상품에 사용되는 두 개의 상표를 외관·칭호·관념 등을 전체적·객관적·이격적으로 관찰할 때 일반인이나 거래자가 상표에 대하여 느끼는 객관적 인식을 기준으로 그 상품의 출처에 대한 오인·혼동의 우려가 있을 정도로 유사한 것인지를 판단한다. 특히 결합상표에 있어서는 전체 관찰을 원칙으로 하되, 결합상표의 각 구성 부분이 분리해 관찰할 수 있을 경우엔 각 구성부분을 분리해 상표의 유사 여부를 판단하게 된다. 즉, 결합 상표 중에서 성질표시상표나 현저한 지리적 명칭 상표 부분이 아닌 기호나 도형 부분을 분리하여 관찰한 결과 식별력이 있다고 인정되면 상표 등록을 받을 수 있다.

다른 사람이 상표를 사용하기 전에 그 상호를 사용하던 경우

출원한 상표의 등록은 기존에 등록된 상표들 중 동일하거나 유사한 상표가 있었는지, 출원한 상표에 식별력이 있는지 여부에 의하여 결정된다. 즉, 특허와는 달리 신규성이 없더라도 상표 등록이 가능하다. 따라서 타인이 사용하고 있는 상호가 있더라도 상표 등록이 되어 있지 않다면 상표 등록을 선점할 수 있다는 문제점이 있다.

어떤 경우는 내가 사용해 왔던 상호를 타인이 먼저 상표 등록을 한 후에 상표권 침해를 주장하기도 한다. 그러나 상표법에는 "선사용에 따른 상표를 계속 사용할 권리"[12]가 있으며, 상표법에 따라 상

---

[12] 상표법 제99조(선사용에 따른 상표를 계속 사용할 권리) ① 타인의 등록상표와 동일·유사한 상표를 그 지정상품과 동일·유사한 상품에 사용하는 자로서 다음 각 호의 요건을 모두 갖춘 자(그 지위를 승계한 자를 포함한다)는 해당 상표를 그 사용하는 상품에 대하여 계속하여 사용할 권리를 가진다.

표권자가 보호되듯이 선사용자의 권리 역시 보호된다. 다만, 일반적으로는 선사용자의 권리에 관한 법적 요건을 만족시킬 수 없는 경우가 대다수이며 소송 중에 그에 대한 증명도 힘들다.

이때에는 상표법상 "상표권의 효력이 미치지 아니하는 범위"[13]를 주장하는 것이 증명이 용이할 수도 있다. 그런데, 특히 서비스업의 상호에 있어서 주의해야 할 점은 우리나라 법원이 상표법 제90조 제1항 제1호의 '상표권의 효력이 미치지 아니하는 범위'에 대하여 매우 보수적으로 보고 있다는 점이다. 여러 판례들[14]은 "상표법 제90조 제1항 제1호에서 '상호를 상거래 관행에 따라 사용하는 방법으로 표시한다'는 것은 독특한 글씨체나 색채, 도안화된 문자 등 특수한 태양으로 표시하는 등으로 특별한 식별력을 갖도록 함이 없이 표시하는 것을 의미할 뿐만 아니라, 일반 수요자가 표장을 보고 상호를

---

    1. 부정경쟁의 목적이 없이 타인의 상표등록출원 전부터 국내에서 계속하여 사용하고 있을 것
    2. 제1호에 따라 상표를 사용한 결과 타인의 상표등록출원 시에 국내 수요자 간에 그 상표가 특정인의 상품을 표시하는 것이라고 인식되어 있을 것
    ② 자기의 성명·상호 등 인격의 동일성을 표시하는 수단을 상거래 관행에 따라 상표로 사용하는 자로서 제1항 제1호의 요건을 갖춘 자는 해당 상표를 그 사용하는 상품에 대하여 계속 사용할 권리를 가진다.
13 제90조(상표권의 효력이 미치지 아니하는 범위) ① 상표권(지리적 표시 단체표장권은 제외한다)은 다음 각 호의 어느 하나에 해당하는 경우에는 그 효력이 미치지 아니한다.
    1. 자기의 성명·명칭 또는 상호·초상·서명·인장 또는 저명한 아호·예명·필명과 이들의 저명한 약칭을 상거래 관행에 따라 사용하는 상표
    ③ 제1항 제1호는 상표권의 설정등록이 있은 후에 부정경쟁의 목적으로 자기의 성명·명칭 또는 상호·초상·서명·인장 또는 저명한 아호·예명·필명과 이들의 저명한 약칭을 사용하는 경우에는 적용하지 아니한다.
14 대법원 2012. 5. 10. 선고 2010후3387 판결; 대법원 2016. 9. 30. 선고 2014다59712, 59729 판결; 특허법원 2021. 5. 7. 선고 2021허1011 판결 등 참조.

인식할 수 있도록 표시하는 것을 전제로 한다"고 판시하였다. 그런데, 최근에는 과거와는 달리 그 누구도 더 이상 아무런 식별력도 없는 글자만 있는 상호(간판)를 사용하지는 않고 있으며 일반 소비자들에게 자신의 상호를 분명하게 인식시키기 위하여 온갖 디자인을 동원하여 화려하게 상호(간판)를 만들고 있다. 여러 사업자들은 자신의 상호(간판)를 고객들에게 알리기 위하여 독특한 글씨체나 색채, 도안화된 문자 등 특별한 식별력을 갖도록 표시하는 것이 일반적이다. 따라서 법원에서 상표법 제90조 제1항 제1호를 주장하는 것이 과거에 비해 대단히 어려워졌다.

결국, 상표를 선점하는 사람이 나타나면, 상표 등록 없이 그 표장을 상호(간판)로 먼저 사용하고 있었더라도 상표법 제90조 또는 제99조에 의하여 보호받기가 어렵다. 결과적으로 상표등록을 안 해 두었다는 이유만으로 자신의 상호(간판)를 더는 사용할 수 없게 되는 불합리한 사태가 발생할 가능성이 매우 높다. 따라서, 스타트업은 무엇보다도 먼저 자신의 상호를 상표로 등록할 수 있는지 여부와 유사한 상표가 이미 타인의 이름으로 등록되어 있는지 여부를 우선 확인하여야 한다.

상표권 보호 강화의 필요에 따른 법률의 개정

특허법과 마찬가지로, 상표법에는 2020. 10. 20. 고의적인 상표권 침해로 인한 손해배상의 경우, 3배까지 징벌적 손해배상이 가능하도록 하는 규정[15]이 신설되었다.

---

15 상표법 제110조(손해액의 추정 등) ⑦ 법원은 고의적으로 상표권자 또는 전용사용

한편, 상표는 사회적으로 미치는 영향이 중대하기 때문에, 상표 침해죄는 특허권 등 다른 지식재산권의 침해죄와는 달리 과거부터 고소를 필요로 하는 친고죄가 아니었고 현재에도 반의사불벌죄가 아니다. 따라서, 수사기관에서 상표 침해 사실을 인지하면 피해자의 고소 없이도 수사를 개시할 수 있다.

6. 디자인권에 대해 알아보자

디자인이란 무엇인가

디자인보호법에서는 디자인과 글자체를 보호하고 있다. 디자인이란 물품(물품의 부분 및 글자체[16]를 포함)의 형상, 모양, 색채 또는 이들을 결합한 것으로서 시각을 통하여 미감을 일으키게 하는 것을 말한다(디자인보호법 제2조 제1호).

디자인권을 왜 보호하나

디자인보호법은 디자인권자를 보호하고 더 나아가 디자인의 창작을 장려하여 산업발전에 이바지함을 목적으로 한다. 특허법의 입법 취지와 마찬가지로, 디자인권자의 보호와 산업 발전의 도모 두 가지를 동시에 추구하고 있다. 디자인권이란 디자인권자에게 업으로서

권자의 등록상표와 동일·유사한 상표를 그 지정상품과 동일·유사한 상품에 사용하여 상표권 또는 전용사용권을 침해한 자에 대하여 제109조에도 불구하고 제1항부터 제6항까지의 규정에 따라 손해로 인정된 금액의 3배를 넘지 아니하는 범위에서 배상액을 정할 수 있다.

16 글자체는 디자인보호법에 의하여, 글자체 프로그램은 저작권법에 의하여 보호받는다.

등록디자인 또는 이와 유사한 디자인을 실시할 권리를 독점적으로 부여하는 권리이다.

디자인권 등록은 어떻게 하나

디자인은 디자인권 출원 이후 심사를 거쳐 공업상 이용가능성, 신규성,[17] 창작비용이성의 요건을 만족하면 디자인보호법에 따라 디자인권으로 등록을 할 수 있다(디자인보호법 제33조 참조). 디자인권의 존속기간은 특허권과 동일하게 원칙적으로 20년[18]이다.

상표를 디자인으로 사용하는 경우

유명한 상표의 경우 종종 상품의 디자인으로도 활용이 된다. 그런데 디자인권 등록을 하지 않았을 때 상표권으로도 보호받을 수 있을까. 디자인과 상표는 배타적·선택적 관계에 있지 아니하므로, 디자인이 될 수 있는 형상이나 모양이라고 하더라도 그것이 상표의 본질적 기능인 자타상품의 출처표시로서 기능하는 경우에는 상표로서 사용된 것으로 보아야 한다.[19]

유명한 도자기 회사는 나뭇잎 띠 도형의 상표가 있었고, 보타닉가든 제품의 그릇 테두리에 위 나뭇잎 띠 문양을 사용하였다.[20] 다른 도자기 회사가 위 나뭇잎 띠 문양을 따라하여 모방한 제품을 생산, 판매하였다면 어떻게 보호를 받을 수 있을까. 도자기 회사의 나뭇잎

---

17 디자인권도 특허권과 유사한 신규성 의제 제도가 있다(디자인보호법 제36조).
18 디자인보호법 제91조(디자인권의 존속기간) ① 디자인권은 제90조 제1항에 따라 설정등록한 날부터 발생하여 디자인등록출원일 후 20년이 되는 날까지 존속한다.
19 대법원 2013. 2. 14. 선고 2011도13441 판결.
20 대법원 2013. 3. 28. 선고 2010다58261 판결.

띠 문양이 디자인권 등록을 하지 않았다면 디자인권 침해가 되지 않을 것이고, 나뭇잎 띠 문양은 '누가 하더라도 같거나 유사'하게 그릴 수밖에 없으므로 저작물로 인정받기 어려워서 저작권 침해도 되지 않을 것이다. 그런데 위 도자기 회사의 제품에서 위 나뭇잎 띠 문양은 디자인이면서도 동시에 상표로서 자타상품의 출처표시로 기능한 것이다. 따라서 타 도자기 회사가 나뭇잎 띠 문양을 모방했다면 상표권을 침해한 것이 된다.

디자인권 보호 강화의 필요에 따른 법률의 개정

특허법과 마찬가지로, 디자인보호법에는 2020. 10. 20. 고의적인 디자인권 침해로 인한 손해배상의 경우, 3배까지 징벌적 손해배상이 가능하도록 하는 규정[21]이 신설되었다.

디자인권 침해죄는 과거에는 피해자의 고소를 필요로 하는 친고죄였으나, 2022. 6. 10.에 반의사불벌죄로 개정되면서 고소 기간의 제한이 사라졌다.

7. 실용신안권에 대해 알아보자

실용신안권은 특허 발명과 비교[22]하여 물건의 간단한 고안(자연법

---

21 디자인보호법 제115조(손해액의 추정 등) ⑦ 법원은 타인의 디자인권 또는 전용실시권을 침해한 행위가 고의적인 것으로 인정되는 경우에는 제1항부터 제6항까지의 규정에 따라 손해로 인정된 금액의 3배를 넘지 아니하는 범위에서 배상액을 정할 수 있다.
22 특허법 제2조 제1호. "발명"이란 자연법칙을 이용한 기술적 사상의 창작으로서 고도(高度)한 것을 말한다.

칙을 이용한 기술적 사상의 창작) 혹은 기존 발명의 비교적 간단한 개량에 대한 고안에 대하여 주어지는 권리이다. 물건의 발명 외에도 방법의 발명이나 물건을 생산하는 방법의 발명까지 보호하는 특허법과는 달리, 실용신안법은 물건만을 보호 대상으로 한다. 실용신안권의 존속기간은 설정등록한 날부터 발생하여 실용신안등록 출원일 후 10년까지(실용신안법 제22조)로 특허권에 비하여 짧다.

8. 저작권에 대해 알아보자

저작권은 무엇인가?

> **사례 16** A씨는 사람들의 창업을 돕는 상담사이며, 그에 관련된 이야기를 책으로 출판하고자 한다. B씨는 A씨의 이야기에 삽화를 그렸다. A씨와 B씨의 저작권에 대하여 알아보자.

오늘날의 저작권 개념은 어문저작물, 음악저작물, 연극저작물, 미술저작물, 건축저작물, 사진저작물, 영상저작물 등 다양한 저작물에 대하여 저작자(창작자)에게 주어지는 자연발생적 권리로서 저작물에 관한 배타적인 권리를 의미한다. 또 다른 관점에서는 궁극적으로는 문화 및 관련 산업 발전을 도모하기 위한 공리주의적 관점에서 저작자에게 제도적인 차원에서 저작권이라는 권리를 부여해 준 것으로 보기도 한다.

실용신안법 제2조 제1호. "고안"이란 자연법칙을 이용한 기술적 사상의 창작을 말한다.

저작권법은 "저작자의 권리와 이에 인접하는 권리를 보호하고 저작물의 공정한 이용을 도모함으로써 문화 및 관련 산업의 향상발전에 이바지함을 목적으로" 하고 있다. 저작권법은 저작자의 권리를 보호하면서도, 동시에 문화 및 관련 산업 발전을 추구하기 위하여 일정 부분에서는 저작자의 권리를 제한하고 있다. 따라서 다른 지식재산권법과는 달리, 저작권법은 저작권 침해가 아닌 사유들을 구체적으로 법에서 명문화하고 있으며 사람들은 그 허용 범위 안에서 저작물을 자유로이 이용할 수 있다.

저작물이란 무엇을 말하나?

사례 17 저작권법은 오직 저작물에 대해서만 보호한다고 한다. A씨의 글과 B씨의 그림은 저작물일까?

저작물이란 "인간의 사상 또는 감정을 표현한 창작물"을 의미하는데(저작권법 제2조 제1호), 여기에서 몇 가지 중요한 점이 도출된다.

먼저 저작물이란 '인간'의 사상 또는 감정을 표현해야 한다. 그러므로 최근 이슈가 되었던, 오랑우탄이 사진기로 자신을 찍은 사진은 저작물성이 인정되지 않는다.

최근, AI에 의하여 창작된 작품들에 관한 저작물성이 논란이 되고 있으나, 아직 우리나라 저작권법으로는 저작권이 부여되지 않는다. 중국 법원에서는 2020년경 AI가 작성한 콘텐츠에 대하여 저작물성을 인정하였다는 뉴스가 있었으나, 아직 세계적으로는 AI에 의한 창작물을 저작물로 받아들이지 않고 있다. 저작권은 인간의 창작 노력을 보호하기 위한 권리이지, 자본에 의해 탄생될 수 있는 결과물에 부여되는 권리가 아니기 때문이다.

다음으로 저작물이란 '사상 또는 감정의 표현', 즉 '아이디어'가 아닌 사상 또는 감정을 '표현'한 것을 의미한다. 이것은 매우 중요한데, 저작권은 오직 저작물인 경우에만 보호가 되며, 단순한 아이디어는 보호가 되지 않는다. 이것을 '아이디어와 표현의 이분법 원칙'이라고 한다. 아이디어를 보호하지 않고 표현만을 보호하는 이유는 저작권법의 목적이 저작자의 보호 뿐 아니라 문화 및 관련 산업의 발전을 추구하기 때문이다. 아이디어를 보호하다 보면 사람들의 표현에 큰 제약을 가져올 수밖에 없고 결과적으로 문화 발전을 저해하게 된다.

그리고 표현이라 하더라도 어떠한 아이디어를 표현하는 데 실질적으로 한 가지 방법만 있거나 혹은 하나 이상의 방법이 가능하다고 하더라도 기술적인 또는 개념적인 제약 때문에 표현 방법에 한계가 있는 경우에는 그러한 표현은 문화 발전을 저해하게 되므로 저작권법의 보호대상이 되지 않는다. 이것을 '합체의 원칙merger doctrine' 또는 '필수장면Scenes a faire의 원칙'이라고 한다. 예컨대 소설의 사건 전개 과정, 등장인물의 교차 등과 같은 플롯은 문언적 표현이 아닌 비문언적 표현에 해당하므로, 아이디어가 아닌 표현이다. 하지만 '로미오와 줄리엣'에서 숙적인 두 가문과 양가의 자식들 간의 비극적 사랑과 같은, 이른바 뻔한 스토리는 합체의 원칙이 적용되므로 저작권법의 보호대상이 될 수 없다.

마지막으로, 저작물은 '창작물'을 의미한다. 창작물은 창작성을 갖추어야 하는데, 창작성은 남의 것을 베끼지 아니하고 독자적으로 작성한 것이라는 점에서 '독자적 작성'을 의미한다. 또한 창작성이란 완전한 의미의 독창성은 아니라 하더라도 저작물 작성자의 자신의 독자적인 사상 또는 감정의 표현을 담고 있어야 하므로, 누가 하더라도 같거나 비슷할 수밖에 없는 표현, 즉 저작물 작성자의 '창조적 개성'이 드러나지 않는 표현을 담고 있는 것은 창작물이 아니다. 결론적으로 창작성이란 '독자적 작성＋창조적 개성'을 의미한다.

이상과 같이, 저작권은 저작물에 부여되는 권리로서, 저작물성을 인정받기 위하여는 위 세 가지 요건(인간에 의하여, 창작성이 있는, 표현)을 충족하여야 한다. 어떤 작품에 저작물성이 없다면 타인이 그 작품을 모방하여도 저작권 침해가 되지 않는다.

종종 사회적으로 이슈가 되곤 하는 영화와 소설의 표절 문제는 저작권 침해가 아니라는 결론이 나오곤 하는데, 그 이유는 아이디어는 유사하나 표현에 있어서 차이가 있기 때문이며, 혹은 합체의 원칙에 해당될 수도 있고, 혹은 선택의 폭이 좁아 창작성이 없기 때문일 수 있다.

여러 사람이 만든 작품의 경우 저작자는 누구인가?

사례 18 A씨가 출판한 창업 카운슬링 책은 A씨의 글과 B씨의 삽화로 구성되어 있다. A씨와 B씨는 이 책의 저작권 지분 및 수익 배분에 관한 계약서를 작성하고자 한다. 그런데, 이 책은 누가 저작자일까?
→ A씨, B씨 모두 저작자이다.

저작자는 '저작물을 창작한 자'를 의미한다. 저작권자는 저작자 또는 저작자로부터 저작재산권을 승계받은 자이다. 그런데 여러 사람이 저작물에 관여했다면 저작자가 누구인지 애매해질 수 있다. 창작의 힌트나 테마 또는 소재를 제공한 자라 할지라도 저작물의 창작 행위에 실질적으로 관여하지 않았다면 저작자라고 할 수 없다. 국회의원 A의 자서전 집필을 전문적인 작가 B가 도와주는 경우, A 본인이 단지 관련된 사실과 생각 정도만을 제공해 주는 정도에 그쳤다면 B가 저작자가 되며, 만약 A가 저작권으로 보호되는 정도에 이를 만큼 상세하게 집필의 방향이나 표현을 지시하는 정도까지 개입하였다면 직접적인 집필자인 B와 함께 공동저작자가 될 수도 있을 것이다. 최근 우리나라에서 유명 연예인이 자신의 그림을 전문적인 화가에게 맡겨서 그린 사건이 있었는데, 마찬가지의 관점에서 검토해 볼 수 있을 것이다.

창작의 주문자는 어떨까. 창작에 대한 자세한 기획이나 구상을 전달하고 중간 검토 등을 통하여 계속적으로 창작에 관여한다면, 주문자도 저작자가 될 수 있다. 하지만 이와 같은 경우는 매우 예외적인 것으로, 보통은 하청을 받아 직접 창작하는 사람이 저작자가 될 것이다. 주문자는 하청 계약을 통하여 저작재산권을 양도하기로 하는 약정을 맺은 정도의 의미로 이해해야 한다.

우리나라 저작권법상, 저작권은 창작한 때부터 발생하며 어떠한 절차나 형식을 필요로 하지 않는다. 별도의 등록도 필요 없다. 따라서 창작행위가 공개적으로 이루어지지 않는 경우에는 누가 저작자인지 입증하기가 쉽지 않다. 따라서 저작권법에서는 저작자에 대한 추정 규정을 두고 있다(저작권법 제8조). 반대 증거를 제시하여 추정을 번복하지 않는 한, 저작물에 저작자로 표시된 자가 저작자가 된다. 예를 들어 위의 사례에서, 국회의원 A가 자서전의 저작자로 표시가 된 이상 실제 집필자인 B가 자신이 집필했다는 증거를 제시하기 전에는 A가 저작자로 추정이 된다는 의미이다. 만약 B가 저작자로 밝혀진다면, A는 저작재산권을 양도받은 자로 볼 수 있다.

공동저작물이란 결합저작물에 대비되는 개념으로서, 2인 이상이 공동으로 창작한 저작물로 각자의 이바지한 부분을 분리하여 이용할 수 없는 저작물을 의미하며, 공동저작자 사이에서 공동창작의 의사를 필요로 한다(저작권법 제2조 제21호). 가령 음악저작물인 가요는 가사와 악곡을 분리하여 이용할 수 있으므로 결합저작물이다. 반면에, 만화스토리작가가 스토리를 창작하여 시나리오 또는 콘티 형식으로 만화가에게 제공하고 만화가는 이에 기초하여 다양한 모양과 형식으로 장면을 구분하여 배치하는 등 그림 작업을 하여 만화를 완성한 사안에서, 그 만화는 만화스토리작가와 만화가가 이를 만들기 위해 공동창작의 의사를 가지고 각각 맡은 부분의 창작을 함으로써 주제, 스토리와 그 연출방법, 그림 등의 유기적인 결합으로 완성되어 각 기여부분을 분리하여 이용할 수 없게 되었다면,[23] 이 저작물은 결합저작물이 아니라 공동저작물이 된다. 공동저작물인지 결합저작물인지 여부는 저작물의 이용 형태에 크게 영향을 미치므로 중요하다. 공동저작물의 저작인격권은 저작자 전원의 합의에 의해서만 행사할 수 있으며, 저작재산권은 저작재산권자 전원의 합의에 의해서

---

23 서울북부지방법원 2008. 12. 30. 선고 2007가합5940 판결.

만 행사할 수 있다(저작권법 제15조). 저작재산권은 공동저작자 중 최후의 사망자로부터 사후 70년간 존속하게 된다(저작권법 제48조).

만약, 공동저작자 중 한 사람이 다른 공동저작자들의 동의를 받지 않고 임의로 공동저작물을 사용하는 경우 저작권 침해가 될 것인가. 이에 대하여 대법원은 저작권 침해죄는 아니지만 그 행사방법을 위반한 것이므로 민사적으로 손해배상청구의 대상이 된다고 하였다.**24**

회사에서 만든 저작물의 저작자는 누구인가?

사례 19 A씨가 출판한 창업 카운슬링 책은 A씨의 글과 B씨의 삽화로 구성되어 있다. 그런데, B씨는 A씨가 대표로 있는 주식회사 C의 직원이 아닌 외주 작가였다. 삽화의 저작자는 누구일까?
→ A씨의 아이디어로 만들어졌더라도 저작권은 아이디어는 보호하지 않으며, B씨는 A씨의 종업원이 아니므로 삽화의 저작자는 B씨이다.

회사에서 만든 저작물은 업무상저작물일 수도, 아닐 수도 있다. 업무상저작물이란 "법인·단체 그 밖의 사용자(이하 "법인 등"이라 한다)의 기획 하에 법인 등의 업무에 종사하는 자가 업무상 작성하는 저작물"을 의미한다(저작권법 제2조 제31호). '법인 등'에는 개인 사업자, 법인 사업자, 국가 및 지방자치단체 등이 포함된다. 법인 등의 기획 하에 만들어져야 하므로, 회사 업무와 무관하게 직원이 개인적으로 기획하여 작성한 저작물은 업무상저작물이 아니다. 가령, 특허청 공무원이 특허청의 기획 하에 특허에 관한 책을 집필하였다

---

24 대법원 2014. 12. 11. 선고 2012도16066 판결.

면 업무상저작물이지만, 특허청의 기획 없이 개인적으로 특허에 관한 책을 집필하였다면 개인의 저작물이 되는 것이다.

업무상저작물이라 하더라도, 저작자는 회사일 수도, 직원 개인일 수도 있다. 회사 직원이 업무상저작물을 만든 경우 계약 또는 근무규칙 등에 직원이 저작자라고 정하였다면 저작자는 개인이 된다. 하지만 달리 정해진 게 없을 때에는 회사 명의로 공표가 되는 경우에 한하여 회사가 저작자가 된다(저작권법 제9조). 특허청 공무원이 특허청의 기획 하에 특허에 관한 책을 집필하였더라도, 저자가 특허청이 아닌 공무원 개인의 이름으로 기재되어 있다면 저작자는 국가가 아니라 공무원 개인이다.

한편, 대다수의 판례에서는 고용관계 여부에 따라 업무상저작물인지 여부를 검토하는 경우가 많은데, 반드시 고용관계로 한정지을 필요는 없다. 프로그램 용역에 대한 도급 계약 사례[25]에서, 우리나라 대법원은 도급 관계에 있더라도 "주문자가 전적으로 프로그램에 대한 기획을 하고 자금을 투자하면서 개발업자의 인력만을 빌어 개발을 위탁하고 개발업자는 당해 프로그램을 오로지 주문자만을 위해서 개발·납품한 경우, 그 주문자를 프로그램저작자로 볼 수 있다"고 판시한 바가 있다.

저작권은 소유권과 무엇이 다른가?

사례 20 유명 소설가 A씨는 젊은 시절 B씨와 사귀었으나 결국 헤어지고

---

25 대법원 2000. 11. 10. 선고 98다60590 판결.

저작권은 무형의 지식재산권으로, 유체 재산에 대하여 규정한 소유권과는 법적 성격이 다르다. 양도 계약을 통하여 저작물의 소유권을 양도하더라도 저작권은 소유권과 다른 별도의 권리이므로 여전히 저작자에게 남아 있게 된다. 가령, 어떤 유명인 A의 편지를 현재 B라는 사람이 소유하고 있을 때, B가 그 편지의 글을 인용하여 A에 관한 책을 집필한 경우, B는 A의 편지글에 대한 저작권이 없으므로 저작권 침해가 될 수 있다. 또 다른 사례로, 사진작가 C가 연예인 D의 사진을 촬영하였고 약정에 따라 그 필름을 D에게 준 경우, C에게는 저작권이, D에게는 초상권이 있고, 필름에 대한 소유권은 C로부터 D로 이전된 것이다.

소유권과 저작권의 차이에 의하여 가장 문제되는 경우가 미술저작물이다. 어느 화가가 자신의 작품을 타인에게 양도하였을 때, 그것은 작품의 소유권을 양도한 것을 의미한다. 타인에게는 소유권이 넘어갔더라도, 저작권은 여전히 화가에게 남는다. 만약 타인이 화가의 작품이 마음에 들지 않아 작품 일부분의 채색을 변형하였다면 저작권 침해가 될 수 있다는 의미이다. 저작권 중에는 전시권이란 것이 있다. 미술저작물을 전시할 수 있는 권리는 오직 저작자에게만 있으므로(저작권법 제19조), 소유권자는 미술저작물 전시를 할 때마다 일

일이 저작자에게 허락을 받아야 한다. 이러한 불편함을 해소하기 위하여, 저작권법은 별도의 규정을 통하여 소유권자도 미술저작물의 전시를 할 수 있도록 하였다(저작권법 제35조). 또한 미술저작물 전시의 홍보를 위하여 소유권자는 저작물의 해설이나 소개를 목적으로 하는 팜플렛을 제작할 수 있도록 하고 있다.

저작권의 구체적인 내용은 무엇인가?

저작자? 저작권자? 참 어렵다.
(저작자는 저작물을 창작한 자이며, 저작권자는 저작권을 가지고 있는 자이다. 저작권은 저작자가 가질 수도 있고, 저작자로부터 저작재산권을 양도 또는 상속받은 자가 가질 수도 있다. 저작인격권은 남에게 줄 수 없는 저작자만 가지는 권리이다)

저작권에는 저작인격권과 저작재산권이 있다. 저작인격권은 일신전속적 권리로서 저작자가 생존할 때에만 존재하며, 저작인격권은 저작자의 사후에는 저작인격권의 침해가 저작자의 명예훼손이 되는 경우에 한하여 금지된다. 반면에 저작재산권은 양도할 수 있는 권리로 저작자의 사후 70년간 존속한다.

(1) 저작인격권이란

저작인격권은 다시 공표권, 성명표시권, 동일성유지권으로 구분된다. 공표권은 저작자가 원하는 때 저작물을 세상에 공표할 수 있는 권리이며(저작권법 제11조), 성명표시권은 저작물이 저작자의 창작임을 알리기 위해 저작자 이름을 저작물에 표시할 권리이다(저작권법 제12조). 동일성유지권은 다른 사람이 저작자의 허락 없이 무단으로 저작물을 변형시키지 못하도록 하는 권리이다(저작권법 제13조).

앞서 설명한 바와 같이 저작권법은 저작권자의 권리와 문화 및 관련 산업 발전의 양 측면을 모두 고려하여 조화를 이루고자 하는 법이다. 그러므로 저작인격권이라 하더라도 일정 부분 저작자의 권리에 대한 제한을 규정하고 있다. 예를 들어, 학교에서 시인이나 소설가의 작품 중 일부분을 발췌하여 사용하는 경우, 본질적인 내용의 변경이 아닌 한 학교교육 목적상 부득이하다고 인정되는 범위 안에서는 자유롭게 표현을 변경할 수 있고 이는 침해가 아니다(저작권법 제13조 제2항 제1호).

(2) 저작재산권이란

저작재산권에는 복제권, 공연권, 공중송신권, 전시권, 배포권, 대여권, 2차적 저작물작성권이 있다.

복제권이란 저작물을 스스로 복제하거나 복제하도록 허락 또는 금지할 수 있는 권리를 의미한다. 여기에서 복제란 "인쇄·사진촬영·복사·녹음·녹화 그 밖의 방법으로 일시적 또는 영구적으로 유형물에 고정하거나 다시 제작하는 것"을 말한다. 복제는 책이나 그림을 복사기로 복제하는 것뿐만 아니라 컴퓨터에서 일시적으로 저장하는 것도 포함하는 광범위한 개념이다. 가령, USB 메모리로부터 다른 USB 메모리로 데이터를 이동할 때, 잠시 컴퓨터를 경유하게 되는데, 이러한 일시적 저장도 복제에 포함된다. 다만, 저작물의 이용이 저작권을 침해하지 않는 한, 컴퓨터에서 저작물을 이용하는 경우에는 원활하고 효율적인 정보처리를 위하여 필요하다고 인정되는 범위 안에서 그 저작물을 그 컴퓨터에 일시적으로 복제하는 것은 저작권자의 허락 없이도 가능하다(저작권법 제35조의2 참조). 건축 저작물의 경우에는 건축 설계도면을 그대로 복제하는 것뿐만 아니라, 설계도면대로 건축물을 만드는 것 역시 복제에 해당한다(저작권법 제2조 제22호 참조). 개개의 저작물을 게시한 인터넷 사이트를 연결하는 인터넷 링크의 경우에는 웹 위치 정보 내지 경로를 나타낸 것에 불과하여 유형물에 고정하거나 유형물로 다시 제작하는 것에 해당하지 않으므로 복제에 해당하지는 않는다. 다만 직접적인 저작권 침해죄는 아니더라도 형법상 저작권법 침해의 방조행위로 처벌받을 가능성은 있다.[26] 이에 대하여는 아래 공중송신권 부분에서 다시 설명하겠다.

공연권은 저작물을 스스로 공연하거나 공연하도록 허락 또는 금지할 수 있는 권리를 의미하고, 여기에서 공연이란 "저작물 또는 실연·음반·방송을 상연·연주·가창·구연·낭독·상영·재생 그 밖의 방법으로 공중에게 공개하는 것을 말하며, 동일인의 점유에 속하는 연결된 장소 안에서 이루어지는 송신(전송을 제외한다)을 포함"하는 개념이다. 가수가 공연장에서 공연하는 것뿐만 아니라, 음반을 재생하는 것도 공연에 해당한다. 간접 점유도 점유라고 보아야 하므로, 예를 들어 백화점이라는 한 건물 안에 있다면 저작권법상 동일인의 점유라고 보아야 할 것이다. 다만, 서로 다른 건물에서 각 건물에 설

---

26 대법원 2021. 9. 9. 선고 2017도19025 전원합의체 판결.

치된 스피커를 통하여 음악 등이 송신이 되었다면 방송에 해당한다. 법 개념상 어려운 것이 전송을 제외한 송신인데 여기에서 '전송'이란 "공중송신 중 공중의 구성원이 개별적으로 선택한 시간과 장소에서 접근할 수 있도록 저작물 등을 이용에 제공하는 것을 말하며, 그에 따라 이루어지는 송신을 포함"하는 개념(저작권법 제2조 제10호 참조)이다. 예를 들어, 호텔에서 각 객실에 제공하는 VOD 서비스는 전송에 해당한다.

공중송신권은 저작물을 공중송신하거나 하도록 허락 또는 금지할 수 있는 권리를 의미하며, 여기에서 공중송신이란 "저작물, 실연·음반·방송 또는 데이터베이스(이하 "저작물 등"이라 한다)를 공중이 수신하거나 접근하게 할 목적으로 무선 또는 유선통신의 방법에 의하여 송신하거나 이용에 제공하는 것"을 말한다. 공중송신권에는 방송권, 전송권, 디지털음원송신권이 있다. 일반인들의 경우 가장 침해 가능성이 높은 저작권은 전송권이다. 인터넷에 타인의 저작물을 허락 없이 올리는 경우 복제권과 전송권을 침해하게 된다. 인터넷 링크의 경우 전송의뢰를 하도록 지시 또는 의뢰의 준비에 해당할 뿐이어서, 전송권 침해는 되지 않는다. 그 외 인터넷 사이트에 게시하는 썸네일 이미지, 즉 원래의 그림을 축소하여 게시한 이미지의 경우, 저작인격권 중 동일성유지권에 대하여 정당한 인용으로 보아 침해가 아니며, 저작재산권 중 복제권의 침해에 해당하지 않는다. 또한 썸네일 이미지에 링크를 걸어 놓았더라도 전송권 침해에 해당하지 않는다. 그런데, 최근 대법원은 링크 행위가 저작권 침해의 방조죄에는 해당될 수도 있다[27]고 하였으므로 주의하여야 한다. 정범이 공중송신권을 침해하는 게시물을 인터넷 웹사이트 서버 등에 업로드하여 공중의 구성원이 개별적으로 선택한 시간과 장소에서 접근할 수 있도록 이용에 제공한 후 침해 게시물을 서버에서 삭제하는 등으로 게시를 철회하지 않는 경우, 정범의 범죄행위는 방조의 대상이 될 수 있다. 그리고, 저작권 침해물 링크 사이트에서 침해 게시물에 연결되는 링크를 제공하는 경우 등과 같이, 링크 행위자가 정범이 공중송신권을 침해한다는 사실을 충분히 인식하면서 그러한 침해 게시물 등에 연결되는 링크를 인터넷 사이트에 영리적·계속적으로 게시하는 등으로 공중의 구성원이 개별적으로 선택한 시간과 장소에서 침해 게시물에 쉽게 접근할 수 있도록 하는 정도의 링크 행위를 한 경우에는 침해 게시물을 공중의 이용에 제공하는 정범의 범죄를 용이하게 하므로 공중송신권 침해의 방조범이 성립한다.

전시권은 미술저작물 등의 원본이나 그 복제물을 전시하거나, 전시하도록 허락 또는 금지할 수 있는 권리를 의미한다. 미술저작물의 소유권자는 저작재산권 즉 전시권이 없지만, 앞서 설명한 바와 같이 저작권법은 별도의 규정(저작권법 제35조)을 통하여 저작자의 허락 없이도 소유권자가 미술저작물의 전시를 할 수 있도록 하고 있다.

배포권은 저작물의 원본이나 그 복제물을 배포하거나 배포를 허락 또는 금지할 수 있는 권리를 의미한다. 그런데 배포권에는 권리소진의 원칙이라는 예외가 존재하는데, 한 번 판매한 물건은 배포권이 소멸되어 다시 그 물건을 판매하더라도 배포권 침해는 되지 않는다는 것이다. 배포권이 문제되는 것은 이른바 '진정상품의 병행수입'

27 대법원 2021. 9. 9. 선고 2017도19025 전원합의체 판결.

의 경우인데, 결론적으로, 진정상품 역시 권리소진의 원칙이 적용되어 배포권 침해가 아니다. 권리소진의 원칙이 적용되지 않는 경우도 있다. 컴퓨터프로그램의 구매자는 그 프로그램의 저작권을 취득하는 것이 아니라 단지 프로그램 저작물에 대한 이용권, 즉 라이선스만을 취득하는 것으로 보아야 한다. 보통 게임 CD를 사면 그 포장지에는 '포장지를 뜯으면 약관에 동의하는 것으로 간주한다'는 내용의 이용약관이 기재되어 있다. 그 약관을 살펴보면 '게임 CD를 타인에게 양도할 수 없다'는 내용이 포함되어 있다. 따라서, 게임 CD를 구매하여 컴퓨터에 설치한 후에 그 게임 CD를 당근마켓에서 중고로 되팔게 되면 포장지 약관을 위반한 것이 된다. 최근 리셀러들로 인하여 가격 교란 문제로 몸살을 앓고 있는 많은 업체들은 포장지 약관 방식을 눈여겨 볼 만하다.

대여권은 상업용 음반에 대하여 권리소진 원칙의 예외로서 별도로 규정된 권리이다. 상업용 음반의 경우 배포권이 소멸되었다고 본다면 저작권자의 허락 없이도 구매자는 상업용 음반을 불특정 다수인에게 빌려주면서 영리를 취할 수 있을 것이다. 그렇게 된다면 저작권자는 오히려 저작물로 얻을 수 있는 수익이 줄어들게 되는 문제가 있다. 저작권법은 저작권자의 이익을 보호하기 위하여 배포권 외에 대여권을 별도로 규정하고 있으며, 상업용 음반은 한 번 판매가 되어 배포권은 사라졌더라도 대여권은 여전히 남게 되어 만일 구매자가 상업용 음반을 제3자에게 빌려준다면 대여권 침해가 될 수 있다. 그런데 상업용 음반이 아닌 일반 서적은 대여권이 존재하지 않으므로, 동네 책방이 서적을 빌려주는 것은 저작권법 위반이 아니다.

출판권은 저작권법의 초기에 나타난 권리 형태이지만 오늘날 저작권의 한 종류로 보기는 힘들다. 현대에 있어서 출판권이란 저작재산권인 복제권과 배포권을 의미하지만, 출판업자들의 편리를 위하여 저작권법에서는 복제권, 배포권과는 별도로 특례로서 출판권이 규정되어 있다. 그런데, 디지털 문화의 발전과 함께 종이 책보다는 e-Book이 늘어나는 추세이므로, 최근의 출판권과 관련된 계약에서는 저작권법상 출판권(복제권, 배포권) 외에도 온라인 업로드에 필요한 전송권과 다운로드에 필요한 복제권 등의 다른 권리들에 대하여도 검토하고 계약서에서 반드시 위 권리들을 명시해야 할 필요가 있다.

(3) 2차적 저작물과 관련된 문제

2차적 저작물이란 것은 "원저작물을 번역·편곡·변형·각색·영상제작 그 밖의 방법으로 작성한 창작물"을 의미한다. 원저작물을 변형하여 새로운 작품을 만들었더라도, 그 새로운 작품에 원저작물과 다른 저작자만의 창조적 개성이 부여되면 별도의 저작권이 생성되며 이것을 2차적 저작물이라고 한다. 그러므로 2차적 저작물에는 두 가지 저작권이 공존하게 된다. 바로 원저작자의 저작권과 2차적 저작물 저작자의 저작권이다. 만일 2차적 저작물에 대하여 이용을 하려면, 원저작자의 허락과 2차적 저작물 저작자의 허락 모두가 필요하다. 그런데 2차적 저작물은 저작인격권 중 동일성 유지권과 관련이 있다. 원저작물에 실질적 변형을 가한다는 의미는 원저작물의 동일성 유지권을 침해하는 행위이기 때문이다. 그러므로 2차적 저작물을 작성하기에 앞서 2차적 저작물 저작자는 원저작자의 허락을 받아야 한다(가수들이 리메이크곡을 발표할 때도 원곡 저작자의 동의를 받는 경우와 비슷하다). 저작권법은 2차적 저작물 작성권과 동일성 유지권의 조화를 위하여, 저작재산권 양도 계약에서 "저작재산권 전부를 양도한다"고 명시되어 있더라도 "2차적 저작물 작성권을 양도한다"는 특약이 없다면 2차적 저작물 작성권은 양도되지 않는 것으로 추정하고 있다(저작권법 제45조). 저작물 용역 계약은 발주자가 용역 업체에게 저작물 제작을 의뢰하는 도급 계약과 그 저작재산권을 양도받는 저작권 양도 계약의 복합적인 계약으로 보아야 한다. 발주자는 보통 계약서에 지식재산권 일체를 양도한다고만 기재하기 쉬운데, 그와 별도로 2차적 저작물 작성권도 양도되었음을 특약으로 명시하는 것이 좋다.

(4) 저작재산권의 예외 규정

저작권법은 저작권자의 권리와 문화 및 관련 산업 발전의 양 측면을 모두 고려하여 조화를 이루고자 하며 이를 위하여 저작재산권에 대하여도 일정 부분 저작권자의 권리에 제한을 두고 있다. 저작인격권은 관련 규정 자체에서 제한 규정을 두고 있는 데 반하여, 저작재산권은 별도의 규정을 두어 제한을 하고 있다. 저작재산권의 예외 규정은 저작권법 제23조(재판절차 등에서의 복제), 제24조(정치적 연설 등의 이용), 제24조의2(공공저작물의 자유이용), 제25조(학교교육 목적 등에의 이용), 제26조(시사보도를 위한 이용), 제27조(시사적인 기사 및 논설의 복제 등), 제28조(공표된 저작물의 인용), 제29조(영리를 목적으로 하지 아니하는 공연·방송), 제30조(사적이용을 위한 복제), 제31조(도서관등에서의 복제 등), 제32조(시험문제로서의 복제), 제33조(시각장애인 등을 위한 복제 등), 제33조의2(청각장애인 등을 위한 복제 등), 제34조(방송사업자의 일시적 녹음·녹화), 제35조(미술저작물등의 전시 또는 복제), 제35조의5(저작물의 공정한 이용) 등이 있다. 이 중에서 일반 사람들이 종종 접하게 되는 문제에 한해 몇 가지만 살펴보고자 한다.

먼저, 개인이 사적인 이용을 위한 복제를 하는 경우가 종종 있다. 그런데, 저작권법 제30조에 따르면 복제는 개인의 복사기에서만 해야 하고 공중이 이용하는 복사기를 통해서는 금지가 된다. 개인이 어떤 책을 복사할 때 영리가 아닌, 사적인 이용을 목적으로 복사를 하더라도 공중이 이용하는 복사 가게를 통하여 복사를 하는 것은 법규정상 저작권 침해에 해당한다.

다음으로는 학교에서 교육 목적상 저작물을 이용해야 하는 경우가 있다. 발표 자료를 만든다거나 시험 문제를 출제해야 하는 등의 경우다. 학교에서는 저작권법 제25조에 의하여 선생님, 교수, 학생들이 수업의 목적에 필요한 범위 내에서 교과서 및 교재, 수업 자료로 이용할 수 있도록 규정하고 있다.

공연권은 저작재산권자의 권리이며, 저작재산권자가 아닌 자는 저작재산권자의 허락을 받아야만 공연할 수가 있다. 당연히 영리를 목적으로 하는 경우에는 저작권 침해가 된다. 여기에서 '영리'라는 것은 상법상 영리의 개념보다 포괄적인 개념이다. 대가로 돈을 받는다면 무조건 영리라고 보아야 한다. 그런데 만약 영리를 목적으로 하지 않는 경우, 즉 공연에 대하여 아무런 반대급부를 받지 않고 공연하는 경우에는 어떨까. 가령, 우리가 자주 가는 카페나 대형마트에서 종종 음악을 틀어주는데, 이런 음악은 괜찮은 것일까. 저작권법 제29조 제2항에는 "청중이나 관중으로부터 당해 공연에 대한 반대급부를 받지 아니하는 경우에는 상업용 음반 또는 상업적 목적으로 공표된 영상저작물을 재생하여 공중에게 공연할 수 있다. 다만, 대통령령이 정하는 경우에는 그러하지 아니하다."고 규정되어 있다. 언뜻 보면 매우 폭넓게 공연권의 예외를 인정하는 것처럼 보이지만, 실제로는 대통령령을 통하여 저작권 예외 사유를 광범위하게 정함으로써 공연권 예외가 인정되는 경우는 극히 한정된다. 영세 규모의 매장이라면 저작권 협회에 문의하여 자신의 매장 내에 상업용 음반을 틀어도 되는지 반드시 확인하는 것이 좋다.

위와 같이 특정 행위에 대하여 저작재산권의 예외를 규정한 것 외에도, 저작권법에는 일반적 행위에 대하여 포괄적으로 규정된 조항이 있다. 공표된 저작물은 보도·비평·교육·연구 등을 위하여는 정당한 범위 안에서 공정한 관행에 합치되게 이를 인용할 수 있다(법 제28조). 그 외에도 공정이용조항이 있다. 저작권법 제35조의5는 한미FTA 결과 미국의 'Fair Use'에 관한 판례법이 우리나라에도 도입되어 저작물에 대한 공정한 이용의 범위가 기존의 제28조의 범위보다 크게 확대되었다. 저작물 이용자의 이용 방법이 저작물의 공정한 이용에 해당하기 위해서는 저작물의 통상적인 이용 방법과 충돌하지 아니하고 저작자의 정당한 이익을 부당하게 해치지 아니하여야 한다. 저작물 이용자는 자신의 이용의 목적 및 성격, 저작물의 종류 및 용도, 자신이 이용한 부분이 저작물 전체에서 차지하는 비중과 그 중요성, 저작물의 이용이 그 저작물의 현재 시장 또는 가치나 잠재적인 시장 또는 가치에 미치는 영향을 종합적으로 고려하여 저작물 공정 이용 방법에 해당하는지 여부를 먼저 신중하게 검토하여야 하고, 우리나라 판례 뿐만 아니라 미국의 판례를 확인하고 다양하고 깊이 있게 각 사례를 비교, 검토하는 것이 필수적이다.

이상과 같이, 저작권법은 문화 발전을 위하여 저작재산권의 예외 규정을 두고 있다. 그런데, 이러한 예외 규정이 광범위하게 적용되면 역으로 저작권자의 이익을 부당하게 침해할 가능성이 높아지므로 다시 예외의 예외 규정을 단서로 붙여서 저작재산권의 예외 규정을 엄격하게 적용하고 있다. 가령, 저작권법 제23조에서는 재판절차 등에서의 복제를 허용하면서도 복제의 부수 및 형태가 과도하여 저작재산권자의 이익을 부당하게 침해하는 경우에는 복제할 수 없음을 규정하고 있다. 동법 제24조에서는 정치적 연설에 대하여 저작권자인 해당 정치가의 허락 없이도 자유로이 이용할 수 있도록 하면서도 이를 편집하는 경우에는 허락을 받도록 제한을 두고 있다.

저작권도 등록할 수 있나?

사례 21 A씨가 출판한 창업 카운슬링 책은 등록을 해야 할까?
→ 등록은 필요 없으나, 등록하면 나중에 저작권 분쟁이 발생했을 때 자신이 저작자라는 것을 증명하기 쉬워진다.

우리나라에서 저작권은 등록 여부와 상관없이 저작물을 창작한 순간에 발생한다. 즉, 저작권은 무방식주의로서 별도의 등록을 요구하지 않는다. 그런데 저작물이란 것은 비공개적으로 창작이 되는 경우가 대부분이기 때문에 자신이 저작자임을 증명하기가 쉽지 않다. 그래서 저작권법 제53조[28]는 등록 제도를 두어 등록한 자를 저작자로 추정하도록 하고 있다. 또한, 등록 제도를 통하여 거래 안전을 위해 제3자에게 대항하기 위한 대항력[29]을 가지게 하였다.

저작권을 등록하는 경우보다 유리한 것은 법정손해배상액이 추정[30]된다는 점이다. 예를 들어, 어떤 그림을 그린 저작자가 자신의 그림을 SNS에 올렸는데, 다른 사람이 이를 무단으로 이용하고 있다

---

28 제53조(저작권의 등록) ① 저작자는 다음 각 호의 사항을 등록할 수 있다.
  1. 저작자의 실명·이명(공표 당시에 이명을 사용한 경우에 한한다)·국적·주소 또는 거소
  2. 저작물의 제호·종류·창작연월일
  3. 공표의 여부 및 맨 처음 공표된 국가·공표연월일
  4. 그 밖에 대통령령으로 정하는 사항
  ③ 제1항 및 제2항에 따라 저작자로 실명이 등록된 자는 그 등록저작물의 저작자로, 창작연월일 또는 맨 처음의 공표연월일이 등록된 저작물은 등록된 연월일에 창작 또는 맨 처음 공표된 것으로 추정한다. 다만, 저작물을 창작한 때부터 1년이 경과한 후에 창작연월일을 등록한 경우에는 등록된 연월일에 창작된 것으로 추정하지 아니한다.

29 제54조(권리변동 등의 등록·효력) 다음 각 호의 사항은 이를 등록할 수 있으며, 등록하지 아니하면 제3자에게 대항할 수 없다.
  1. 저작재산권의 양도(상속 그 밖의 일반승계의 경우를 제외한다) 또는 처분제한

30 제125조의2(법정손해배상의 청구) ① 저작재산권자등은 고의 또는 과실로 권리를 침해한 자에 대하여 사실심(事實審)의 변론이 종결되기 전에는 실제 손해액이나 제125조 또는 제126조에 따라 정하여지는 손해액을 갈음하여 침해된 각 저작물 등마다 1천만원(영리를 목적으로 고의로 권리를 침해한 경우에는 5천만원) 이하의 범위에서 상당한 금액의 배상을 청구할 수 있다.
  ② 둘 이상의 저작물을 소재로 하는 편집저작물과 2차적저작물은 제1항을 적용하는 경우에는 하나의 저작물로 본다.
  ③ 저작재산권자등이 제1항에 따른 청구를 하기 위해서는 침해행위가 일어나기 전에 제53조부터 제55조까지의 규정(제90조 및 제98조에 따라 준용되는 경우를 포함한다)에 따라 그 저작물등이 등록되어 있어야 한다.

는 것을 발견했다. 그러나 그 침해자에 대하여 민사소송으로 손해배상 청구를 할 때 자신의 재산상 손해가 얼마인지, 혹은 그 침해자가 무단이용한 저작물로 얼마의 재산상 이득을 보았는지 증명을 하기가 어렵다. 이 경우 저작물이 등록되어 있다면 저작권법 제125조의2에 따라 법정손해배상액이 추정이 되므로 유리하다. 따라서 작가나 사업적으로 저작물을 이용하는 자와 같이, 저작물을 영리 목적의 수단으로 이용하는 경우라면 저작물을 등록하는 것이 바람직하다.

저작물 복제와 사용의 구분

프로그램 저작물의 침해 행위는 무엇일까? 다른 저작물들과 마찬가지로 저작재산권이 있는 프로그램 저작물을 허락 없이 무단으로 이용하는 경우에 침해가 된다. 구체적으로는 복제(다운로드, 설치)할 때 복제권 침해가 되며, 전송(업로드)할 때 전송권 침해가 되고, 배포할 때 배포권 침해가 된다.

글자체는 디자인권으로 등록하는 경우 디자인권으로서 보호가 되며, 붓글씨와 같은 예술작품이 아닌 이상 글자체를 저작권으로 보호하지는 않는다. 단, 글자체 프로그램은 프로그램 저작물로서 보호가 된다.

어떤 사람이 인터넷에서 개인적 용도로만 공개된 글자체 프로그램을 다운로드받은 후, 6개월 뒤 자신의 사업을 위하여 그 글자체를 사용하였다. 이 경우 침해가 될 것인가. 개인 용도로 공개된 글자체 프로그램이라면 개인 용도로 사용하기 위하여 자신의 컴퓨터에 복제를 한 경우에는 복제권 침해가 되지 않는다. 그 후 이를 사업적 용도로 사용한 경우에는 별도의 복제 행위가 없었으므로 복제권 침해는 아니다. 따라서 그 사람은 저작권 침해죄는 아니고, 단지 민사상으로 이용약관을 위반한 채무불이행 책임만을 지게 된다.[31]

저작인접권은 무엇인가?

저작인접권이란 저작자 외에, 실연자, 음반제작자 및 방송사업자에게 부여되는 저작권에 인접한 권리를 말한다.

안무가의 안무는 저작물로서 보호된다. 유행가요는 그 작사가와 작곡가가 저작권을 가지고 있다. 그런데, 댄서의 춤과 가수의 노래 역시도 저작물은 아니지만 보호할 필요가 있다. 댄서와 가수는 실연자이고 그들의 춤과 노래는 저작인접권으로 보호된다. 실연자란 "저작물을 연기·무용·연주·가창·구연·낭독 그 밖의 예능적 방법으로 표현하거나 저작물이 아닌 것을 이와 유사한 방법으로 표현하는 실연하는 자를 말하며, 실연을 지휘, 연출 또는 감독하는 자를 포함"하는 개념이다(저작권법 제2조 제4호 참조). 음반제작자 및 방송사업자의 권리도 저작인접권에 속한다. 저작인접권은 저작권법 제64조 내지 제90조에 규정되어 있다.

퍼블리시티권도 저작권에 속하나?

퍼블리시티권The Right of Publicity은 사람의 성명,[32] 초상, 음성, 극 중에서의 독특한 역할, 기타 특정인을 연상시키는 물건 등 '그 사람 자

---

31 대법원 2017. 11. 23. 선고 2015다1017 판결.
32 서울중앙지방법원 2006. 4. 19. 선고 2005가합80450 판결, 프로야구선수의 성명만을 이용한 경우.

체를 가리키는 것identity'을 광고, 상품 등에 상업적으로 이용하여 경제적 이익을 얻을 수 있는 권리를 의미한다. 민법상 초상권은 개인의 인격권에 기초한 것이므로 양도가 불가능한 일신전속적 권리임에 반하여, 퍼블리시티권은 권리의 상업적 이용 요소를 핵심으로 하기 때문에 재산적 성격을 가지므로 양도할 수 있는 권리이다. 다만 상속이 가능한지는 전문가마다 견해가 다르다.

미국에서는 1953년 사람은 자신의 사진이 가치는 공표가치에 대한 배타적 권리를 가진다는 일종의 경제적 권리로서의 퍼블리시티권이 최초로 인정[33]되었고 이후 판례법으로 확고한 위치를 가지게 되었으나, 같은 영미법계인 영국은 아직도 퍼블리시티권을 정면으로 인정하고 있지 않으며 단지 명예훼손 또는 계약위반에 해당하는 이유로 문제 삼을 수 있을 뿐이라고 한다. 일본에서는 2012년 일본 최고재판소 판결[34]에서 사람의 초상 등이 가지는 고객흡인력을 이용할 목적을 가진 상업적 이용에 한하여 제한적으로 퍼블리시티권을 인정하였다.

우리나라의 경우 아직 퍼블리시티권에 대한 대법원 판례가 존재하지 않으며, 일부 1심 법원에서 퍼블리시티권을 긍정한 판결[35]도 있으나 최근 들어서는 일반적으로 부정하고 있는 입장[36]이었다. 법

---

33 Haelan Labortories, Inc. v. Topps Chewing Gum, Inc. 202 F. 2d 866 (2d Cir. 1953), cert. denied, 346 U.S. 816 (1953).
34 계승균, "일본최고재판소 최초의 퍼블리시티권 판결", 대한변협신문 2012. 12. 17.자(427호).
35 서울동부지방법원 2006. 12. 21. 선고 2006가합6780 판결, 서울중앙지방법원 2006. 4. 19. 선고 2005가합80450 판결, 서울중앙지방법원 2005. 9. 27. 선고 2004가단235324 판결, 2014. 6. 27. 선고 2013가합503743 판결 등.
36 서울고등법원 2002. 4. 16. 선고 2000나42061 판결, 서울서부지방법원 2014. 7.

원 판결[37] 중 일부를 소개하면, "우리나라에서도 최근 연예, 스포츠 산업 및 광고 산업의 급격한 발달로 유명인의 성명이나 초상 등을 광고에 이용하게 됨으로써 그에 따른 분쟁이 적지 않게 일어나고 있으므로 이를 규율하기 위하여, 퍼블리시티권이라는 새로운 개념을 인정할 필요성은 인정된다고 할 것이나, 성문법주의를 취하고 있는 우리나라에서 법률, 조약 등 실정법이나 확립된 관습법 등의 근거 없이 필요성이 있다는 사정만으로 물권과 유사한 독점적·배타적 재산권인 퍼블리시티권을 인정하기는 어렵다고 할 것이며, 퍼블리시티권의 성립요건, 양도·상속성, 보호대상과 존속기간, 침해가 있는 경우 구제수단 등을 구체적으로 규정하는 법률적인 근거가 마련되어야만 비로소 퍼블리시티권을 인정할 수 있다"고 하였다. 즉, 퍼블리시티권은 퍼블리시티권 침해 소송이 아니라, 초상권 침해 소송과 같은 우회적인 방법으로 다투는 것이 현실적이었고, 배상받을 수 있는 손해액도 재산적 손해액이 아닌 위자료에 불과하였다.

그런데, 2020년 대법원에서 BTS 화보집 무단 판매 사건에 대하여 부정경쟁행위 및 영업비밀보호에 관한 법률(부정경쟁방지법) 위반으로 인정하는 판결이 선고[38]되었고, 그 후 퍼블리시티권은 2021. 12. 7.에 저작권법이 아닌 부정경쟁방지법 제2조 제1호 타목으로 신설되었다. 이에 대하여는 부정경쟁방지법에 대한 부분을 참고하기 바란다.

---

24. 선고 2013가합32048 판결, 서울중앙지방법원 2013. 10. 1. 선고 2013가합 509239 판결 등.
37 서울중앙지방법원 2013. 10. 1. 선고 2013가합509239 판결.
38 대법원 2020. 3. 26.자 2019마6525 결정.

캐릭터도 저작권에 속하나?

퍼블리시티권과 유사한 것이 캐릭터 저작물의 저작권이다. 캐릭터란 만화, TV, 영화, 신문, 잡지, 소설, 연극 등 대중이 접하는 매체를 통하여 등장하는 인물, 동물, 물건의 특징, 성격, 생김새, 명칭, 도안, 특이한 동작, 더 나아가 작가나 배우가 특수한 성격을 부여하여 묘사한 인물 등을 일컫는 개념이다. 일본의 경우, 캐릭터는 등장인물의 용모를 포함한 '표현'이 아니라 그 '인격'이라고 할 수 있는 추상적 개념이어서 저작권법의 보호대상인 표현이 아니라 비보호영역에 속하는 아이디어에 불과하므로 캐릭터의 독자적 저작물성에 대하여 부정하는 입장이 대다수 견해이다. 우리나라의 경우에는 대법원 판례상 "시각적 표현에 작성자의 창조적 개성이 드러나 있으면 원저작물과 별개로 저작권법에 의하여 보호되는 저작물이 될 수 있다"면서 긍정하고 있다(대법원 2010. 2. 11. 선고 2007다63409 판결). 엄밀히 말하면 시각적 캐릭터의 경우 미술저작물 또는 영상저작물로, 어문적 캐릭터의 경우에는 어문저작물로 볼 수 있다.

한편, 드라마의 캐릭터에 대해서는 우리나라에서도 캐릭터 저작물성을 인정하고 있지 않다. 겨울연가, 대장금, 주몽 등에 나오는 특별한 캐릭터들에 대하여 "영화나 드라마의 캐릭터는 자신만의 독특한 외양을 가진 배우의 실연에 의하여 표현되며, 등장인물의 용모, 행동거지, 명칭, 성격, 목소리, 말투, 상황이나 대사 등을 모두 합한 총체적인 아이덴티티identity를 말하는 것이어서, 시각적 요소가 모두 창작에 의하여 만들어지는 만화나 만화영화의 캐릭터보다는 소설, 희곡 등 어문저작물의 캐릭터에 가깝다고 할 것"인데, "따라서, 드라마의 등장인물로부터 위와 같은 속성을 배제한 채 그 명칭이나 복장, 사용하는 소품만을 따로 떼어 낸 캐릭터가 원래의 저작물로부터 독립하여 별도로 저작권에 의하여 보호된다고는 보기 어렵다"라고 하여 드라마 캐릭터의 저작물성을 부정하였다(서울고등법원 2010. 1. 14. 선고 2009나4116 판결).

9. 부정경쟁방지법이란?

부정경쟁방지법의 두 가지 기능

부정경쟁방지 및 영업비밀보호에 관한 법률(부정경쟁방지법)은 두 가지 기능이 있다. 먼저 지식재산권법인 상표법 등으로는 보호할 수 없는 영역을 보완하는 기능과, 신지식재산권인 영업비밀을 보호하는 기능이 있다. 여기서는 지식재산권법의 보완 기능에 대하여만 살펴보기로 한다. 부정경쟁방지법은 공정한 상거래 관행이나 경쟁질서에 반하는 방법으로 경쟁사업자의 보호할 가치가 있는 이익을 침해하거나 자유경쟁질서를 훼손할 우려가 있는 행위를 부정경쟁행위로 규정하여 금지한다.

저작권 또는 산업지식재산권의 보완적 기능

사례 22 A씨는 '장군떡볶이'라는 분식 체인 사업을 시작하면서 매점 내부 인테리어, 메뉴판 디자인을 독특하게 꾸몄고 곧 선풍적인 인기를 끌게 되었다. 그런데, 6개월 쯤 후에 '멍군떡볶이'라는 유사한 분식 체인점이 생긴 것을 알게 되었다. A씨는 어떻게 법적으로 보호를 받을 수 있을까?
→ 부정경쟁방지법 제2조 제1호 카.목으로 보호받을 수 있다.

부정경쟁방지법 제15조 제1항에는 「특허법」, 「실용신안법」, 「디자인보호법」, 「상표법」 등에 부정경쟁방지법과 다른 규정이 있으면 그 법에 따른다고 되어 있다. 대법원[39]은 상표법 등에 부정경쟁방지법의 위 규정들과 다른 규정이 있는 경우에는 그 법이 적용되며, 다른 법률에 의하여 보호되는 권리일지라도 그 법에 저촉되지 아니하는 범위 안에서는 부정경쟁방지법을 중첩 적용할 수 있다고 하였다. 즉, 예를 들어 만화 캐릭터 저작물에 대해서는 저작권법으로 보호하되, 만화 캐릭터가 상표 등록이 되었으면 상표법으로, 상표 등록이 되지 않고 상품의 표지로 사용된 경우에는 부정경쟁방지법으로 보호한다는 의미이다.

부정경쟁방지법은 등록되지 않은 상표에 대하여 보호함으로써 상표법을 보완하고 있다. 부정경쟁방지법의 상표법 보완 기능은 주로 제2조 제1호 (가)목부터 (사)목에 해당한다.

부정경쟁방지법 제2조 제1호 (가)목과 (나)목은 상품주체혼동행위와 영업주체혼동행위, 즉 "국내에 널리 인식된 타인의 성명, 상호, 상표, 상품의 용기·포장, 그 밖에 타인의 상품임을 표시한 표지와 동일하거나 유사한 것"을 사용하는 등의 행위에 대하여 부정경쟁행위로 규정하고 있다. 이 규정은 타인의 영업상의 신용을 모용(이름등

---

39 대법원 2008. 9. 11.자 2007마1569 결정.

을 몰래 사용하는 것)하는 것을 규제해 공정한 경쟁질서를 형성하고 유지하는 것을 목적으로 한다. '국내에 널리 인식된' 타인의 상표 등에 대한 것이므로 주지성이 요구된다. 주지성의 정도는 국내 전역의 모든 사람들이 아닌, 국내 일정한 지역적 범위 안에서 거래자 또는 수요자들 사이에 알려진 정도를 의미한다.

또한, 부정경쟁방지법 제2조 제1호 (나)목에서 '상품 판매·서비스 제공방법 또는 간판·외관·실내장식 등 영업제공 장소의 전체적인 외관'과 같은 타인의 영업임을 표시하는 표지에 대하여도 보호를 하게 되었다. 음식점의 주문 형태나 서비스 형태, 가게 인테리어 등은 상표로 등록될 성질의 것이 아니고, 아이디어의 영역이므로 저작권법의 보호 영역에도 속하지 않는다. 또한 외부에 노출되는 것이므로 영업비밀로 놓을 수도 없다. 기존에는 마땅히 적용할 근거 법령이 없었으나, 이제는 부정경쟁행위로부터 형사상으로 보호할 수 있게 되었다. 다만, 위 규정은 주지성과 저명성을 요건으로 하고 있으므로, 두 요건을 만족시킬 수 없는 경우에는 아래에서 소개할 제2조 제1호 (파)목을 적용하여 오직 민사적인 보호만을 받을 수 있다.

부정경쟁방지법 제2조 제1호 (다)목은 저명상표희석행위, 즉 "정당한 사유 없이 국내에 널리 인식된 타인의 성명, 상호, 상표, 상품의 용기·포장, 그 밖에 타인의 상품 또는 영업임을 표시한 표지와 동일하거나 유사한 것"을 사용하는 등의 행위에 대하여 부정경쟁행위로 규정하고 있다. (다)목에서 말하는 '국내에 널리 인식된' 상표라는 의미는 저명성을 뜻하는데, 저명성이란 당해 상품이나 영업의 수요자나 거래자뿐만 아니라 일반 소비자들의 압도적 다수에까지 당해 상품 등 표지가 특정인의 상품 등 표지로서 널리 알려지게 되었을 뿐만 아니라 일종의 양질감까지 화체된 경우를 의미한다. 예를 들어, viagra.co.kr과 같은 사이트를 개설하여 생칡즙 판매 등의 영업을 한 행위는 '비아그라'라는 상품의 식별력을 손상시키는 행위라고 볼 수 있다(대법원 2004. 5. 14. 선고 2002다13782 판결).

부정경쟁방지법 제2조 제1호 (라)목과 (마)목은 원산지 허위 표시 및 출처지 등 오인야기 행위에 대하여, 바.목은 타인의 상품을 사칭하거나 상품의 품질 등을 오인하게 하는 행위에 대하여 부정경쟁행위로 보는 규정이다. 이 규정 위반은 형사상 사기죄에도 해당될 수 있다.

부정경쟁방지법 제2조 제1호 (사)목은 해외 유명 업체와 라이선스 계약을 맺고 국내 판매를 대리했던 대리인이었던 자가 국내에 해외 유명 업체가 상표 등록을 하지 않은 것을 기화로 상표 등록을 먼저 한 후에 동일, 유사한 상품에 대하여 그 상표를 사용하는 행위를 규정하고 있다.

부정경쟁방지법 제2조 제1호 (아)목은 유명 업체의 상품과 관련된 인터넷 주소를 선점하는 부정행위에 대하여 규정하고 있다. 유사한 법으로는 인터넷주소자원에 관한 법률이 있다.

한편, 디자인보호법을 보완하고 있는 부정경쟁방지법 규정도 있다. 부정경쟁방지법 제2조 제1호 (자)목은 데드카피를 금지하는 규정이다. 타인이 제작한 상품의 형태(형상·모양·색채·광택 또는 이들을 결합한 것을 말하며, 시제품 또는 상품소개서상의 형태를 포함)를 모방한 상품을 양도·대여 또는 이를 위한 전시를 하거나 수입·수출하는 행위에 대하여 부정경쟁행위로 보고 있다. 다만, 이 규정은 상품의 시제품 제작 등 상품의 형태가 갖추어진 날부터 3년이 지난 상품의 형태를 모방한 상품과, 타인이 제작한 상품과 동종 또는 유사한 상품이 통상적으로 가지는 형태를 모방한 상품에 대하여는 보호하지 않는다는 한계가 있다. 따라서, 장기적인 관점에서는 디자인권으로 등록하는 것이 바람직하다.

기존에는 기업 공모전이나 거래 과정에서 개인이나 중·소기업들이 대기업에게 아이디어를 탈취당하는 문제가 종종 발생하였다. 이를 방지하고자 2018년에 신설된 제2조 제1호 (차)목은 사업제안, 입찰, 공모 등 거래 교섭 또는 거래 과정에서 경제적 가치를 가지는 타인의 기술적 또는 영업상의 아이디어가 포함된 정보를 거래 상대방이 부정하게 사용하거나 제3자에게 제공하여 사용하게 하는 행위를 금지하는 규정이다. 다만, 아이디어를 제공받은 자가 제공받을 당시 이미 그 아이디어를 알고 있었거나 그 아이디어가 동종 업계에서 널리 알려진 경우에는 이 규정으로 보호받을 수 없다. 한편 필자의 견해로는 영업비밀의 엄격한 요건을 충족시키지 못하여 영업비밀로 인정받을 수 없는 경우에도, 상대적으로 완화된 이 규정을 적용하여 보호받을 수 있을 것 같다.

최근 AI가 프로바둑 기사를 이기고 ChatGPT가 부상하는 등 4차 산업혁명이 시작되었고, 디지털시대의 근간인 데이터의 중요성이 날로 커지고 있다. 여러 스타트업들은 빅데이터를 활용하여 경제적 부가가치를 창출하려는 사업 모델을 가지고 있다. 부정경쟁방지법 제2조 제1호 (카)목은 데이터를 보호할 수 있는 법적 기반을 마련하고 양질의 데이터가 원활하게 이용·유통되는 것을 목적에서 2021. 12. 7. 신설되었다. 사실, 기존에도 데이터를 보호하는 법 제도는 존재하였다. 비공개 데이터인 경우에는 부정경쟁방지법에 따라 영업비밀로 보호되었고, 공개된 데이터인 경우에는 정형 데이터는 저작권법에 따라 창작성 여부를 가려서 편집저작물 또는 데이터베이스[40]로서 보호되었다. 그러나 공개된 데이터 중 텍스트, 음성, 영상과 같은 종류의 비정형 데이터는 입법적 공백이 있었고 부정경쟁방지법상 신설 조항으로 웹 크롤링(web crawling)으로부터 비정형 데이터를 보호하기 위한 법적 기반이 마련된 것이다.

구분	비공개		공개
정형 데이터	부정경쟁방지법 영업비밀	창작성 ○	저작권법 편집저작물
		창작성 ×	저작권법 데이터베이스
비정형 데이터		창작성 ○	저작권법 편집저작물
		창작성 ×	부정경쟁방지법 제2조 제1호 (카)목

한편, 최근 숙박업소 경쟁업체 간의 데이터베이스 크롤링 사건에

---

40 저작권법 제2조 제19호. "데이터베이스"는 소재를 체계적으로 배열 또는 구성한 편집물로서 개별적으로 그 소재에 접근하거나 그 소재를 검색할 수 있도록 한 것을 말한다.

위 저작권법상 데이터베이스는 '소재가 체계적으로 배열 또는 구성'되어 있는 것을 요건으로 하는데, 쉽게 말하여 마이크로소프트 엑셀과 같은 스프레드시트 프로그램에 표시할 수 있는 데이터를 의미하므로 오직 정형 데이터로만 한정된다고 보기도 한다.

서, 법원은 저작권법상 데이터베이스 제작자의 권리 침해죄는 인정하지 않았으나,[41] 부정경쟁방지법 제2조 제1호 (파)목을 위반한 것으로 인정하면서 손해배상 청구를 일부인용하였다.[42] 위 사건에서 형사 법원은 "데이터베이스의 전부 또는 상당한 부분의 복제"(저작권법 제93조 제1항)에 대한 질적 측면의 판단 기준으로서, "복제 등이 된 부분에 포함되어 있는 개별 소재 자체의 가치나 그 개별 소재의 생산에 들어간 투자가 아니라 데이터베이스 제작자가 그 복제 등이 된 부분의 제작 또는 그 소재의 갱신·검증 또는 보충에 인적 또는 물적으로 상당한 투자를 하였는지를 판단하여야 한다."고 하면서, 데이터베이스의 개별 소재 또는 상당한 부분에 이르지 못하는 부분인 경우에는 "반복적이고 체계적인 복제 등으로 결국 상당한 부분의 복제 등을 한 것과 같은 결과를 발생하게 한 경우에 한하여 인정"된다고 하였다.

퍼블리시티권은 수많은 연예인들과 운동선수들에 의하여 끊임없이 주장되어 오다가, 최근 BTS 화보집 무단 판매 사건의 대법원 판결[43]을 계기로 부정경쟁방지법 제2조 제1호 (타)목으로 신설되었다. 위 BTS 사건에서 대법원은, "연예인들의 사진, 기사 등을 주요 내용으로 하는 잡지를 제작·판매하는 갑 주식회사가 연예인 매니지먼트, 음반 제작, 공연 기획 등 엔터테인먼트 사업을 하는 을 주식회사의 허락 없이 을 회사 소속 유명 아이돌 그룹의 구성원들에 관한 화보집 등을 제작하여 위 잡지 특별판의 특별 부록으로 판매하려 하자,

---

41 대법원 2022. 5. 12. 선고 2021도1533 판결.
42 대법원 2022. 5. 12. 선고 2021도1533 판결.
43 대법원 2020. 3. 26.자 2019마6525 결정.

을 회사가 갑 회사의 행위는 부정경쟁방지 및 영업비밀보호에 관한 법률 제2조 제1호 (파)목[44]에서 정한 부정경쟁행위에 해당한다며 위 특별 부록의 제작·배포 등의 금지 등을 구하는 가처분을 신청한 사안에서, 갑 회사가 위 특별 부록을 제작·판매하는 행위는 공정한 상거래 관행이나 경쟁질서에 반하는 방법으로 자신의 영업을 위하여 을 회사의 성과 등을 무단으로 사용하는 행위로서 위 (카)목의 부정경쟁행위에 해당한다"고 판단하였다.

부정경쟁방지법 중에서 가장 중요한 조항은 제2조 제1호 (파)목이다. 2013. 7. 30.에 신설된 부정경쟁행위 유형의 하나로, 종전 부정경쟁방지법의 적용 범위에 포함되지 않았던 새로운 유형의 부정경쟁행위에 관한 규정이다. 이는 새로이 등장하는 경제적 가치를 지닌 무형의 성과를 보호하고, 입법자가 부정경쟁행위의 모든 행위를 규정하지 못한 점을 보완하여 법원이 새로운 유형의 부정경쟁행위를 좀 더 명확하게 판단할 수 있도록 함으로써, 변화하는 거래관념을 적시에 반영하여 부정경쟁행위를 규율하기 위한 보충적 일반조항이다.

우리나라 법원은 위 규정에 대하여 "(파)목은 그 보호대상인 '성과 등'의 유형에 제한을 두고 있지 않으므로 유형물뿐만 아니라 무형물도 이에 포함되고, 종래 지식재산권법에 따라 보호받기 어려웠

---

44 부정경쟁방지법 제2조 제1호. "부정경쟁행위"란 다음 각 목의 어느 하나에 해당하는 행위를 말한다.
　(카) 그 밖에 타인의 상당한 투자나 노력으로 만들어진 성과 등을 공정한 상거래 관행이나 경쟁질서에 반하는 방법으로 자신의 영업을 위하여 무단으로 사용함으로써 타인의 경제적 이익을 침해하는 행위

던 새로운 형태의 결과물도 포함될 수 있다. '성과 등'을 판단할 때에는 위와 같은 결과물이 갖게 된 명성이나 경제적 가치, 결과물에 화체된 고객흡인력, 해당 사업 분야에서 결과물이 차지하는 비중과 경쟁력 등을 종합적으로 고려해야 한다. 이러한 성과 등이 '상당한 투자나 노력으로 만들어진' 것인지는 권리자가 투입한 투자나 노력의 내용과 정도를 그 성과 등이 속한 산업분야의 관행이나 실태에 비추어 구체적·개별적으로 판단하되, 성과 등을 무단으로 사용함으로써 침해된 경제적 이익이 누구나 자유롭게 이용할 수 있는 이른바 공공 영역(公共領域, public domain)에 속하지 않는다고 평가할 수 있어야 한다. 또한 (파)목이 정하는 '공정한 상거래 관행이나 경쟁질서에 반하는 방법으로 자신의 영업을 위하여 무단으로 사용'한 경우에 해당하기 위해서는 권리자와 침해자가 경쟁 관계에 있거나 가까운 장래에 경쟁관계에 놓일 가능성이 있는지, 권리자가 주장하는 성과 등이 포함된 산업분야의 상거래 관행이나 경쟁질서의 내용과 그 내용이 공정한지, 위와 같은 성과 등이 침해자의 상품이나 서비스에 의해 시장에서 대체될 수 있는지, 수요자나 거래자들에게 성과 등이 어느 정도 알려졌는지, 수요자나 거래자들의 혼동가능성이 있는지 등을 종합적으로 고려해야 한다(대법원 2020. 3. 26. 선고 2016다276467 판결 등 참조)."고 판시[45]하였다.

부정경쟁방지법상 부정경쟁행위 중 (아)목, (차)목, (카)목 중 기술적 보호조치를 무력화하는 행위, (타)목, (파)목의 경우에는 민사적인 제재만 가능하고 형사처벌은 불가능하다.

---

[45] 대법원 2020. 7. 9. 선고 2017다217847 판결.

10. 영업비밀을 보호하려면 어떻게 해야 하나?

영업비밀이란 무엇인가?

부정경쟁방지법 제2조 제2호는 영업비밀이란 "공공연히 알려져 있지 아니하고 독립된 경제적 가치를 가지는 것으로서, 비밀로 관리된 생산방법, 판매방법, 그 밖에 영업활동에 유용한 기술상 또는 경영상의 정보"라고 규정하고 있다. 영업비밀에는 고객 및 거래처 정보, 회계정보(임직원 급여, 원가 등), 개발제품/설비의 설계도 및 디자인, 신제품 아이디어·연구개발노트·실험결과 데이터, 생산/제조방법(혼합비, 설비 매뉴얼 등) 등의 기술상 정보 및 경영상 정보가 모두 포함된다. 또한, 영업비밀 침해행위라 함은 영업비밀을 부정하게 취득, 사용, 공개하는 행위를 말한다.

어떤 것이 영업비밀에 해당하나?

> **사례 23** A기업의 책임연구원 홍씨는 최근 경쟁사인 B기업으로 스카웃되었다. 홍씨는 A기업에서 퇴직하면서 자신의 평생이 담긴 연구노트를 가지고 갔다. 영업비밀침해가 될 수 있을까?

영업비밀에 해당하기 위해서는 비공지성, 경제적 유용성, 비밀 관리성이라는 세 가지 요건을 충족하여야 한다.

비공지성이란 공공연히 알려져 있지 아니할 것을 의미하며, 경제적 유용성이란 독립된 경제적 가치를 가질 것을 뜻한다. 이와 관련하여, 국내에서 사용된 바 없더라도, 국외에서 이미 공개나 사용됨으로써 그 아이디어의 경제적 가치를 얻을 수 있는 자에게 알려져 있는 상태는 영업비밀이 아니라는 판례(서울고등법원 1998. 7. 7. 선고 97나 15229 판결)가 있으며, 영업비밀이란 그 정보가 간행물 등의 매체에 실리는 등 특정 다수인에게 알려져 있지 않기 때문에 보유자를 통하지 아니하고는 그 정보를 통상 입수할 수 없는 것을 말한다는 판례(대법원 2009. 10. 29. 선고 2007도6772 판결)가 있다. 또한, 특허출원으로 공개된 제조기술 이외의 비공개된 기술상 정보가 영업비밀일 수는 있으나 그 기술상 정보가 구체적으로 무엇인지 주장, 증명해야 한다는 판례(대법원 2004. 9. 23. 선고 2002다60610 판결)도 있다.

비밀 관리성이란 비밀로 유지될 것을 의미한다. 과거의 판례[46]에 따르면, "'상당한 노력에 의하여 비밀로 유지된다'는 것은 그 정보가 비밀이라고 인식될 수 있는 표시를 하거나 고지를 하고, 그 정보에 접근할 수 있는 대상자나 접근 방법을 제한하거나 그 정보에 접근한 자에게 비밀준수의무를 부과하는 등 객관적으로 그 정보가 비밀로 유지·관리되고 있다는 사실이 인식 가능한 상태인 것"을 말하였다. 그러나 자금사정이 좋지 않은 중소기업들은 영업비밀 보호를 위한 충분한 시스템을 구비하지 못한 사례들이 많았고 위와 같은 엄격한 기준은 영업비밀보호를 입법화한 취지와는 반대로 많은 중소기업들의 영업비밀을 보호하지 못하는 결과를 낳았다. 이에 2015. 1. 28. 상당한 노력에 의한 비밀관리성 요건을 합리적 노력에 의한 비밀관리성 요건으로 완화하는 한 차례 개정이 있었고, 2019. 7. 9. 징벌적

---

[46] 대법원 2009. 7. 9. 선고 2006도7916 판결, 대법원 2012. 6. 28. 선고 2012도3317 판결.

손해배상을 도입하면서 비밀관리성 요건을 더욱 완화하여 기업들의 영업비밀 보호 제도를 더욱 강화하였다. 비밀관리와 관련하여, 영업비밀 원본증명제도가 있다. 사업자는 특허청 산하 한국특허정보원 영업비밀보호센터www.tradesecret.or.kr의 영업비밀 원본증명제도를 활용할 수 있는데, 원본증명서를 발급받은 자는 영업비밀을 보유한 것으로 추정하므로 영업비밀 침해 분쟁이 있는 경우 영업비밀의 주장·증명에 있어서 보다 유리한 점이 있다.

경제적 유용성, 즉 독립된 경제적 가치를 가진다는 의미는 그 정보의 보유자가 그 정보의 사용을 통해 경쟁자에 대하여 경쟁상의 이익을 얻을 수 있거나 또는 그 정보의 취득이나 개발을 위해 상당한 비용이나 노력이 필요하다는 것을 말한다(대법원 2009. 10. 29. 선고 2007도6772 판결). 판례 중에는, 다른 업체들이 A 회사 제품과 기능이 유사한 제품들을 생산하고 있다거나 타 회사 제품의 데이터시트datasheet 등에 극히 개략적인 회로도가 공개되어 있다고 하더라도, A 회사가 상당한 시간과 비용을 들여 연구개발한 이상 해당 회로도 또는 회로도 파일 등의 기술정보들은 A 회사의 영업비밀에 해당한다고 한 사례(대법원 2009. 10. 29. 선고 2007도6772 판결)가 있다.

영업비밀 침해를 어떻게 예방할 수 있나?

영업비밀이 문제된 경우는 주로 회사 임직원의 퇴직이나 이직으로 영업비밀이 유출되는 사건, 협력업체를 통하여 영업비밀이 유출되는 사건이 대부분이다.

임직원의 퇴직이나 이직과 관련하여 영업비밀이 문제되는 경우를 예방하기 위하여 근로계약서상에 근로자의 전직이나 경업을 금지하는 약정을 사전에 맺기도 하는데, 과도하게 이직 금지 기간을 설정하는 경우에는 근로자의 직업 선택의 자유를 과도하게 침해하게 되므로 그러한 약정은 무효가 된다. 다만 대법원 판례상 퇴직 시부터 1년 정도의 짧은 기간 동안 이직을 금지하는 약정의 경우에는 유효하다.

또한, 추가적으로 영업비밀보호를 위하여, 근로자에게 연구개발에 대한 비밀유지 서약서를 받는다거나, 근로자가 퇴직 시 비밀유지에 대한 각서를 받아 두는 것이 좋다.

협력업체와 관련하여 영업비밀이 문제되는 경우를 예방하기 위하여 계약서 등에서 비밀유지의무를 반드시 명시하여야 한다. 계약 관계에 있는 경우 영업비밀에 관해선 부정경쟁방지법 제2조 제3호 (라)목 내지 (바)목에서 규정하고 있다. 계약을 하기 전에는 신의칙에 의하여 비밀유지의무가 부과되기도 하지만 최소한 양해각서 (MOU)를 통하여라도 비밀유지의무를 규정해 놓는 것이 안전하다. 또한, 계약상 비밀유지의무는 계약이 종료된 후에도 존속됨을 계약서에 분명하게 명시해 주어야 한다.

특히, 공동연구개발을 하는 협력계약이나 연구용역을 맡기는 위탁계약의 경우, 영업비밀에 관한 비밀유지의무를 반드시 계약서상에 명시하여야 한다. 또한, 연구개발의 결과물 또는 개량발명에 대하여 누가 특허 등 지식재산권을 보유할 것인지에 대한 약정도 중요하지만, 개발 결과물에 대한 비밀유지의무를 명확하게 규정할 필요가 있다.

회사가 합병이 되는 경우도 문제이다. 합병 과정에서 영업 일체는 포괄적 이전이 되기 때문에 영업비밀이 문제가 될 수 있다. 가령 원청 업체 A에서 하청 업체 B에게 준 영업비밀은 하청 업체 B가 원청 업체의 경쟁사 C와 합병이 되면 자동으로 경쟁사 C에게 넘어가게 된다. 따라서 계약서상에는 계약 상대방이 제3자와 합병하는 경우 자동으로 계약이 해지된다는 것, 비밀유지의무는 해지된 이후에도 존속된다는 것과 해지 후 영업비밀 자료는 폐기하거나 반환할 것을 명확하게 규정하고 있어야 한다.

마지막으로, 직무발명에 대하여 정당한 보상을 하고 인센티브를 명확하게 규정하여, 임·직원들이 외부에 영업비밀을 유출하지 않으면서도 회사에 대하여 만족할 수 있는 근로환경을 조성해 주는 것이 바람직하다.

영업비밀 보호 강화의 필요에 따른 법률의 개정

부정경쟁방지법에는 2019. 1. 8. 고의적인 영업비밀 침해로 인한 손해배상의 경우, 3배까지 징벌적 손해배상이 가능하도록 하는 규정[47]이 신설되었다. 법원은 침해행위를 한 자의 우월적 지위 여부, 고의 또는 손해 발생의 우려를 인식한 정도, 침해행위로 인하여 영업비밀 보유자가 입은 피해규모, 침해행위로 인하여 침해한 자가 얻은 경제적 이익, 침해행위의 기간·횟수 등, 침해행위에 따른 벌금, 침해행위를 한 자의 재산상태, 침해행위를 한 자의 피해구제 노력의 정

---

47 부정경쟁방지법 제14조의2(손해액의 추정 등) ⑥ 법원은 영업비밀 침해행위가 고의적인 것으로 인정되는 경우에는 제11조에도 불구하고 제1항부터 제5항까지의 규정에 따라 손해로 인정된 금액의 3배를 넘지 아니하는 범위에서 배상액을 정할 수 있다.

도를 고려하여 3배의 손해배상액이 적정한지 판단한다.

영업비밀 침해에 대한 형사적 벌칙도 강화되었다. 2019. 1. 8. 개정된 부정경쟁방지법에서는 부정한 이익을 얻거나 영업비밀 보유자에게 손해를 입힐 목적으로 영업비밀을 지정된 장소 밖으로 무단유출하거나 영업비밀 보유자로부터 영업비밀의 삭제 또는 반환을 요구받고도 이를 계속 보유하는 행위 등도 영업비밀 침해행위로서 처벌하도록 하고, 영업비밀 침해행위에 대한 벌칙을 종전에는 원칙적으로 영업비밀을 외국에서 사용하거나 외국에서 사용될 것임을 알면서도 한 경우에는 10년 이하의 징역 또는 1억원 이하의 벌금, 그밖의 경우에는 5년 이하의 징역 또는 5천만원 이하의 벌금으로 하던것을, 앞으로는 각각 15년 이하의 징역 또는 15억원 이하의 벌금, 10년 이하의 징역 또는 5억원 이하의 벌금으로 상향하였다.

한편, 영업비밀침해 행위에 대하여는 그 미수 행위 뿐만 아니라, 예비·음모 행위까지 처벌하고 있는데, 2019. 1. 8. 개정된 부정경쟁방지법에서는 영업비밀 침해행위의 죄를 범할 목적으로 예비 또는 음모한 자에 대한 벌금액을 상향조정하였다.

직원을 채용할 때,
이것만은
알아두자

CHAPTER 07

스타트업 법률가이드

제7장

직원을 채용할 때, 이것만은 알아두자

이주한 변호사

KEY POINT

▸ 근로계약서의 필요성
▸ 퇴직금 분할지급 약정이 유효한지 여부
▸ 직원들에 대한 영업비밀 보호 방안
   • 비밀유지 서약서
   • 영업비밀 표시 및 관리 등
▸ 경업금지약정의 필요성
▸ 개인정보관리의 중요성
▸ 해고 시 유의사항

1. 직원과의 관계, 왜 중요한가?

창업은 반짝이는 아이디어로 가능하지만, 창업의 성공과 회사의 영속은 결국 인재에 달려있다고 해도 과언이 아니다. 그렇기에 대부분의 회사 홈페이지 첫 화면에는 해당 회사가 원하는 인재상을 나열하고, 인재경영, 인재우선 등을 말하며 인재영입에 열을 올리고 있는 것이다. 스타트업도 다르지 않다. 아니 오히려 1인이 다수의 역할을 해야 하고 소수 직원들의 단합이 중요한 스타트업에서 어떠한 직원을 고용할 것인가의 문제는 일정 규모 이상의 회사에서보다 더욱 중요할 수도 있다.

또한 창업 이후 계속된 퀀텀점프를 하기 위해서는 적합한 인물들의 결합이 중요하다. 이들을 영입하기 위해서 회사의 비전과 목적을 공유하며 주인의식을 가지도록 하는 것이 중요하지만, 회사의 주인이라고 느끼지 못하는 자들에게 주인의식만 강조할 순 없기에, 지분의 제공 및 권한의 분배와 같은 과감한 계약조건을 제시하는 것 역시 중요하다. 또한 회사 초창기부터 함께 했던 직원들이 회사가 발전해감에 따라 결합하는 경력직 등과의 불평등으로 인하여 소외감, 박탈감을 느끼지 않도록 이들에게 적절한 대우와 보상을 해 주는 것 역시 잊지 말아야 할 것이다.

2. 근로계약서는 꼭 써야 하나?

사용자와 근로자간의 사용종속계약인 근로계약은 서면으로 체결하지 않고 구두합의만 하더라도 성립한다. 다만 사용자와 근로자간에 발생할 수 있는 다양한 문제들을 예방하기 위해서는 서면으로 그 내용을 명확히 할 필요성이 있기에 근로기준법 제17조[1]는 근로조건의 명시·서면 교부의무를 규정하고 이를 위반할 경우 500만 원 이하의 벌금에 처하도록 규정하고 있다. 그러므로 당사자 간의 합의 또는 근로자의 거부 표시가 있더라도 위의 내용이 포함된 근로계약서 작성을 생략할 수는 없다.

근로계약서가 잘못 작성된 경우, 즉 근로기준법상의 기준에 미치치 못하는 근로조건을 정한 근로계약은 그 부분에 한하여 무효로 하고, 근로기준법에서 정한 기준으로 바뀌어 적용된다.

한편, 근로기준법 제11조에는 상시근로자 5인 미만 사업장의 경우, 근로기준법 일부 규정의 적용을 제외하고 있는데, 적용이 제외

---

1 근로기준법 제17조(근로조건의 명시) ① 사용자는 근로계약을 체결할 때에 근로자에게 다음 각 호의 사항을 명시하여야 한다. 근로계약 체결 후 다음 각 호의 사항을 변경하는 경우에도 또한 같다.
  1. 임금
  2. 소정근로시간
  3. 제55조에 따른 휴일
  4. 제60조에 따른 연차 유급휴가
  5. 그 밖에 대통령령으로 정하는 근로조건
② 사용자는 제1항 제1호와 관련한 임금의 구성항목·계산방법·지급방법 및 제2호부터 제4호까지의 사항이 명시된 서면을 근로자에게 교부하여야 한다. 다만, 본문에 따른 사항이 단체협약 또는 취업규칙의 변경 등 대통령령으로 정하는 사유로 인하여 변경되는 경우에는 근로자의 요구가 있으면 그 근로자에게 교부하여야 한다.

되는 대표적인 조항은 연장근로 등의 시간제한과 수당지급, 연차휴가 제공, 사용자의 귀책으로 인한 휴업 시 휴업수당 지급, 근로자 해고 시 서면 통지 및 부당해고 구제신청 등으로, 해당 조항이 적용되지 않는다.

그럼 근로계약서에 명시하여 교부하여야 하는 구체적인 내용을 예시를 통하여 살펴보고자 한다. 표준근로계약서로 검색하면 다양한 유형의 표준근로계약서를 확인할 수 있다.

임금

임금의 구성항목, 임금의 계산방법, 임금의 지급방법 등을 명시하여야 한다.

1. 임금은 기본급, 연장수당, 상여금 등으로 구성된다.
2. 기본급은 월 3,000,000원으로 매월 25일 "을"이 요구하는 은행계좌로 입금한다. 기간의 만료일로부터 30일 내에 일방의 계약 종료 통지가 없는 한 계약은 자동으로 연장되며, 연장 이후는 내부 규정에 따라 조정 절차가 있을 수 있다.
3. 연장수당은 시급 10,000원으로 기본급과 함께 지급한다.
4. 상여금은 "갑"의 성과에 따라 연초에 규모를 정하여 지급될 수 있으며, 지급 시점상 재직 중이고 전년도에 재직한 구성원을 대상으로 월할 계산하여 지급 한다. 다만 "갑"이 정한 내부 기준에 따라 기간의 적용을 달리 할 수 있다. 연간기본급여 계약 시 별도의 기준으로 성과급 및 상여금 등의 계약을 체결한 경우 내부 기준에 따라서 상여금 적용 대상에서 제외 한다.
5. 본 규정이 정한 것 외에 별도의 지급규정을 제정할 수 있다.

소정근로시간

2019. 11. 기준으로 1일 근로시간은 휴게시간을 제외하고 8시간을 초과할 수 없으며, 1주간의 근로시간은 휴게시간을 제외하고 40시간을 초과할 수 없다. 과거 연장근로 시간과 휴일근로 시간을 별도로 계산하였으나, 근로기준법 개정으로 휴일근로를 포함하여 1주 최대 연장근로 시간은 최대 12시간이다. 한편, 근로자가 사용자의 지휘·감독 아래에 있는 대기시간 등은 근로시간으로 본다.

1. 1주간의 근무일은 월요일부터 금요일까지 5일이고, 이 경우 매주 토요일은 무급휴무일이다.
2. 근무시간은 오전 9시부터 저녁 6시까지 1일 8시간, 1주간 40시간 이다. 다만 근무시간은 업무 또는 기타 사정에 따라 변경될 수 있으며, 1주 12시간을 한도로 근무시간이 연장될 수 있다.
3. 휴게시간은 1일 1시간이며, 통상 오후 12시부터 1시까지이다. 구성원이 개인 상황에 따라 휴게시간을 변경할 수 있다.

휴일 및 휴가

사용자는 근로자에게 1주에 평균 1회 이상의 유급휴일을 보장하여야 하는데, 업무의 특성상 토요일이 반드시 휴일이 되지는 않으며, 토요일을 휴일 또는 무급휴가일로 할지 결정할 수 있다.

1. 휴일은 주휴일과 근로자의 날을 기본으로 하며 기타 약정휴일의 경우 회사규정에 따른다.
2. 휴가는 연차휴가, 경조 휴가, 모성보호 휴가, 기타 휴가, 청원 휴가, 대체 휴가 등이 있으며 내부에서 정한 규정에 따른다.

3. 휴가 전 구성원은 "갑"이 정한 절차를 따라 진행하여 업무에 차질이 없
   도록 한다.

업무장소 및 업무의 내용

1. "을"의 근무장소는 "갑"이 지정하는 사업장 내로 한다.
2. "을"의 담당 업무는 계약서 검토 및 소송업무 진행 등 법무책임자로서
   의 역할이다. "갑"은 필요에 따라 "을"과 협의한 후, 인사명령에 의해
   "을"의 업무장소와 업무내용을 변경할 수 있다.

계약기간

정규직의 경우 근로계약의 기간을 따로 정하지 않지만, 기간제 근
로자의 경우 기간제 및 단시간 근로자 보호 등에 관한 법률에 따라
계약기간이 필수사항이다.

근로계약기간은 구성원의 입사일(OOOO년 O월 O일)을 초일로 하여 시
작하고, "을"의 사직원 제출에 따른 "갑"의 수리일 또는 기타 퇴직의 효력
이 발생하는 날까지로 한다.

3. 근로자 야근수당, 휴일근무에 대한 규정 및 지급방법은 어떻게 되나?

근로기준법 제50조[2]는 근로시간의 정의 및 1일/1주 근로시간에 대해 규정하고 있고, 법 제53조 제1항[3]에서는 당사자 간의 합의로 1주 12시간을 한도로 연장근로를 할 수 있다는 내용이 규정되어 있다.

야간근로는 법 제56조 제3항[4]에 규정된 바와 같이 오후 10시부터 다음 날 오전 6시까지의 근로로서 근로자가 야간근로를 하게 되면 사용자는 통상임금의 100분의 50 이상을 가산하여 근로자에게 지급하여야 한다.

휴일근로란 법 제55조[5] 제1항에 따라 사용자가 지정한 유급휴일 혹은 제2항에 따라 관공서공휴일에 근로를 하는 것을 말하며, 법 제56조[6]에 따라 통상임금의 100분의 50 이상을 가산하여 근로자에게

---

2 근로기준법 제50조(근로시간) ① 1주 간의 근로시간은 휴게시간을 제외하고 40시간을 초과할 수 없다.

② 1일의 근로시간은 휴게시간을 제외하고 8시간을 초과할 수 없다.

③ 제1항 및 제2항에 따라 근로시간을 산정하는 경우 작업을 위하여 근로자가 사용자의 지휘·감독 아래에 있는 대기시간 등은 근로시간으로 본다.

3 근로기준법 제53조(연장 근로의 제한) ① 당사자 간에 합의하면 1주 간에 12시간을 한도로 제50조의 근로시간을 연장할 수 있다.

4 근로기준법 제56조(연장·야간 및 휴일 근로) ③ 사용자는 야간근로(오후 10시부터 다음 날 오전 6시 사이의 근로를 말한다)에 대하여는 통상임금의 100분의 50 이상을 가산하여 근로자에게 지급하여야 한다.

5 근로기준법 제55조(휴일) ① 사용자는 근로자에게 1주에 평균 1회 이상의 유급휴일을 보장하여야 한다.

② 사용자는 근로자에게 대통령령으로 정하는 휴일을 유급으로 보장하여야 한다. 다만, 근로자대표와 서면으로 합의한 경우 특정한 근로일로 대체할 수 있다.

6 근로기준법 제56조(연장·야간 및 휴일 근로) ① 사용자는 연장근로(제53조·제59조 및 제69조 단서에 따라 연장된 시간의 근로를 말한다)에 대하여는 통상임금의

지급하여야 한다. 다만, 휴일, 연장 근로는 동시에 발생할 수 있는데 (주 40시간을 근무한 근로자가 주휴일에 근무하는 경우), 이 경우에는 8시간 이내의 휴일근로에 대해서는 통상임금의 100분의 50 이상을, 8시간을 초과한 휴일근로에 대해서는 통상임금의 100분의 100 이상을 가산하여 지급하여야 한다.

한편, 법 제57조[7]는 보상휴가제를 규정하고 있는데, 사용자는 근로자대표와의 서면 합의에 따라 연장근로, 야간근로 및 휴일근로 등에 대하여 임금을 지급하는 것을 갈음하여 휴가로 줄 수 있다. 다만, 연장근로, 야간근로, 휴일근로는 통상임금의 100분의 50 이상을 가산하여 임금을 지급해야 하므로, 휴가 역시 100분의 50을 가산한 것을 기준으로 지급하여야 할 것이다(예를 들어 8시간 연장근로를 한 경우, 1일이 아닌 1.5일의 휴가가 부여되는 것이다).

또한, 법 제55조 제2항[8] 및 판례상 인정되는 휴일 사전대체, 사전 휴일대체제가 있는데, 특정한 휴일에 근무하는 경우 그 다음주 특정한 근무일을 사전에 대체하는 제도이다. 관공서 공휴일의 경우에는 법 제55조 제2항에 명시되어 있는데, 근로자대표와 서면합의한 경

100분의 50 이상을 가산하여 근로자에게 지급하여야 한다.
② 제1항에도 불구하고 사용자는 휴일근로에 대하여는 다음 각 호의 기준에 따른 금액 이상을 가산하여 근로자에게 지급하여야 한다.
 1. 8시간 이내의 휴일근로: 통상임금의 100분의 50
 2. 8시간을 초과한 휴일근로: 통상임금의 100분의 100
7 근로기준법 제57조(보상 휴가제) 사용자는 근로자대표와의 서면 합의에 따라 제51조의3, 제52조제2항제2호 및 제56조에 따른 연장근로·야간근로 및 휴일근로 등에 대하여 임금을 지급하는 것을 갈음하여 휴가를 줄 수 있다.
8 근로기준법 제55조(휴일) ② 사용자는 근로자에게 대통령령으로 정하는 휴일을 유급으로 보장하여야 한다. 다만, 근로자대표와 서면으로 합의한 경우 특정한 근로일로 대체할 수 있다.

우 휴일과 근무일을 대체할 수 있다. 주휴일을 대체하는 경우 근로자 당사자와 24시간 전에 합의한 경우 휴일과 근무일을 대체할 수 있다. 휴일에 한정되고 절차를 지켜서 사용하여야 한다는 점이 보상휴가제와 다른 점이다.

4. 퇴직금을 근로자에게 매달 일정금액으로 미리 지급할 수 있나?

사례1 최근 많은 회사들이 근로자들의 퇴직금을 퇴직연금 상품에 가입하여 지급하고 있다. 근로자들에 대한 채권이 있는 회사가 퇴직연금을 압류하여 자신의 채권을 회수할 수 있는지가 문제가 된다. 퇴직연금에 대하여 민사집행법 제246조 1항 4호는 퇴직금의 경우(같은 항 5호)[9]와 마찬가지로 2분의 1에 해당하는 금액까지는 압류할 수 있는 것처럼 규정하고 있어 일응 퇴직연금도 압류할 수 있는 것처럼 보인다. 하지만 근로자퇴직급여 보장법 제7조에서 "퇴직연금제도의 급여를 받을 권리는 양보하거나 담보로 제공할 수 없다"라고 규정되어 있는데, 대법원은 민사집행법과의 관계에서 근로자퇴직급여 보장법은 특별법에 해당하기 때문에 근로자퇴직급여 보장법이 우선하여 적용되고, 채무자의 제3채무자에 대한 금전채권이 법률의 규정에 의하여 양도가 금지가 된 경우에는 특별한 사정이 없는 한 이를 압류하더라도 현금화할 수 없기 때문에 피압류 적격이 없어, 근로자 퇴직급여 보장법상의 퇴직연금채권은 그 전액에 관하여 압류가 금지된다고 판단하였다(대법원 2014. 1. 23. 선고 2013다71180 판결).

---

9 민사집행법 제246조(압류금지채권) ① 다음 각호의 채권은 압류하지 못한다.
　4. 급료·연금·봉급·상여금·퇴직연금, 그 밖에 이와 비슷한 성질을 가진 급여

스타트업 경영자는 계속근로기간 1년에 대하여 30일분 이상의 평균임금을 퇴직금으로 퇴직 근로자에게 지급할 수 있는 제도를 설정해야 한다(근로자퇴직급여 보장법 제8호 제1항). 근로자의 근속연수가 길수록 일시에 지급해야하는 퇴직금이 액수가 커지므로, 부담감을 느낀 사용자는 근로자와 합의 후 월급에 일정액의 퇴직금을 포함하여 지급하는 경우가 있다. 일부 중소기업은 간혹 근로자에게 연봉 속에 퇴직금이 포함되어 있다고 슬쩍 이야기를 하고 근로자가 그 제안을 받아들이게 하는 경우도 있다.

이를 퇴직금분할약정이라고 하는데, 퇴직금은 근로자가 근로계약을 종료하는 시점에 발생하는 채권으로, 이와 같은 사정이 발생하지 않았음에도 불구하고 미리 월급에 퇴직금을 포함하여 지급하는 것은 원칙적으로 무효라는 것이 우리 대법원의 판례이다. 따라서 사용자가 근로자에게 퇴직금이 월급에 포함되어 있다고 말하였고, 근로자가 이를 받아들였다고 하더라도 근로자는 퇴직 시 사용자를 상대로 퇴직금을 청구할 권리가 있고, 실제 실무상 이런 유형의 분쟁이 자주 발생하므로 유의하여야 할 것이다.

하지만 사용자가 월급과 명백히 구분하여 퇴직금을 분할하여 지급하였고 사용자와 근로자 사이에 퇴직금 분할약정이 존재하는 경우에는 사용자가 근로자에게 이중으로 퇴직금을 지급하여야 하는지

채권의 2분의 1에 해당하는 금액. 다만, 그 금액이 국민기초생활보장법에 의한 최저생계비를 감안하여 대통령령이 정하는 금액에 미치지 못하는 경우 또는 표준적인 가구의 생계비를 감안하여 대통령령이 정하는 금액을 초과하는 경우에는 각각 당해 대통령령이 정하는 금액으로 한다.
5. 퇴직금 그 밖에 이와 비슷한 성질을 가진 급여채권의 2분의 1에 해당하는 금액

가 문제될 수 있다. 이 경우 앞서 설명한 것과 같이 퇴직금 발생사유가 발생하지 않았으므로 퇴직금분할약정은 무효이나, 기존에 근로자가 수령한 퇴직금은 법률상 원인 없이 수령한 금원이므로 사용자는 해당 금액에 대하여 부당이득반환을 청구할 수 있다.

이때 사용자가 근로자에 대하여 가지는 부당이득청구권과 근로자의 퇴직금 청구권을 상계할 수 있는지가 문제되는데, 우리 법원은 퇴직금은 근로자의 임금채권과 같은 성질을 가지므로 사용자는 자신이 근로자에 대하여 가지는 채권으로써 근로자의 임금채권을 상계하지 못하는 것이 원칙이지만, 사용자가 상계의 금액과 방법을 예고하는 등 근로자의 경제생활의 안정을 해할 염려가 없다면 상계할 수 있다고 보고 있다. 다만, 이 경우에도 근로자의 생활보장을 위해서 근로자가 가지고 있는 퇴직금 채권의 2분의 1을 초과하여 상계할 수 없으므로, 사용자는 월급에 퇴직금을 포함하여 지급하였다고 하더라도 퇴직금의 2분의 1을 초과하는 금액은 지급하여야 한다.

5. 영업비밀로 보호받기 위해서는 어떠한 조치를 하여야 하나?[10]

> **사례 2** 특수 변압기를 설계, 생산하는 S중소기업의 차장 H와 과장 S가 퇴사를 하면서 거래처 정보와 견적서, 업체별 단가표, 변압기 설계자료 등을 무단 반출한 사건에서 우리 법원은, H 등이 반출한 정보가 사내PC나

---

10 영업비밀보호에 대해서는 제1장과 제6장에서도 설명하고 있지만, 영업비밀과 관련하여 각 단계별로 주의하여야 할 사항이 다르기 때문에 일부 중복된 내용이 있음에도 불구하고 본 장에서도 영업비밀에 관한 내용을 설명하고자 한다.

서적 등에 공개되어있는 정보이기 때문에 S중소기업이 상당한 노력을 기울여 비밀로 유지했다고 보기 어려워 영업비밀에는 해당하지 않지만, 위 정보들이 S중소기업이 상당한 노력과 투자에 의해 제작한 성과물이기 때문에 부정경쟁행위에 해당한다고 판단하여 손해배상 및 침해금지청구를 인용한 바 있다(서울중앙지방법원 2015. 12. 23. 선고 2014가합 514641 판결).[11] 이와 같은 법원의 태도를 보았을 때, 영업비밀 침해를 소송을 제기할 경우 예비적으로 부정경쟁행위를 주장할 필요가 있을 것이다.

영업비밀이란 ① 공공연히 알려져 있지 아니하고(비공지성), ② 독립된 경제적 가치를 가지는 것으로서(경제적 유용성), 합리적인 노력에 의하여 비밀로 유지된(비밀관리성) 생산방법, 판매방법, 그 밖에 영업활동에 유용한 기술상 또는 경영상의 정보를 말한다(부정경쟁방지 및 영업비밀보호에 관한 법률 제2조 제2호). 고객 및 거래처 정보, 임직원 급여/원가 등의 회계정보, 개발제품/설비의 설계도 및 디자인, 신제품 아이디어/연구개발노트/실험결과 데이터 등이 영업비밀에 해당할 것이다.

스타트업의 경우 반짝이는 소수의 아이디어(영업비밀)로 창업한 후 이를 활용하여 회사가 운영되므로 영업비밀을 잘 관리하여 외부에 알려지지 않게 하는 노력이 중요하다.

실무적으로는 스타트업이나 중소기업의 경우 기술개발만 치중하고 영업비밀 보호를 위한 충분한 시스템을 구축하지 못하여 영업비밀이 유출되는 경우 비밀관리성을 인정받지 못하여 해당 유출자에

---

11 피고가 항소를 포기하여 확정되었다.

게 책임을 묻기 어려운 경우가 대부분이다. 이와 같은 현실적 여건을 고려하여 영업비밀을 과거 '상당한' 노력으로 관리할 것에서 '합리적인' 노력으로 관리하였다면 영업비밀로 보호 받을 수 있다고 개정하였지만 '합리적인' 노력으로 관리하였다고 인정받기 위해서는 아래와 같은 조치를 취하여야 할 것이다.

① 직원 입사시 비밀 유지 서약서를 받고 정기적으로 영업비밀에 관한 교육을 실시하고, 특별히 중요한 영업비밀에 관해서는 관련 임직원에게 해당 영업비밀에 대해 별도로 비밀 유지 서약서를 받는 등의 노력을 하여야 한다.

② 회사의 정보를 영업비밀 정보와 일반 정보로 분류하고, 영업비밀 정보도 그 중요성에 따라 다시 분류한다. 그리고 영업비밀 정보에 대외비 또는 비밀등급을 표시하는 등 해당 정보가 비밀 관리대상임을 임직원들에게 알려야 한다.

③ 회사 내에 영업비밀을 관리하는 부서를 두거나 관리책임자를 두고, 영업비밀 관리 대장 등 영업비밀 관리 서류를 만들어야 한다. 또한 직위나 업무에 따라 영업비밀 정보에 접근할 수 있는 권한을 제한하는 등 접근 등급을 달리하여 관리한다.

④ 영업비밀은 접근이 제한된 곳에 보관하고 잠금장치 등을 한 후 접근을 통제하며, 컴퓨터나 서버에 영업비밀을 보관하는 경우에는 전용 저장장치 또는 전용 폴더에 보관하고, 관리자를 통하여 접근하거나 부여받은 비밀번호로 통하여 영업비밀에 접근할 수 있도록 하여야 한다.

⑤ 보안 프로그램을 통하여 영업비밀을 관리하고, 영업비밀을 복사하거나 전송하는 것을 제한할 뿐만 아니라, 부득이하게 이를 복사·전송할 경우에는 파일을 암호화하여야 한다.

⑥ 직원 퇴사시 퇴사 후 준수할 비밀 유지 서약서를 받고 영업비밀에 관한 자료를 모두 반환받은 후 영업비밀을 보유하고 있지 않다는 확인서를 받아야 한다.

이상과 같은 방법으로 영업비밀을 관리하여 영업비밀 유출자에게 책임을 물을 수 있다고 하더라도, 영업비밀 유출로 인하여 회사는 이미 상당한 타격을 입었을 것인바, 향후 책임을 묻는 것보다 영업비밀이 유출되지 않도록 관리하는 것이 가장 중요하다고 할 것이다.

한편 우리 법원은 영업비밀로 유지, 관리되었다고 하기 위해서는 직원들에게 단순히 영업비밀 준수서약을 받는 것만으로는 부족하고, 적어도 정보가 저장되어 있는 매체에 그 정보가 비밀이라고 인식될 수 있도록 표시하여야 하며, 직원들에게 해당 정보가 영업비밀임을 고지하고, 정보의 누설을 막는 보안시스템과 매체의 속성에 맞는 적절한 보관책임자를 두어야 하며, 그 정보에 접근할 수 있는 대상자나 접근 방법을 제한하는 조치를 취하여야 한다고 판단하고 있다.

설령 비밀관리성이 인정되지 않아 영업비밀 침해가 인정되지 않는다고 하더라도 해당 정보가 회사의 상당한 노력과 투자에 의해 제작된 성과물인 경우, 해당 정보를 유출한 자에게 성과 도용행위의 책임을 물어 손해배상을 받을 수 있다. 부정경쟁방지 및 영업비밀보호에 관한 법률 제2조 제1호 카목은 부정경쟁행위에 대한 보충적, 일반적 규정으로, "그 밖에 타인의 상당한 투자나 노력으로 만들어진 성과 등을 공정한 상거래 관행이나 경쟁질서에 반하는 방법으로 자신의 영업을 위하여 무단으로 사용함으로써 타인의 경제적 이익을 침해하는 행위"를 부정경쟁행위로 보고 있다. 어느 정도의 투자나 노력이 투입되어야만 상당한 투자나 노력이라고 할 수 있는 것인가에 대해서는 아직 구체적인 기준이 없지만, 경제적·시간적인 투자뿐만 아니라 정신적·육체적인 노력 등도 함께 고려되기에 이에 대한 입증을 한다면 형사고소 등은 할 수 없지만 민사적으로 손해배상 청구를 하여 손해를 보전 받을 수 있다.

6. 경업금지약정이 왜 필요한가?

사례3 근로자들의 이직이 급증하면서 그에 따른 기업의 영업비밀 유출 방지 필요에서 소속 인력들의 퇴직 이후 경쟁사로 전직 또는 경업을 제한하는 경업금지약정을 체결하는 것은 중국도 마찬가지다. 업무협약을 맺은 중국로펌에서 이와 관련하여 메일을 받는다. 중국로펌과 주고받은 메일의 내용이 경업금지약정을 이해하는데 도움이 될 것이라 생각하여 이를 소개한다.

1. 고용법상 비경쟁계약서(경업금지약정)가 한국법 하에서 유효합니까?
→ 예. 고용 조건에서의 비경쟁계약(경업금지약정)은 한국법에 따라 유효합니다. 그러나 경업금지약정은 직원의 직업 선택의 자유를 제한 할 수 있기 때문에 일정한 조건하에서만 유효합니다.

2. 고용주가 직원이 경쟁 업체에서 일하는 것을 제한할 수 있는 가장 긴 기간은 얼마입니까?

→ 이전 직장에서의 직원의 직위 및 그가 다룬 정보, 제한하는 지역 및 직종, 보상 유무 등에 따라 다릅니다. 일반적으로 6개월에서 1년으로 제한하는 것이 유효합니다(위에서 언급한 조건에 따라 다를 수 있습니다).

3. 고용주는 비경쟁계약기간(경업금지기간) 동안 직원에게 보상금을 지불해야 하나요? 지불해야 한다면 최소 보상금은 얼마입니까?
→ 보상금을 꼭 지급해야 하는 것은 아닙니다. 하지만 보상금이 지급된다면, 직업의 자유를 제한하는 경업금지약정이 유효화 될 가능성이 더욱 높습니다. 보상금은 해당 직원의 이전 연봉과 경업금지기간 등을 고려하여 결정되어야 합니다.

4. 비경쟁계약서(경업금지약정)를 작성하는 데 다른 주의사항이 있습니까?
→ 경업금지약정이 유효하기 위해서는 직원의 이전 직위, 제한 범위(지역, 직종, 회사 등을 얼마나 구체적으로 제한하는지), 직원에 대한 보상, 직원이 이직하는 이유 등을 종합적으로 고려하여 경업금지 기간을 합리적으로 설정하는 것이 중요합니다.

영업비밀준수약정의 일부인 경업금지약정은 근로자가 경쟁업체에 취업을 하거나 스스로 경쟁업체를 설립, 운영하는 등의 행위를 하지 않을 것을 내용으로 한다. 우리 법원은 경업금지약정의 유효성에 관하여 직업 활동의 자유를 직접적으로 제한할 우려가 있고, 퇴직 후 전업금지는 근로자의 생계와 직접적으로 관련되기 때문에 그 효력을 엄격하게 판단하고 있기는 하지만 1~2년의 범위 내에서는 유효하다고 판단하는 경향이 있다.

최근 급속히 진화하고 있는 IT분야에서 근로자들의 이직이 급증하면서 이에 따른 기업의 영업비밀 유출방지 필요에서 기업들은 소속 인력들의 퇴직 이후 경쟁사로 전직 또는 경업을 제한하는 경업금지약정을 체결해 오고 있다. 하지만 근로자의 입장에서는 그동안에 습득한 업무상의 지식이나 경험, 기술로 퇴직 후의 생활을 영위하기에, 같은 분야의 자영업을 운영하지 않겠다거나 퇴사 후 2년 내에 경쟁사에 입사하지 않겠다는 내용의 경업금지 약정이 유효한 것이지가 문제가 된다.

이에 대하여 우리 법원은 "경업금지약정이 존재하더라도 그 약정이 헌법상 보장된 근로자의 직업선택의 자유와 근로권 등을 과도하게 제한하거나 자유로운 경쟁을 지나치게 제한하는 경우에는 선량한 풍속 기타 사회질서에 반하는 법률행위로서 무효라고 봐야 한다"며 "경업금지약정의 유효성 판단은 보호할 가치 있는 사용자의 이익, 근로자의 퇴직 전 지위, 경업제한의 기간 및 지역, 대상 직종, 근로자에 대한 대상의 제공유무, 근로자의 퇴직 경위, 공공의 이익 및 기타 사정 등을 종합적으로 고려하여야 한다"라고 판결(대법원 2007. 3. 29.자 2006마1303 결정)하고 있다.

즉 근로자에 대한 어떠한 반대급부 없이 광범위하게 경업금지를 약정하거나, 해당 근로자가 퇴직 전에 비밀정보를 관리하거나 고위직으로 근무한 자가 아님에도 불구하고 경업금지의 기간 및 지역, 대상 직종을 넓게 약정하는 계약은 헌법상의 권리인 근로자의 직업선택의 자유를 제한하는 약정으로 무효가 될 여지가 있다. 다만, 사용자의 이익 역시 고려대상이기에 퇴직 후 근로자의 경업이 중요한 영업비밀의 누설을 동반하는 등 사용자에게 현저하게 배신적인 경우 또는 사용자와 근로자가 경업금지의 기간 및 지역, 그리고 직종을 제한하여 경업금지약정을 체결한 경우에는 경업금지에 대한 대가조치가 없더라도 사용자를 구제하여야 할 필요가 있으므로 그 약정은 유효한 것으로 볼 수 있다.

7. 직원들에 대한 개인정보 관리도 중요하다.

개인정보란 살아 있는 개인에 관한 정보로서 성명, 주민등록번호 및 영상 등을 통하여 개인을 알아볼 수 있는 정보(해당 정보만으로는 특정 개인을 알아볼 수 없더라도 다른 정보와 쉽게 결합하여 알아볼 수 있는 것을 포함한다)를 말한다(개인정보보호법 제2조 제1호). 해당 정보만으로 또는 쉽게 결합할 수 있는 다른 정보로 한 사람이 특정된다면 그 정보는 개인정보로 보아야 할 것이다.

우리 법원은 성명, 주민등록번호뿐만 아니라 이메일주소 및 아이디, 비밀번호도 가상공간에서 행위자의 인격을 표상한다고 할 것이므로 개인에 관한 정보로서 당해 개인을 알아볼 수 있는 개인정보에 해당한다고 판단하였다.

이와 같은 개인정보는 수집 및 취급에 각별한 주의가 필요한데, 고객들에 대한 개인정보보호와 관련된 문제는 나중에 살펴보도록 하고, 여기서는 직원들에 대한 개인정보 보호에 대해서만 논의하고자 한다.

스타트업을 비롯한 대부분의 회사들은 직원에 대한 개인정보를 수집·보관하고 있다. 개인정보를 수집하고 보관할 필요성은 충분히 인정되지만, 직원들에 대한 개인정보는 별도의 인사파일 등을 통해 보관하고 유출되지 않도록 신경을 써야한다. 특히 주민번호에 대한 관리는 각별히 주의하여야 하고 보관의 필요성이 있다면 암호화 등의 방법으로 관리하여야 할 것이다.

특히 직원들이 회사를 그만둔 경우에는 영업비밀유출 등 필요한 경우에 대비하기 위한 최소한의 정보를 별도로 보관하는 이외 나머지 필요하지 않은 정보는 즉시 폐기하여야 할 것이며, 최소한의 정보를 보관하는 것에 대해서는 서면으로 해당 직원의 동의를 구하는 것이 바람직하다.

8. 해고시 이것만은 유의하자

사례 4 A회사가 B에 대한 징계를 위하여 인사소위원회에 출석을 요구하면서 보낸 통보서와 B의 참여 없이 실시한 인사소위원회의 심의결과를 통지한 통보서, 해고통보서의 각 기재 내용 등 어디에서 구체적으로 원고의 어떠한 행위가 사규위반에 해당하여 징계사유와 해고사유가 되는지에 관한 내용이 전혀 기재되어 있지 않다는 이유로, A회사의 B에 대한 이 사건 해고에는 그 절차상 사용자가 근로자를 해고하기 위해서는 해고사유와 해고시기를 서면으로 통지하여야 그 효력이 있다는 근로기준법 제27조를 위반한 위법이 있다고 판단하여(대법원 2011. 10. 27. 선고 2011다42324 판결), 서면통지 없는 해고는 그 해고사유가 정당한지 부당한지를 떠나 부당해고라고 판단하였다.

근로관계의 종료사유로는 근로자의 의사나 동의에 의하여 이루어지는 퇴직, 근로자의 의사에 반하여 사용자의 일방적 의사에 의하여 이루어지는 해고, 근로자사망, 사용자파산 등 근로자나 사용자의 의사와 관계없이 이루어지는 자동소멸이 있다.

근로자의 의사나 동의에 의하여 이뤄지는 퇴직의 경우 문제가 될 수 있는 부분은 회사에서 사직서를 수리하지 않은 경우, 회사가 대체인력을 구할 시간적 여유 없이 즉시 퇴직하는 경우 또는 근로자의 진정한 의사에 의한 퇴직동의가 아닌 경우 등을 상정해 볼 수 있다.

근로계약기간의 약정이 없는 근로자는 언제든지 사직의 통고를 할 수 있기 때문에, 회사가 사직서를 수리하지 않더라도 회사가 그 통고를 받은 날로부터 1월이 경과하면 퇴직의 효력이 생긴다(민법 제660조 제2항). 다만, 사직의 효력이 발생하기 전 무단결근을 한 경우에는 회사는 계약 위반으로 손해배상청구를 할 수 있다.

회사의 권고사직 요청에 대해 근로자가 이를 수용하여 당사자 간의 합의로 근로자가 사직서를 제출하여 권고사직이 되었지만, 추후 근로자가 자신의 진정한 의사에 기하여 사직서를 제출한 것은 아니라고 다툴 경우, 회사가 근로자의 사직서 제출행위가 진정한 의사가 아님을 알았거나 알 수 있었을 경우에는 무효가 될 수 있다. 예를 들어 사용자가 사직의 의사 없는 근로자로 하여금 어쩔 수 없이 사직서를 작성케 하여 그 중 일부만을 선별 수리하여 이들을 의원면직 처리한 것은 정당한 이유나 정당한 절차를 거치지 아니한 해고조치로서 당연 무효에 해당한다.

근로기준법 제23조에 의해 사용자는 정당한 이유 없이 근로자를 해고할 수 없으며, 해고의 정당한 이유가 있는지는 사회통념상 당해 근로자와의 계속적인 근로관계 유지를 기대할 수 없을 정도의 사정이 있는지에 따라 개별적, 구체적 사안별로 판단하여야 한다. 즉, 사용자의 일방적 의사에 의하여 이루어지는 해고는 엄격한 요건 하에서만 허용된다.

정당한 이유가 인정되는 해고의 유형은 질병, 업무능력의 상실 등과 같은 일신상 사유에 의한 통상해고, 학력·경력의 사칭·은폐, 이력서 허위기재, 무단결근 등 불성실근무, 동료 또는 상사에 대한 폭력 행사 등 행태상 사유에 의한 징계해고 등과 같이 근로자에게 책임 있는 사유와 부득이한 경영상의 필요가 있는 경우가 있다.

징계해고의 경우 유형별 구체적 사유에 있어서도 정당한 이유의 유무 등 여러 가지 사정을 종합적으로 고려하여 개별적으로 판단하여야 한다. 긴박한 경영상의 필요에 의하여 다수의 근로자를 해고하는 경영상 해고의 경우에는, 해고되는 근로자 수가 많고 근로자의 귀책은 고려되지 않기 때문에 근로기준법은 경영상 해고를 엄격하게 제한하고 있다. 경영상 해고를 하기 위해서는 ① 긴박한 경영상의 필요가 있어야 하고, ② 사용자가 근로자의 해고 범위를 최소화하기 위하여 경영방침이나 작업방식을 합리화 하고 신규채용을 금지하며 일시 휴직 및 희망 퇴직을 활용하는 등 해고회피노력을 다했어야 한다.

모든 해고에 있어서 사용자는 적어도 30일 전에 근로자에게 예고를 하여야 하고, 그렇지 않을 경우 30일분 이상의 통상임금을 지급하여야 한다. 이를 위반하면 2년 이하의 징역 또는 1천만 원 이하의 벌금에 처해질 수 있다. 해고의 정당한 이유가 있는 경우에도 해고의 절차는 단체협약이나 취업규칙 등에 규정된 해고절차를 준수해야 하고, 그렇지 않을 경우 징계사유가 인정되는 여부에 관계없이 절차에 있어서의 정의에 반하는 처사로 무효가 될 수 있다.

한편, 수습사용기간은 당해 근로자가 앞으로 담당하게 될 업무를 수행할 수 있는가에 관하여 그 능력 등을 평가하여 본 채용 여부를 결정하기 위한 기간으로서 해고를 정당화할 수 있는 이유의 범위가 정상근로자의 경우보다 넓지만, 이 경우에도 해약권의 행사가 객관적으로 합리적인 이유가 존재하며 사회통념상 상당하다고 인정되어야 할 것을 요한다. 우리 법원도 "시용기간 중의 근로관계는 수습사원으로 발령한 후 일정기간동안 당해 근로자가 앞으로 담당하게 될 업무를 수행할 수 있는가에 관하여 그 인품 및 능력 등을 평가하여 정식사원으로서의 본 채용 여부를 결정하는 것이므로 일종의 해약권유보부 근로계약으로서 시용기간 중의 채용거부는 유보해약권의 행사라 할 것인데, 위와 같은 해약권의 행사는 시용이라는 것 자체가 당해 근로자의 자질, 성격, 능력 등 그 일에 대한 적격성 여부를 결정하는 단계이므로 통상의 해고보다는 광범위하게 인정될 수 있는 것이지만 그 적격성 여부의 결정은 시용기간 중에 있어서의 근무태도, 능력 등의 관찰에 의한 앞으로 맡게 될 임무에의 적격성 판단에 기초하여 행해져야 하고 그 평가가 객관적으로 공정성을 유지하여야 하며 위 해약권의 행사는 객관적으로 합리적인 이유가 존재하여 사회통념상 상당하다고 인정되어야 할 것입니다"라고 판결(대법원 1992. 8. 18. 선고 92다15710 판결)하고 있다.

9. 사업주와 다른 성(性)의 직원을 채용하는 경우 직장 내 성희롱 예방교육도 잊지 말자

사업주는 직장 내 성희롱을 예방하고 근로자가 안전한 근로환경에서 일할 수 있는 여건을 조성하기 위하여 직장 내 성희롱의 예방을 위한 교육을 매년 실시하여야 한다(남녀고용평등과 일·가정 양립 지원에 관한 법률 제13조 제1항). 성희롱 예방교육을 실시해야 하는 사업장의 범위는 근로자 1인 이상 전 사업장이 대상이지만, 사업의 규모나 특성 등을 고려하여 사이버 교육 등을 통하여 실시할 수도 있다. 또한 상시 10인 미만의 근로자를 고용하는 사업장과 사업주 및 근로자모두가 남성 또는 여성 중 어느 한 성으로 구성된 사업장의 경우에는 홍보물을 게시하거나 배포하는 방법으로 직장 내 성희롱 예방 교육을 할 수 있다.

직장 내 성희롱이라 함은 사업주, 상급자 또는 근로자가 ① 직장 내 지위를 이용하거나 업무와 관련하여 다른 근로자에게 성적인 언동 등으로 성적굴욕감 또는 혐오감을 느끼게 하거나, ② 성적 언동 그밖의 요구 등에 대한 불응을 이유로 고용상의 불이익을 주거나 그에 따르는 것을 조건으로 이익 공여의 의사표시를 하는 행위를 말한다. 성희롱의 형태는 상대방의 신체를 만지거나 껴안는 등 성추행으로 인정되지 않는 정도의 신체접촉에 의한 육체적 행위, 음담패설이나 회식자리에서 술을 따르도록 강요하는 등 언어적 행위, 음란한 사진, 그림 등을 전송하거나 공개된 장소에서 보는 등 시각적 행위로 구분되고 있다.

성희롱 예방교육의 내용에는 ① 직장 내 성희롱에 관한 법령, ② 해당 사업장의 직장 내 성희롱 발생 시의 처리 절차와 조치 기준, ③ 해당 사업장의 직장 내 성희롱 피해 근로자의 고충상담 및 구제절차, ④ 그밖에 직장 내 성희롱 예방에 필요한 사항이 반드시 포함되어야 한다.

사업주가 직장 내 성희롱을 한 경우 1천만 원 이하의 과태료가 부과될 수 있고, 사업주가 성희롱 예방 교육을 하지 아니하거나, 성희롱 예방 교육의 내용을 근로자가 자유롭게 열람할 수 있는 장소에 항상 게시하거나 갖추어 두지 아니한 경우에는 각 500만 원 이하의 과태료가 부과될 수 있다.

사업주가 아닌 자가 행한 직장 내 성희롱행위에 대해서는 사용자 처벌규정은 없지만, 공개적인 회식자리 등에서 이루어진 행위를 사용자가 예방하지 못하면 손해배상책임 등을 면할 수 없다. 직장 밖에서 발생하는 언어적 성희롱행위자에 대해 처벌규정이 없는 현실을 감안하여, 직장 내 언어적 성희롱행위자에 대한 처벌에 대하여도 법에 규정이 없다. 다만 신체접촉에 의한 육체적 행위가 성추행으로 인정되는 경우, 음란물을 전송한 경우 등은 형법, 정보통신망 이용촉진 및 정보보호 등에 관한 법률 등의 위반이 될 수 있다.

10. 직원에게 산재사고가 발생한 경우에 대해 알아보자.

산업재해란 근로자가 업무에 관계되는 건설물·설비·원재료·가스·증기·분진 등에 의하거나 작업 또는 그밖의 업무로 인하여 사망 또는 부상하거나 질병에 걸리는 것을 말한다(산업안전보건법 제2조 1호). 산업재해보상보험법에서는 업무상 재해를 정의하고 있는데, 이에 따르면 업무상의 사유에 따른 근로자의 부상·질병·장해 또는 사망을 업무상 재해라 하고(산업재해보상보험법 제5조 제1항), 여기서 업무상 사유란 업무수행성과 업무기인성이 있는 경우를 말한다.

업무수행성이란 근로자가 사용자의 지휘·명령에 따라서 업무를 행하는 것을 말하는데, 근로자가 현실적으로 업무수행에 종사하는 동안만 인정할 수 있는 것이 아니라 업무수해에 수반되는 활동과정에서 일어난 재해도 업무수행성이 인정된다. 따라서 업무를 준비하거나 마무리하는 행위, 그 밖에 업무에 따르는 필요적 부수행위, 업무수행 중에 용변 등 생리적 필요행위, 사업주의 지시를 받아 사업장 밖에서 업무를 수행하는 행위 등은 모두 업무수행성이 인정된다.

업무기인성이란 재해가 업무에 기인하여 발생하는 것을 말하는데, 근로자의 재해가 업무상의 사고를 원인으로 하여 일어나야 한다는 것이다. 통상 재해 등의 발생에 다수의 원인 또는 조건이 경합하고 있으므로 각 인과관계의 경중을 평가하여 업무기인성의 성립여부를 판단하되, 업무상의 행위나 작업조건 또는 작업환경과 재해 사이에 상당인과관계가 있으면 업무기인성이 인정된다.

근로자 1인 이상 전 사업장에서, 업무상의 사유로 부상을 당하거나 질병에 걸려 4일 이상 요양이 필요한 근로자는 '요양급여신청서'에 재해발생경위를 정확히 작성하여 사업주와 산재보험 의료기관의 확인을 받은 후 사업장을 관할하는 근로복지공단 지사로 제출하여야 한다. 사업주가 산재처리를 거절하는 경우에도 요양신청이 가능하며, 산재보험 의료기관은 근로자의 재해가 업무상의 재해로 판단되면 근로자를 대신해 요양급여의 신청을 대행할 수 있다.

고혈압, 고지혈증 등 기왕증이 있는 경우에도 업무상 과로, 스트레스와 재해 사이에 상당인과관계가 의학적으로 인정되면, 기왕증이 있더라도 산재사고로 인정된다. 요양기간 중 새로운 질병이 발생하거나 치료가 종결되고 재발된 경우에도 산재보상을 받을 수 있다. 사업주가 산재보험료를 체납하고 있는 사업장이라고 하더라도 재해를 당한 근로자는 산재보상이 가능하다.

한편 사업주는 산업안전보건법 제23조(안전조치) 제1항부터 제3항까지 또는 같은 법 제24조(보건조치) 제1항을 위반하여 근로자를 사망에 이르게 한 경우 7년 이하의 징역 또는 1억 원 이하의 벌금에 처해지거나(산업안전보건법 제66조의2), 위 조항이 적용되지 않더라도 업무상 과실 또는 중대한 과실로 사람을 사상에 이르게 한 경우로 판단될 경우 형법 제268조에 의하여 5년 이하의 금고 또는 2천만 원이하의 벌금에 처해질 수 있다. 형사처벌과 별도로 사업주는 민사상불법행위에 의한 손해배상책임을 부담할 수 있으며, 산업안전보건법, 국가를 당사자로 하는 계약에 관한 법률에 의거 작업중지, 입찰참가자격제한 등 행정적 책임을 부담할 수 있다.

분쟁이
발생한 경우,
어떻게 하지?

CHAPTER 08

스타트업 법률가이드

제8장

분쟁이
발생한 경우,
어떻게 하지?

권오훈 변호사

KEY POINT

▸ 분쟁의 다양한 종류
  • 동업자간 분쟁
  • 투자자와의 분쟁
▸ 내용증명의 의미와 그 효력
▸ 독촉절차의 활용
▸ 가압류 가처분을 통한 압박
▸ 민사소송과 형사소송의 구분

---

1. 분쟁의 종류를 이해하자

사업을 진행하다 보면 필연적으로 동업자 간 의견 충돌이 발생한다. 방향성에 대한 동업자 사이의 각자의 생각이 다를 수밖에 없기 때문이다. 충돌이 원만하게 해결되면 제일 좋겠지만, 안타깝게도 법적인 다툼으로 이어지기도 한다. 사업 당사자들 간의 다툼은 결국 어떤 방식으로건 결론을 도출해야 한다. 그렇지 않고서는 사업이 정상적으로 진행되기 어렵기 때문이다.

상대방과의 분쟁은 여러 종류가 있지만 크게 금전적 분쟁과 비금전적 분쟁으로 나눌 수 있다. 금전적 분쟁은 상대방에게 받을 돈을 달라는 종류의 법적 다툼을 의미한다. 현실적으로 많은 분쟁들이 돈과 관련되어 있다. 그 중 대표적인 분쟁이 상대방이 돈을 갚지 않는 이른바 채무불이행이다. 채무불이행이란 상대방이 나에게 무언가 (그 중에서도 특히 돈)를 지급해야 할 약속인 채무를 지키지 않는 것을 말한다.

비금전적인 분쟁은 돈 외의 것에 관한 다툼이다. 스타트업에서 빈번하게 발생하는 비금전적 분쟁은 저작권 또는 상표권 등 지적재산권 관련된 분쟁이다. 새롭고 독창적인 아이디어가 생명인 스타트업 사업에서 저작권에 대한 분쟁이 발생하여 패배하기라도 한다면 사업 그 자체에 치명적인 손해가 발생할 수도 있다.

상대방이 잘못된 납품을 했을 경우 또는 그 반대의 경우에도 분쟁이 발생한다. 소비자에게 제품을 판매하는 스타트업의 경우 여러 가지 여건상 직접 제조 공장을 운영하지 못하는 경우가 많다. 만약 자사가 공급한 제품에 일부 불량이 발생했을 경우 이를 수령한 나의 고객이 나에게 불만을 제기할 수도 있다.

한편 분쟁 주체에 따라서도 종류를 나눠볼 수 있다. 동업자간(주주간) 분쟁, 투자자와의 분쟁, 고객과의 분쟁 등 세 종류가 그것이다. 이처럼 다양한 종류의 분쟁이 가능한데, 그 종류에 따라 대비해야 할 사항과 분쟁 양상이 달라지므로 스타트업으로서는 각 유형에 맞게 대비를 할 필요가 있다.

동업자간(주주간) 분쟁

스타트업을 나홀로 설립한 1인 기업도 있지만, 그보다는 여러 동업자가 같이 설립한 스타트업이 현실적으로 더 많다. 유상증자 등을 통해 투자금을 유치해야 원활히 사업을 진행할 수 있는 스타트업의 특성상, 기업 형태는 주로 주식회사로 설립된다. 따라서 자연스럽게 스타트업의 동업자들은 회사의 공동주주로 자리 잡게 된다.

문제는 동업자 간 다툼이 발생했을 경우이다. 사업을 진행하다 보면 사업의 진행 방향에 대해 때때로 의견 충돌은 일어나기 마련이다. 그러나 단순한 의견 충돌을 넘어 한쪽 당사자와 권리관계에 대한 충돌이 일어나 상대방에게 무언가를 요구할 수밖에 없는 상황에 이른다면, 결국은 법적으로 해결할 수밖에 없게 된다.

동업자들은, 공동주주일 가능성이 높기 때문에, 동업자간의 분쟁은 공동주주간 분쟁으로 귀결되는 경우가 많다. 주주간 분쟁은 회사의 경영권을 놓고 다툼이 벌어지는 분쟁 유형이다. 따라서 무엇보다도 회사가 운영되는 기본적인 룰인 정관, 그리고 법으로 정해놓은 상법상 주주의 권리를 숙지하는 것이 중요하다.

(1) 동업자 간 이익 분배로 인한 분쟁

우선 동업자 간 회사의 이익 분배에 대한 분쟁을 살펴보자. 회사의 영업활동으로 인한 이익은 회사로 귀속되어야 함은 당연하다. 그런데 회사를 경영하고, 자금이 손에 잡히다 보면, 회사가 아닌 개인의 몫으로 이익을 챙기고 싶은 유혹에 빠질 수 있다. 실제로, 회사의 통장으로 들어가야 하는 돈이 어느새 개인의 통장으로 흘러가는 일이 비일비재 하다. 그런데 회사는 엄연한 별개의 인격체인 법인이다. 즉 주주가 회사의 일부 또는 전부를 주식의 형태로 소유하고 있다 하더라도 주주와는 독립적으로 존재하는 개체로 인정되는 것이다.

만약 회사로 정당하게 귀속되어야 하는 돈을 주주 개인이 몰래 빼돌리면 어떻게 될까? 이러한 행위는 형사적으로 횡령 또는 배임에 해당할 것이다. 횡령죄란 타인의 재물을 보관하는 자가 그 재물을 횡령하거나 그 반환을 거부하는 경우에 성립한다. 여기서 "타인"에는 회사도 포함된다. 만약 동업자가 회사의 대표이사나 기타 임원직을 겸하고 있다고 한다면, 동업자는 회사를 위하여 일하는 사람으로 취급된다. 따라서 회사의 돈을 보관하면서 쓰고 있다면 당연히 회사를 위하여 그러한 돈도 보관해야 한다. 그런데 만약 동업자가 회사가 아닌 본인 자신을 위하여 돈을 썼다면 이러한 행위는 횡령인 것이다.

비슷한 개념으로는 배임이 있다. 배임이란 타인의 사무를 처리하는 자가 그 임무에 위배하는 행위로써 재산상의 이익을 취득하거나 제삼자로 하여금 이를 취득하게 해 본인에게 손해를 가한 경우를 의미한다. 동업자가 대표이사나 기타 임원직을 겸하고 있다는 동업자는 타인, 즉 회사의 사무를 처리하는 자에 해당한다. 대표이사 등은 당연히 회사를 위하여 회사의 업무를 처리할 의무가 있다. 그런데 만약 회사의 돈을 개인적으로 썼다면 어떨까? 이러한 행위는 회사에 대한 배신행위로 인정되어야 마땅할 것이다. 따라서 형법은 회사에 대한 배신행위로 인하여 본인 또는 제삼자가 이득을 취했다면, 배임죄로 처벌하고 있다.

동업자가 회사의 자산을 착복한 경우에는 이처럼 형법상 죄를 따질 수 있지만 동시에 민사적으로도 손해를 청구할 수 있다. 다만 민사소송에서 이기기 위해서는 증거의 확보가 무엇보다 중요하다. 특히 이익분배에 관한 근거가 명확히 나와 있는 문서가 필요하다. 주주 간 계약서는 동업자와의 다툼이 일어날 경우 가장 핵심적인 증거가 된다. 계약서는 모든 일이 잘 풀리고 있을 때는 불필요한 것처럼 느껴질 수 있다. 그러나 명확한 분배 규칙 등을 정하기 위해서는 계약서가 반드시 필요하다.

(2) 의사 결정 과정에서의 불일치

회사를 운영하는 동업자 간에 이심전심으로 모든 의사결정이 동일하게 이루어진다면 그보다 좋은 경우는 없을 것이다. 그러나 현실적으로는 의사 결정이 만장일치로 이루어지기는 쉽지 않다. 따라서 의견이 갈리는 부분에 대해서는 다수결로 결정할 수밖에 없다.

주식회사의 경우 의사 결정은 주식의 소유 비율에 의해 좌우된다. 주식을 많이 소유할수록 더 많은 의사 결정에 관여할 수 있다. 주식회사의 공식적인 의사 결정은 주주총회에서 이루어진다. 주주총회는 보통결의가 원칙이지만 상법에 규정이 있는 경우에는 특별결의에 의해야 한다.

여기서 의결권이란 주주가 주주총회에 출석하여 결의에 참가할 수 있는 권리를 말한다. 그리고 출석 주주의 의결권수와 발행주식총수의 조건은 둘 다 충족해야 하는 "and" 요건이다.

① 주주총회 특별결의 사항

주주총회 특별결의 요건 = 출석한 주주의 의결권의 3분의 2 이상
의 수와 발행주식총수의 3분의 1 이상의 수
 - 정관의 변경
 - 영업의 전부 또는 중요한 일부의 양도, 영업 전부의 임대 또는
   경영 위임
 - 회사의 영업에 중대한 영향을 미치는 다른 회사와의 영업 전부
   또는 일부의 양수
 - 주식매수선택권의 부여
 - 이사 또는 감사의 해임
 - 자본금의 감소, 합병 및 분할, 사후설립, 임의 해산
 - 주주 외의 자에 대한 전환사채 및 신주인수권부 사채의 발행
 - 주식의 포괄적 교환, 주식의 포괄적 이전, 주식분할, 주식의
   할인발행

② 주주총회의 보통결의 사항

주주총회 보통결의 요건 = 출석한 주주의 의결권의 과반수와 발
행주식총수의 4분의 1 이상의 수
 - 이사, 감사, 청산인의 선임, 보수 결정
 - 주주총회의 의장의 선임
 - 자기주식의 취득 결의, 지배주주의 매도청구권

- 결손보전을 위한 자본금의 감소, 법정준비금의 감소
- 재무제표의 승인, 이익의 배당, 주식배당
- 검사인의 선임, 청산인의 해임, 청산 종료의 승인

③ 이사회의 결의사항
이사회의 결의 = 이사 과반수의 출석과 출석이사의 과반수
- 사채의 발행, 주식양도의 승인, 주식매수선택권의 취소
- 자기주식의 처분, 자기주식의 소각
- 회사의 중요한 자산의 처분 및 양도, 대규모 재산의 차입
- 지배인의 선임 및 해임, 지점의 설치, 이전, 폐지
- 이사의 직무 집행 감독
- 주주총회 소집권, 이상회 소집권자의 특정
- 이사와 회사 간의 거래 승인, 이사의 경업 거래 승인
- 재무제표의 승인, 영업보고서의 승인
- 중간배당
- 간이 합병, 소규모 합병의 합병계약서 승인
- 간이 주식 교환, 소규모 주식 교환

위 표에서 알 수 있듯이 의결권을 얼마나 갖고 있는지에 따라 회사의 의사결정에 관여할 수 있는 정도가 달라진다. 의결권의 보유 정도에 따라 이사들의 급여, 선임 및 해임 등은 물론, 영업 양도, 전환사채 발행 등 회사 자산과 관련한 중요한 사항도 결정할 수 있다. 의결권은 일반적으로 주식회사의 보통주식 1주당 1개가 있으므로, 주

식의 소유가 곧 회사의 지분율을 의미한다.

지분율에 따라 행사 가능한 주주의 권리를 정리하면 다음과 같다.

ⅰ) 3% – 위법행위 감시 및 통제

3%의 지분을 가진 주주는 주식회사의 위법행위를 감시 및 통제할 수 있다. 이러한 주주는 임시주주총회 소집을 청구할 수 있고 주식회사의 회계장부를 열람할 수 있다. 또한 회사의 업무집행 및 재산상태를 조사하기 위하여 법원에 검사인 선임을 청구할 수도 있다.

ⅱ) 25% – 단독 출석 시 보통결의사항 통과 가능

위에서 살펴본 바와 같이 주주총회의 보통결의사항은 출석한 주주가 보유한 의결권의 과반수와 발행주식총수의 4분의 1 이상이 찬성하는 경우 통과할 수 있다. 따라서 만약 다른 주주가 주주총회에 등장하지 않는다면, 25% 지분만으로도 보통결의사항을 통과시킬 수 있다.

ⅲ) 33.4% – 단독 출석 시 특별결의사항 통과 가능

주주총회의 특별결의사항은 출석한 주주가 보유한 의결권의 3분의 2와 발행주식총수의 3분의 1 이상이 찬성하는 경우 통과된다. 만약 다른 주주가 주주총회에 등장하지 않는다면, 33.4%의 지분을 가진 주주가 주주총회에 단독으로 출석하더라도 특별결의 사항을 통과시킬 수 있다.

ⅳ) 50% + 1주 – 보통결의사항 통과 가능

전체 주식의 50%을 소유하고 1주만 더 있더라도 해당 주주는 과반 주주가 된다. 보통결의사항은 출석한 주주의 과반수 및 총의결권

의 4분의 1 이상의 찬성이 필요하다. 따라서 과반 주주를 가진 자는 다른 주주의 의사와 상관없이 보통결의사항을 통과시킬 수 있다.

ⅴ) 66.7% - 특별결의사항 통과 가능

마지막으로, 전체 주식의 66.7%, 즉 2분의 3 이상을 지닌 주주는 특별결의사항도 단독으로 통과시킬 수 있다. 2분의 3 이상을 가진 주주가 출석한 경우 모든 주주가 출석하였더라도 출석한 주주의 2분의 3의 의결권이 찬성을 하게 되며, 전체 의결권의 1분의 3 이상이 찬성하게 된다. 특별결의사항까지 통과할 수 있다면 회사의 전체를 좌우할 수 있는 지위에 있는 것이다.

만약 주주총회결의에 하자가 있으면 어떨까? 주주총회는 법령 및 정관에서 요구되는 소집절차를 통해서 이루어져야 한다. 또한 법에서 요구하는 정족수를 지켜야 한다. 만약 이러한 과정에서 문제가 있다면 이는 하자 있는 주주총회결의에 해당한다. 따라서 하자의 내용과 정도에 따라 결의취소소송, 결의무효확인소송, 결의부존재확인소송 등 각종 소송을 진행할 수 있다.

먼저 결의취소소송은 '주주총회의 소집절차 또는 결의 방법이 법령 또는 정관에 위반하거나 현저하게 불공정한 때 또는 그 결의의 내용이 정관에 위반한 때'에 제기할 수 있다. 다만 이 경우 결의일로부터 2개월 내에 소송을 제기해야 한다. 주주총회를 소집할 때는 이사회결의가 있어야 하는데, 이사회결의 없이 주주총회를 소집하는 등 절차상 하자가 있을 때가 그러하다. 이러한 소송은 주주와 이사, 감사만이 소를 제기할 수 있다.

다음으로 주주총회 결의 무효 확인의 소는 '주주총회결의의 내용이 법령에 위반하는 실질적 하자가 있는 경우'에 제기할 수 있다. 무효를 확인하는 소송이기 때문에 누구든지 소송을 제기할 수 있고 제소기간도 제한이 없다. 무효에 해당하는 주주총회 결의내용은 무엇일까? 무엇보다도 주주평등의 원칙에 반하는 결의를 꼽을 수 있다. 주주평등의 원칙이란 주주가 소유하는 주식수를 기준으로 평등대우를 하는 것을 말하는 상법상의 원칙이다. 만약 특정한 주주에게만 특혜를 주는 주주총회 결의가 있었는데 해당 주주가 이에 대해 반발한다면 그러한 주주총회 결의는 무효에 해당할 수 있는 것이다.

마지막으로 주주총회 결의 부존재 확인의 소는 '총회의 소집절차 또는 결의방법에 총회결의가 존재한다고 볼 수 없을 정도로 중대한 하자가 있는 경우'에 제기할 수 있다. 절차상의 하자라는 점에서는 결의취소소송과 유사하지만, 하자가 너무나도 심각한 경우에는 부존재 확인을 하게 된다. 주주총회를 소집할 권한이 없는 자가 이사회의 주주총회 소집결정도 없이 소집한 경우라든가, 주주 모두에게 적법한 소집통지를 하지 아니하였고 주주 아닌 사람이 주주로 참석하여 의결한 경우 등이 심각한 하자에 해당한다. 결의취소소송과 달리누구나 소송을 할 수 있고 기간에도 제한이 없다.

투자자와의 분쟁

스타트업이 보다 크게 성장하기 위해서는 외부 투자가 필수적이다. 초기 스타트업은 엔젤 투자자를 유치하기 위해 많은 노력을 기울이기도 한다. 시리즈 A, B, C, 나아가 IPO로 진행하면서 각 단계별로 맞는 투자자로부터 투자를 받는 것도 중요하다.

그러나 경영활동을 진행하면서 투자자의 간섭이 심해지거나, 투자금 회수를 요구하는 등 투자자와의 갈등이 발생할 수 있다. 초기 투자에 민감한 스타트업일수록 투자자와의 갈등을 해결하기 난감해할 수 있다. 그러나 투자자와의 법적인 관계를 명확히 해야 향후 보다 큰 분쟁을 예방할 수 있다. 투자자와의 주된 분쟁 유형을 살펴보자.

(1) 투자자가 근거 없이 투자금 회수를 요구하는 경우

투자자가 자금 흐름이 중요한 사업체인 경우, 처음 투자를 했을 때와 자금 흐름 사정이 불리해졌다면, 피투자기업에 대하여 무리한 투자금 회수를 요구할 수도 있다. 이러한 분쟁을 피하기 위해서는 피투자기업으로서는 투자를 받을 당시에 명확한 투자금 회수 규정이 있는 계약서를 사전 대비해 놓아야 한다.

문제는 그러한 계약서가 구비되어 있지 않거나 계약서가 있다 하더라도 제대로 된 조항이 있지 않을 때 발생한다. 투자자는 피투자기업에 비해 상대적으로 협상력이 높은 위치에 있을 가능성이 있기 때문에, 투자자의 요구에 일방적으로 끌려 다닐 위험이 있다.

이와 같은 상황에서 피투자기업은 당황하기 마련이다. 그러나 투자자도 계약이나 법적인 규정 없이 무작정 투자금을 회수할 수는 없다. 따라서 피투자기업인 스타트업은 후술하는 내용증명 발송 등을 통해 사실관계를 명확히 하고 차후 발생할 수 있는 분쟁에 대비하여 유리한 증거를 사전에 확보하도록 해야 한다.

(2) 투자자가 법령에 위반되는 계약서 체결을 강요하는 경우

스타트업이 투자자로부터 투자를 받을 때 대부분의 경우 투자자가 제공하는 계약서 양식에 따라 투자계약을 체결한다. 투자계약서는 이제는 많이 정형화 되어 대동소이 하긴 하지만, 많은 경우 해외의 투자계약서를 그대로 번역한 것을 그대로 쓰기도 한다. 해외에서 많이 쓰이는 규정이라 하여 국내에서 쓰지 못하는 것은 아니지만, 국내 법리와 맞지 않는 조항이 계약서에 남아 있는 경우도 많다.

업계에서 자주 쓰이는 양식이라 하여 국내 법령에 완벽하게 합치하는 것은 아니다. 예를 들어 상환 옵션이 그러하다. 상법에 따르면 회사가 상환주를 취득하기 위해서는 우선주 상환금액이 재무제표상 이익잉여금을 초과할 수 없다. 즉 회사가 결손금이 누적된 상태 또는 이익 잉여금이 충분하지 않은 상태에서는 우선주 투자자라 하더라도 상환청구권을 행사할 수 없는 것이 상법의 취지다.

그러나 많은 경우에 회사의 사정과 상관없이 투자자가 상환권을 행사할 수 있도록 계약을 맺는다. 회사로서는 이러한 계약 조항이 상법에 위반될 수 있음을 주장하여 불필요한 회사의 손해를 방지해야 한다.

2. 분쟁 해결의 흐름을 알아보자

사업이 원활하게 진행될 때는 잘 드러나지 않던 문제들이 분쟁이 발생하게 되면 수면에 떠오르는 경우가 많다. 그러나 막상 분쟁을 해결하고자 할 때는 어떻게 접근해야 하는지 막막할 수 있다. 분쟁의

종결은 결국 소송이지만, 현실적으로 법으로 모든 것을 해결하지 못하는 경우도 많다. 법원의 판결은 시간과 비용이 많이 드는 지난한 과정이므로, 분쟁에 따라서는 판결보다 당사자 간 원활한 합의가 이로운 경우도 많다. 당사자 간 분쟁이 발생했을 경우 어떤 절차를 거쳐야 하는지 개괄적인 흐름을 살펴보도록 하자.

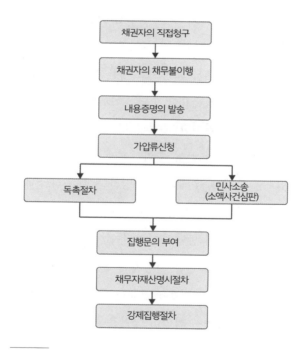

그림 8-1 **분쟁해결의 흐름**

3. 내용증명이란?

내용증명은 주로 채권자가 채무자에 대해 상대방의 채무의 내용, 채무에 따른 돈을 지급할 날(이행기)이 도래했음, 이에 채무의 이행을 청구한다는 내용을 작성하여 보낸다. 하지만 내용증명을 보내는 것만으로 소멸시효가 중단되지 않으며, 내용증명은 민법상 '최고'에 해당하는 것으로서, 채권자가 최고 이후 6개월 내에 소송, 독촉절차 등을 진행하거나 압류, 가압류, 가처분 조치 등을 하게 되면 소멸시효가 중단되는 효력이 있다. 그러므로 내용증명은 소송을 진행하기 전단계에 활용할 수 있는 중요한 수단 중 하나이다.

위에서 말한 '내용증명'이란 등기취급을 전제로 우체국창구 또는 정보통신망을 통하여 발송인이 수취인에게 어떤 내용의 문서를 언제 발송하였다는 사실을 우체국이 증명하는 특수취급제도를 말한다. 한편 '배달증명'이란 등기취급을 전제로 우편물의 배달일자 및 수취인을 배달우체국에서 증명하여 발송인에게 통지하는 특수취급제도를 말한다. 즉, 내용증명은 발송자가 발송일자에 내용증명서에 기재된 내용을 수취인에게 발송하였음을 증명해주는 제도이고, 배달증명은 내용증명증서를 수취인이 받았음을 증명해 주는 제도라고 할 수 있다.

내용증명 우편은 서식이 정해져 있는데, 내용문서의 원본 및 등본은 「행정 효율과 협업 촉진에 관한 규정」 제7조 제6항에 따른 용지(210㎜×297㎜의 규격)를 사용하여 작성하되, 등본은 내용문서의 원본을 복사한 것이어야 한다. 또한 내용증명 우편물의 내용문서 원본,

그 등본 및 우편물의 봉투에 기재하는 발송인 및 수취인의 성명·주소는 같아야 한다.

내용 증명을 작성할 때에는 주의해야 할 점이 있는데, 내용증명서 상단 또는 하단에 보내는 사람과 받는 사람의 주소와 성명을 써야 하고, 작성된 내용증명서는 3부가 필요하다(1부는 원본으로 사용되고, 1부는 발송자에게 교부하고, 나머지 1부는 우체국이 보관하는 용도로 사용한다). 만약, 수취인이 여러 명일 경우에는 각 수취인별로 보내야 한다는 점을 유의해야 한다. 예를 들면, 갑甲이 A와 B에게 같은 내용으로 내용증명을 보내야 한다면, A와 B에게 내용증명 우편을 따로 보내야 한다.

한편, 내용증명우편을 받았다 하더라도, 위에서 본 것처럼 내용증명 우편은 법률상 '최고'에 불과하기 때문에, 이를 받은 사람은 답변을 반드시 해야 할 의무가 생기는 것은 아니다.

내용증명 발송이 분쟁을 해결하는 최종적인 수단은 아니지만, 내용증명을 발송함으로써 채무자는 지금 문제되는 분쟁이 어떤 내용인지 서로 명확히 하고, 나아가 채권자가 그러한 분쟁에 대해 채무자에게 알려줬다는 사실을 증명할 수 있다. 그러므로 분쟁이 발생했거나 발생할 우려가 있을 경우에는 내용증명을 발송하여 유리한 고지를 선점할 수 있다는 장점이 있다.

4. 분쟁의 빠른 해결 – <u>독촉절차</u>

만약 계약서나 확인서 등 명백한 증거가 있을 경우에는 지급명령을 신청하여 재판 없이 강제집행을 할 수도 있는데, 지급명령 신청을 통해 분쟁을 해결하는 과정을 독촉절차라고 한다(독촉절차는 금전상의 채권만 가능하다). 다만, 채무자가 지급명령에 대해 이의를 제기한다면 독촉절차는 종료되며 민사소송절차로 전환되므로 서울중앙지방법원처럼 사건이 많은 경우에는 오히려 시간이 더 걸릴 수도 있으므로 이를 고려해야 한다.

독촉절차에서 가장 먼저 해야 할 일은 채무자의 소재지를 파악하는 것이다. 민사소송절차에서는 채무자의 주소지를 모를 경우에는 일정한 절차를 거쳐 공시송달을 할 수 있지만, 독촉절차에서는 공시송달이 허용되지 않는다. 그러므로 독촉절차에서는 채무자의 주소를 우선적으로 확보하는 것이 중요하다.

채권자가 채무자의 주소지를 관할하는 법원에 지급명령 신청서를 제출하면 다음과 같은 절차대로 진행된다.

5. 소송 전 가압류, 가처분으로 상대방을 압박하자

소송을 하는 목적은 상대방으로부터 얻어올 것이 있기 때문이다. 그런데 상대방이 미리 소송을 대비하여 재산이나 권리 등을 빼돌릴 경우는 어떻게 될까? 소송에서 이기더라도, 상대방 명의로 된 재산이 없는 경우에는 안타깝게도 배상을 받기 어렵다. 법률적으로, 상대방이 소유하고 있는 재산만 강제로 가져올 수 있기 때문이다.

따라서 상대방이 재산을 몰래 처분하기 전에 미리 확보하는 것이 중요하다. 소송을 대비하여 상대방의 재산이나 권리를 못박아 두는

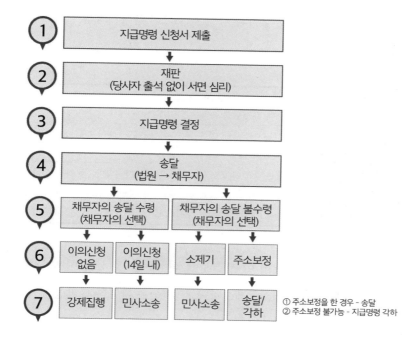

① 지급명령 신청서 제출

② 재판
(당사자 출석 없이 서면 심리)

③ 지급명령 결정

④ 송달
(법원 → 채무자)

⑤ 채무자의 송달 수령
(채무자의 선택) / 채무자의 송달 불수령
(채무자의 선택)

⑥ 이의신청
없음 / 이의신청
(14일 내) / 소제기 / 주소보정

⑦ 강제집행 / 민사소송 / 민사소송 / 송달/
각하

① 주소보정을 한 경우 - 송달
② 주소보정 불가능 - 지급명령 각하

그림 8-2 지급명령 신청의 절차

절차를 가압류, 가처분이라 한다. 이후에 재판에서 승소하면, 가압
류가 본압류로 바뀌어서, 해당 재산으로 강제집행을 할수 있다.

가압류는 재산의 종류에 따라 나뉘어진다. 일반적으로 법원은 부
동산 가압류, 채권 가압류 위주로 신청을 받아준다. 유체동산 가압
류는 생활이나 업무에 큰 방해를 주므로, 가능하면 부동산이나 채권
가압류부터 진행하는 것이 좋다.

채권 가압류를 하기 위해서는 일반적으로 상대방의 돈을 들고 있
는 제3채무자를 상대로 가압류를 하게 되는데, 이때 제3채무자가 누
군지 알기란 쉽지 않다. 따라서 상대방과 계약을 하는 등 분쟁 전 거

래 행위를 할 때 미리 통장사본 등을 확보하여 은행계좌를 알아보는 것도 중요하다.

부동산 가압류	특정부동산(건물, 토지 등)을 처분할 수 없도록 하는 절차로 등기부에 기재함으로써 효력이 발생
채권 가압류	다른 사람으로부터 받을 돈(급여, 전세금, 예금 등)을 받지 못하도록 하는 절차
유체동산 가압류	유체동산(TV, 냉장고, 집기 등)을 처분할 수 없도록 하는 절차
자동차 가압류	승용차, 트럭, 버스 등을 처분할 수 없도록 하는 절차. 차량 등록원부에 기입함으로써 효력이 발생

가처분이란 금전채권이 아닌 경우에 신청하는 절차로, 어떤 사실을 변경하지 않도록 하는 강제절차다. 가처분은 다양하기 때문에 일정한 형식이 정해져 있지는 않다.

스타트업 관련 소송에서는, 주로 이사회 주주에 대한 가처분이 이루어진다. 예를 들어 특정 대표이사를 해임하고자 할 때, 대표이사가 이를 미리 알고 회사에 해를 끼칠 것으로 생각된다면, 다른 관계자가 대표이사의 직무집행을 정지해야 할 필요가 있다. 이런 경우에는 대표이사의 직무집행정지가처분을 신청해야 한다. 주주총회의 경우 법령이나 정관을 위반하여 결의가 이루어질 경우, 결의를 가처분으로 금지할 수도 있다.

처분금지 가처분	목적물에 대한 채무자의 소유권이전, 저당권, 전세권, 임차권설정 등 처분행위를 금지
점유이전금지 가처분	부동산에 대한 인도·명도청구권을 보전하기 위하여 채무자가 목적 부동산에 대하여 인적, 물적 현상을 변경시키는 행위를 금지

가압류, 가처분이 이루어졌다고 해서 소송을 이긴 것은 아니다. 가압류 등은 언제까지나 실제 소송 전의 임시적인 조치다. 따라서 실제 소송이 진행되고 판결이 확정되어야 가압류 가처분도 의미가 있다.

그렇지만, 가압류 및 가처분을 진행한 것만으로도 상대방에 대한 충분한 압박을 가할 수 있다. 상대방의 재산을 처분할 수 없는 상태에 놓이기 때문이다. 가압류 및 가처분은 본안소송보다도 쉽게 인용이 되기도 한다. 따라서 미리 가압류 등을 걸어두면, 의외로 수월하게 분쟁이 해결될 수도 있을 것이다.

6. 민사소송과 형사소송을 구분하자

스타트업 분쟁과 관련하여 흔히들 헷갈리는 부분이 민사소송과 형사소송의 구분이다. 두 개념은 엄격히 다름에도 불구하고 전문가들도 섞어서 지칭하는 경우가 많다.

먼저 민사소송이란 서로 대립하는 이해관계의 당사자인 원고와 피고가 다투는 것을 의미한다. 따라서 국가에 대한 고소·고발이 아니라, 대등한 주체끼리 무언가를 청구하는 과정이다.

민사소송에서는 분쟁의 당사자가 대등한 주체라는 점이 중요하다. 법원은 소송주체인 원고와 피고가 제시하는 증거와 주장하는 바를 놓고 그러한 주장이 타당한지 판단을 한다. 법원의 판사는 원칙적으로는 각 당사자의 주장에 적극적으로 개입하지 않는다.

따라서 민사소송에서는 효과적인 진행을 위해 변호사를 선임하는 것이 중요하다. 비록 변호사 없이도 소송을 진행할 수는 있으나, 소송에서 이기기 위한 논리 구성이나 증거 제시 등을 누구도 도와주지 않으므로, 결국은 능력있는 변호사를 선임하는 측이 유리하기 마련이다.

형사소송과 달리, 민사소송에서 패소한다 하더라도 패소 당사자가 전과자가 되지는 않는다. 패소가 확정된 당사자는 승소한 사람에 대하여 돈을 갚는다든지, 계약상 해야 할 일을 이행한다든지 하는 의무를 지게 될 뿐이다.

민사소송은 일반적으로 형사소송에 비해 시간이 오래 걸린다. 양당사자가 제출하는 증거 수집이 쉽지 않을 뿐더러, 금전적인 부담 외에는 신체적인 구속 등 강제력이 수반되지 않기 때문에 재판부도 상대적으로 여유 있게 사건을 진행한다.

이에 비해 형사소송에서 대립하는 당사자는 검사와 피고인이다. 검사는 국가를 대변하여 피고인을 상대로 형사처벌을 받아야 함을 주장한다. 피고인은 이에 대해 항변하면서 무죄 또는 죄가 적음을 주장해야 한다. 법원은 민사소송과 마찬가지로 객관적인 심판 역할을 하지만, 민사소송보다는 보다 적극적으로 재판 절차에 관여할 수 있다.

민사소송이 성립될 수 있다고 해서, 형사소송이 성립되는 것은 아니다. 예를 들어 주주간 분쟁이 있다고 해 보자. 주주 사이에서는 서로 금전적인 보상을 위한 민사소송을 진행할 수는 있지만, 그렇다고 상대방이 형사상 사기죄인 것은 아니다. 사기는 상대방을 속이고 재산을 뺏는 것을 의미하지만, 채무불이행은 상대방을 속이지 않더라도, 여러 가지 사정으로 발생할 수 있다.

형사소송이 진행되기 전 선행적으로 이루어지는 과정이 고소 및 고발이다. 고소란 고소권자가 가해자를 처벌해달라는 의사표시로 수사기관에 범죄사실을 신고하는 것을 말한다. 일반적으로 고소인은 피해자 또는 피해자의 대리인이 된다. 이에 비해 고발이란, 고소권자가 아닌 사람이 수사기관에 범죄사실을 신고하는 것을 말한다. 고소권자가 아니더라도, 범죄가 있다고 생각되는 경우에는 누구든지 고발할 수 있다.

고소 및 고발은 변호사의 조력 없이도 가능하다. 하지만 효과적인 고소 고발을 위해 변호사를 고소 고발 대리인으로 지정하는 경우도 많다. 아무래도 법률 전문가가 고소 대리인으로 참여할 때 수사기관도 효과적으로 사건을 진행할 가능성이 높아진다. 특히 동업자 간 분쟁에서 발생하는 배임, 횡령과 같은 경제 범죄의 경우 수사 기관에서는 형사소송보다는 민사소송으로 진행을 유도하는 것이 현실이다. 이러한 경우 특히 변호사의 도움을 받아, 해당 사건이 왜 반드시 형사 소송으로 진행되어야 하는지를 설명하고 설득할 필요가 있다.

고소·고발을 할 경우에는 무고죄를 염두해 두어야 한다. 무고죄란 다른 사람에 대해 형사처분이나 징계처분을 받게 하기 위해 허위의 사실을 신고함으로써 성립하는 범죄다. 따라서 만약 고소 및 고발을 하면서 거짓된 사실을 신고한다면, 오히려 상대방으로부터 무고죄로 고소당할 수 있으므로 유의하여야 한다.

형사 고소는 언제 염두해야 할까? 만약 분쟁의 상대방이 형사적인 범죄, 예를 들어 횡령 또는 배임 등이 명확하다면, 형사절차로 분쟁을 해결하는 것이 빠를 수 있다. 형사사건에서 다른 사람에게 피해를 입힌 경우에는 당연히 그 피해를 보상해야 한다. 따라서 형사사건 처리 과정에서 검사 또는 판사는 피의자(수사 단계에서 피고소인을 지칭) 또는 피고인(법원 재판 단계에서 피고소인을 지칭)에게 합의를 권유하게 된다. 합의를 할 경우 피의자 또는 피고인의 양형에 합의 사실이 참작되기 때문에, 피의자 또는 피고인으로서는 합의를 할 상당한 유인이 있다. 형사 과정에서의 합의는 민사소송을 통한 해결보다 보다 빠르고 간편하기 때문에 형사소송이 활용될 수 있는 것이다.

이때 합의 방법에 대해서는 따로 정해진 바는 없다. 일반적으로는 피해의 정도, 사건 발생 상황, 형평성 등을 고려하여 가해자와 피해자가 정하게 된다. 합의시에는 그러한 사실을 명확하게 하기 위해 합의서를 작성하는 것이 보통이다.

다만, 피해를 끼친 당사자가 합의를 한다는 보장은 없다. 만약 피고인이 최종적으로 유죄를 받는다 하더라도, 배상 없이 감옥에 가면 어떻게 될까. 결국 피해자는 민사소송을 별도로 제기해야만 한다. 형사 절차는 국가가 범죄자를 처벌하는 제도이지, 금전적 손해를 구제하는 제도는 아니기 때문이다.

최근 검찰 경찰 수사권 조정이 이루어지면서, 경찰 단계에서 수사가 종결될 수 있게 되었다. 이에 따라 수사 기관의 업무가 경찰에 과중하게 몰려 있어, 경찰 단계에서 수사가 진척되지 않는 경우가 종종 있다. 따라서 만약 신속한 분쟁 해결이 필요한 경우에는, 형사소송만 생각할 것이 아니라 가압류, 가처분과 같은 민사적인 방법도 적극적으로 고려하여야 한다. 소송의 주도권을 가져가기에는 민사소송이 더 적합하다는 점을 상기해야 한다.

경영자로서
이것만큼은
알아두자

CHAPTER **09**

경영자로서
이것만큼은
알아두자

성춘일 변호사

KEY POINT

제9장
참고자료(PDF)
바로가기

▶ 불공정거래행위의 종류와 구제방법
  • 비밀유지 서약서
  • 거래거절
  • 차별적 취급
  • 경쟁사업자 배제
  • 부당한 고객유인
  • 거래강제
  • 거래상 지위남용
  • 구속조건부 거래
  • 사업활동방해
▶ 공정거래위원회와 공정거래조정원
▶ 하도급거래에서 불이익 구제방법
  • 원사업자의 금지행위
  • 원사업자의 금지사항
  • 하도급대금의 직접지급 청구
▶ 개인정보 관리
▶ 사무실 임차보증금 보호방법

경영자로서 거래에서 부당한 상황이 발생했다면?

Ⅰ. 공정거래법상 불공정거래행위에 해당하는지 검토

1. 공정거래법상 불공정거래행위의 종류

▶ 거래거절 : 기업이 거래의 개시나 계속적 거래를 거절하여 다른 사업자의 사업
  활동을 곤란하게 함으로써 경쟁 감소를 가져오는 행위
  - 관련 시장의 경쟁력 감소 및 효율성 저하를 초래하여 금지됨
  - 공동의 거래거절, 기타의 거래거절

▶ 차별적 취급 : 거래지역이나 거래상대방에 따라 거래조건이나 내용을 차별적으
  로 설정하여 경쟁을 저해하는 행위
  - 가격차별, 거래조건차별, 계열회사를 위한 차별, 집단적 차별

▶ 경쟁사업자 배제 : 상품 또는 용역을 현저히 낮은 가격으로 공급하거나 경쟁사
  업자가 필요로 하는 상품·원재료의 상당량을 고가로 매입해 경쟁사업자를 시장
  에서 배제시키는 행위
  - 독점적 지위를 구축하여 해당 상품의 가격을 독점적으로 책정하는 등 관련
    거래시장이 독점화될 우려가 있어 금지됨
  - 부당염매, 부당고가매입

▶ 부당한 고객유인 : 사업자가 부당한 이익제공이나 위계, 거래 방해 등을 통해 경
  쟁사업자의 고객을 유인하는 행위
  - 경쟁수단 자체가 불공정한 것으로서 시장의 공정한 경쟁질서를 저해함은 물론
    소비자가 품질 좋고 저렴한 상품 또는 용역을 선택하는 것을 방해하여 금지됨
  - 부당한 이익에 의한 고객 유인, 위계에 의한 고객 유인, 기타의 부당한 고객
    유인

▶ 거래강제 : 사업자가 거래상대방 또는 자사 직원 등으로 하여금 본인의 의사에
  반하여 상품 또는 용역을 구입·판매하도록 강제하는 행위
  - 불합리한 수단으로 시장지배력의 확장을 도모하여 소비자의 자율적 선택권
    을 제약하므로 금지됨
  - 끼워팔기, 사원판매, 기타의 거래강제

▶ 거래상 지위남용 : 사업자가 거래상 우월적 지위가 있음을 이용하여 열등한 지
  위에 있는 거래상대방에 대해 일방적으로 각종 불이익을 부과하거나 경영에 간

섭하는 행위
- 거래상대방의 자생적 발전 기반을 저해하고 공정한 거래기반을 침해하므로 금지됨
- 구입강제, 이익제공강요, 판매목표강제, 불이익 제공, 경영간섭
▸ 구속조건부 거래 : 사업자가 거래상대방에 대하여 거래처선택의 자유를 제한하거나 구매·유통 경로를 독점하는 행위
- 경쟁사업자의 시장진입을 곤란하게 하고, 독점력을 부여하기 때문에 소비자 후생의 저하를 초래할 수 있어 금지됨.
- 배타조건부거래, 거래지역 또는 거래상대방의 제한
▸ 사업활동방해 : 사업자가 여러 방법으로 다른 사업자의 사업활동을 심히 곤란하게 할 정도로 방해하는 행위
- 가격과 질, 서비스에 의한 경쟁을 저해하는 경쟁수단이 불공정한 행위에 해당되므로 금지됨
- 기술의 부당 이용, 인력의 부당 유인·채용, 거래처 이전 방해, 기타의 사업활동 방해

2. 구제방법
▸ 분쟁조정신청 : 신속한 해결을 위해 공정거래조정원에 조정 신청
▸ 공정거래위원회 신고 : 공정거래위원회 민원참여란을 통해 신고
▸ 시정명령 또는 과징금 부과 : 공정거래위원회에서 부과
▸ 민사상 손해배상청구 : 일반 민사소송과 달리 피해자의 입증책임 부담이 완화됨

II. 하도급법상 불공거래행위에 해당하는지 검토

1. 하도급거래의 상의 의무와 금지행위
▸ 하도급거래 : 기업이 자신의 생산활동의 일부를 다른 기업에게 위탁하고 위탁받은 기업이 해당 부분을 생산해 위탁한 기업에게 납품하는 거래
- 거래관계가 복잡하고 원사업자에 대한 법적 의무가 강하게 규정되어 있어 원사업자에 해당하는지 여부가 중요
- 원사업자 : 위탁한 기업
- 하도급자 : 위탁받은 기업
▸ 원사업자의 의무
- 서면발급 및 서류보존 의무

- 선급금지급 의무
- 하도급대금지급 의무
- 관세 등 환급액의 지급 의무
- 내국신용장의 개설
- 검사 및 검사결과 통보 의무
- 계약이행 및 대금지급보증 의무
- 설계변경 등에 따른 하도급대금조정 및 지급 의무
- 납품단가 조정 협의 의무
▶ 원사업자의 금지행위
- 부당한 특약의 금지
- 부당한 하도급대금 결정 금지
- 물품 등의 구매강제 금지
- 부당 위탁 취소, 수령거부 금지
- 부당 반품 금지
- 부당결제 창구 금지
- 경제적 이익의 부당요구 금지
- 기술자료제공요구 금지
- 부당한 대물변제 금지
- 부당한 경영간섭과 보복조치 금지
▶ 하도급자(수급사업자)의 하도급대금 직접 지급 청구권 : 일정한 사유가 있는 경우, 하도급자(수급사업자)가 발주자에게 하도급대금 직접 청구
- 지급정지, 파산, 허가취소 등 원사업자가 하도급대금을 지급하지 못하는 경우
- 원사업자가 2회분 이상의 하도급대금을 수급사업자에게 지급하지 않은 경우
- 발주자가 원사업자와, 하도급대금을 직접 수업사업자에게 지급하기로 합의한 경우

Ⅲ. 상가건물 임대차보호법을 통한 사무실의 임대차 보증금 지키기

1. 상가건물 임대차보호법 : 국민 경제생활의 안정을 보장할 목적으로 민법 중 상가건물 임대차 계약에 대하여 특별히 규정함.
▶ 법의 적용범위 : 상가건물에 대한 임대차계약 중 보증금이 일정액 이하인 경우

에만 적용, 특정조항에 대하여 지역별로 보호받는 임대차보증금 액수가 다르므로 사전 파악이 중요
- ▸ 보증금의 회수 : 임대인이 보증금 반환을 하지 않는 경우 보증금반환청구 소송 후 경매 등을 통해 회수 가능
- ▸ 임차인의 권리
  - 대항력 : 상가건물을 인도받고 사업자등록을 하면 임대차계약 외 제3자(새로운 임대인 포함)에게 자신의 계약상 권리를 주장할 수 있음
  - 우선변제권 : 임대차계약서에 대항력을 갖추고 확정일자가 있으면 임차건물 경매 또는 공매 시 건물 환가대금에서 우선하여 변제받을 권리
  - 최우선변제권 : 소액보증금(시행령 규정) 임차인 경우, 보증금 중 일정액을 다른 담보물권자와 우선하여 변제 받을 권리
  - 임차권 등기 명령 제도 : 임대차 종료 후, 보증금을 반환받지 못한 상태에서 상가건물을 임대인에게 인도(대항력 소멸)해야 하는 경우 임차인을 보호하기 위한 제도, 임차권등기명령을 완료한 임차인은 건물 인도 후에도 기존 대항력과 우선변제권을 유지하게 됨
- ▸ 임대차 기간
  - 기간을 정하지 않거나 1년 미만으로 정한 경우 1년으로 간주
  - 임차인 스스로 1년 미만의 계약기간을 주장하는 경우 유효
  - 임대차 종료 후에도 보증금 회수 전까지 임대차건물 점유 권리 보장
- ▸ 임대차계약기간 갱신청구
  - 임대차계약이 만료되기 6개월 전부터 1개월 전까지 사이 요구
  - 임대인은 이 경우 정당한 사유가 없으면 갱신 거절 못함
  - 10년 초과하지 않는 범위 내에서 가능
  - 전 임대차와 동일한 조건의 계약
  - 5% 이내에서 차임과 보증금의 증감 가능
  - 증액한 경우, 1년 이내에는 증액 불가능
- ▸ 권리금의 보호
  - 상가건물에서 영업을 하는 자가 유형·무형의 재산적 가치 양도·이용대가로 임대인, 임차인에게 보증과 차임 이외에 지급하는 금전 등의 대가
  - 임대인이 임차인의 권리금 회수를 방해하는 행위 금지됨

경영을 하다 보면 하루에도 수십 번씩 선택과 결정을 해야 하기도 하고, 어떤 경우에는 거래상대방으로부터 예상치 못했던 불이익을 당하기도 하며, 심지어는 믿었던 상대방으로부터 배신을 당하거나 아니면 행정관청이나 수사기관으로부터 뜻밖의 제재를 받게 되어 사업이 난관에 부딪히게 되기도 한다. 어느 정도 성장을 하기 전까지는 그야말로 하루하루 정글 속에서 살아가는 것과 비슷할 수도 있다.

이 장에서는 경영을 하면서 거래상대방으로부터 예상치 않았던 불공정거래를 당하거나, 하청받은 업무와 관련하여 불이익을 당할 경우를 대비하여 불공정거래행위에 대한 구제방법과 하도급법의 기본 내용을 설명하고자 한다. 또한, 스타트업의 경우 개인정보보호에 관한 개인정보 보호법 및 정보통신망법의 주요 내용을 알아두어야 하며, 사무실 임대차보증금의 보호를 위하여 상가건물 임대차보호법의 주요 내용을 살펴보고자 한다.

1. 불공정거래행위에 대해 어떻게 구제받을 수 있나?[1]

불공정거래행위란 무엇인가?

불공정거래행위는 공정거래법 제45조[2]에 규정된 행위로서 공정한 거래를 저해할 우려가 있는 행위를 의미한다. 불공정거래행위는 아래와 같이 크게 9가지 유형으로 나누어진다(자세한 내용은 공정거래위원회 홈페이지 중 불공정거래행위 부분 및 '불공정거래행위 심사지침'을

---

1 자세한 내용은 공정거래위원회 「불공정거래행위 심사지침」 참고.
2 법률 제17799호, 2021. 12. 29. 전부 개정으로 제23조에서 규정하고 있던 불공정거래행위의 금지가 제45조로 변경됨.

참고하기 바란다). 불공정거래행위 중 상당 부분이 소위 '갑질'에 해당할 수도 있으므로, 부당하게 '갑질'을 당하였다면, 불공정거래행위에 해당하는지 검토해 볼 필요가 있다.

(1) 거래거절

거래를 개시할지 여부, 계속할 것인지 여부는 물론 누구와 거래할 것인지에 대해서 사업자는 자유롭게 결정할 수 있는 것이 원칙이다. 그러나 기업이 거래의 개시나 계속적으로 해오던 거래를 거절함으로써 다른 사업자의 사업활동을 현저히 곤란하게 하는 것은 물론 관련 거래시장에서의 경쟁을 감소하는 결과를 가져오게 되면 관련 시장의 경쟁력 감소 및 효율성 저하를 초래하게 되므로 공정거래법에서는 이를 금지하고 있다. 거래거절은 크게 공동의 거래거절과 기타의 거래거절로 구분된다.

(가) 공동의 거래거절

특정한 사업자에 대하여 여러 사업자가 공동으로 거래를 거절하는 행위를 의미한다. 이때의 거래거절에는 ① 공급거절은 물론 구입거절도 포함되고, ② 거래개시의 거절과 거래계속의 거절도 포함된다. 뿐만 아니라 상대방에게, ③ 현저히 불리한 거래조건을 제시하거나, ④ 거래하는 상품·용역의 수량 또는 내용을 현저히 제한하여 사실상 거래를 거절하는 행위도 포함된다.

(나) 기타의 거래거절

사업자가 단독으로 특정사업자에 대하여 거래를 거절하는 경우이다. 이때의 거래거절도 ① 공급거절과 구입거절, ② 거래개시의 거절과 거래계속의 거절, ③ 현저히 불리한 거래조건을 제시하거나, ④ 거래하는 상품·용역의 수량 또는 내용을 현저히 제한하여 사실상 거래를 거절하는 행위를 포함한다.

법 위반에 해당될 수 있는 행위를 예시로 들면, ① 합리적 이유 없이 거래거절이 행해지고 그 결과 당해 시장에서 사업자의 사업활동이 곤란하게 되고 경쟁의 정도가 실질적으로 감소되는 경우, ② 자기 또는 자기와 밀접한 관계에 있는 사업자와 독점적으로 거래하는 사업자와는 거래하면서 경쟁사업자와도 거래하는 사업자에 대하여는 합리적 이유 없이 거래를 중단하거나 제한함으로써 관련 시장에서 경쟁의 감소를 초래하는 행위, ③ 합리적 이유 없이 자기로부터 원재료를 공급받는 판매업자나 대리점에게 후방시장에서 자기와 경쟁관계에 있는 사업자에 대해 원재료공급을 거절하게 함으로써 관련 시장에서 경쟁의 감소를 초래하는 행위, ④ 자기가 공급하는 원재료를 사용하여 완성품을 제조하는 자기와 밀접한 관계가 있는 사업자의 경쟁자를 당해 완성품시장에서 배제하기 위해, 당해 경쟁자에 대하여 종래 공급하고 있던 원재료의 공급을 중단하는 행위, ⑤ 합리적 이유 없이 원재료 제조업자가 자신의 시장지위를 유지·강화하기 위하여 원재료를 직접 생산·조달하려는 완성품 제조업자에 대해 원재료 공급을 거절하는 행위 등이다.

판례 타이코헬스케어코리아의 부당한 거래거절
(대법원 2012. 5. 9. 선고 2010두24098 판결)
- 타이코헬스케어코리아가 경쟁사 제품을 판매하고 자기 제품과 유사한

제품을 자체 개발하여 판매하였다는 이유로 세화메디칼에 대하여 제품 공급을 중단한 사건

원고(타이코헬스케어코리아)와 세화메디칼 간에 체결된 이 사건 계약은 세화메디칼이 고주파간암치료기를 오로지 원고로부터만 독점적으로 공급받겠다는 취지의 전속적 공급계약에 해당한다고 보기 어렵고, 그 결과 세화메디칼이 다른 제조사로부터 고주파간암치료기를 공급받는 것이 이 사건 계약에 위반된다거나 그 특수관계사가 제조한 제품이 원고의 고주파간암치료기와 유사제품이라고 볼 수 없어 원고의 이 사건 거래거절에 이 사건 치료기의 영업권 등을 보호하기 위한 불가피한 사유가 있거나 거래거절이외에는 다른 대응방법으로 대처함이 곤란한 경우에 해당한다고 볼 수 없으며, 독점적인 공급자로서의 지위를 갖고 있는 원고의 거래거절 이후 세화메디칼은 고주파 간암치료기의 대체거래선을 확보하는 것이 사실상 불가능하였고, 2004년 기준 총 매출액의 40%를 차지하고 있던 고주파간암치료기 판매영업을 중단하였으므로 원고의 이 사건 거래거절행위는 세화메디칼의 거래기회를 배제하여 그 사업활동을 곤란하게 한 행위에 해당하고 공정하고 자유로운 경쟁을 저해할 우려가 있다.

(2) 차별적 취급

가격과 같은 거래조건, 거래내용에 대해서도 사업자는 원칙적으로 자유롭게 결정할 수 있다. 그러나 사업자가 단독으로 또는 공동으로 거래지역이나 거래상대방에 따라 가격 등 거래조건·거래내용을 차별적으로 설정함으로써 관련 시장에서의 정상적인 경쟁을 저해할 경우에는 불공정거래행위로서 금지된다. 차별적 취급은 가격차별, 거래조건차별, 계열회사를 위한 차별, 집단적 차별로 구분된다.

(가) 가격차별

거래지역이나 거래상대방에 따라 가격에 대해서 차별하는 행위만을 대상으로 한다. 이때의 가격은 상품 또는 용역의 제공에 대하여 상대방이 실제 지불하는 모든 대가를 의미한다. 따라서 할인율 등 가격에 직접 영향을 미치는 거래조건도 가격에 포함된다. 다만 차별적 취급의 거래 대상 상품 또는 용역은 실질적으로 동일한 것이어야 한다.

법 위반에 해당될 수 있는 행위를 예시로 들면, ① 사업자가 경쟁이 심한 지역에서 자신의 시장지위를 강화하기 위해 합리적 이유 없이 타 지역에 비해 현저히 낮은 가격을 설정함으로써 당해 지역에서 경쟁사업자를 배제할 우려가 있는 경우, ② 자신의 시장지위를 강화하기 위하여 자기가 공급하는 2가지 이상의 상품·용역중 시장점유율이 높은 상품·용역과 그렇지 않은 상품·용역을 동시에 구매하는 거래상대방(사업자 및 소비자)에 대해 가격 면에서 현저히 유리한 취급을 함으로써 그렇지 않은 상품·용역시장에서의 경쟁을 저해하는 행위, ③ 유력한 사업자가 합리적인 이유 없이 특정사업자를 가격 면에서 현저히 우대한 결과 특정사업자가 그의 경쟁사업자보다 경쟁상 우위에 서게 되어 정상적인 경쟁이 저해되는 경우 등이다.

(나) 거래조건차별

특정한 사업자에 대하여 가격 이외의 계약의 이행방법, 대금의 결제조건 등 거래내용에서의 차별을 의미한다.

법위반에 해당될 수 있는 행위를 예시로 들면, ① 사업자가 경쟁이 심한 지역에서는 합리적 이유 없이 타 지역에 비해 현저히 유리한 대금결제 조건을 설정함으로써 당해 시장에서 경쟁사업자를 배제할 우려가 있는 경우, ② 사업자가 경쟁사업자의 상품·용역 또는 수입품을 병행 취급하는 대리점(판매업자)에 한하여 합리적 이유 없이 자기의 상품·용역의 제공시기, 배송회수, 결제방법 등을 현저하게 불리하게 취급함으로써 당해 대리점의 사업활동을 곤란하게 하거나 대리점간 경쟁을 저해하는 행위 등이다.

(다) 계열회사를 위한 차별

사업자가 자기의 계열회사에 유리하도록 가격을 포함한 거래조건·거래내용 등을 차별하는 경우이다.

법 위반에 해당될 수 있는 행위를 예시로 들면, ① 계열회사와 비계열회사의 제품 간에 품질이나 거래조건에 있어서 차이가 없음에도 불구하고 정당한 이유 없이 계열회사의 제품을 비계열회사의 견적단가 보다 현저히 비싸게 구입한 행위, ② 사업자가 자기의 계열회사와 비계열회사를 동시에 거래하면서 정당한 이유 없이 계열회사에 비해 비계열회사에 대한 결제조건(현금비율, 어음만기일 등)을 현저히 불리하게 하는 행위, ③ 사업자가 자기의 계열회사와 비계열회사에 동시에 임가공을 의뢰하면서 정당한 이유 없이 계열회사에 지급하는 임가공단가를 비계열회사의 경우에 비해 현저히 유리하게 지급하는 행위, ④ 계열회사가 경쟁입찰에서 유리한 지위에 설 수 있도록 하기 위해 계열회사의 경쟁사업자에게는 보다 불리한 가격이나 거래조건으로 원재료를 공급하는 행위 등이다.

(라) 집단적 차별

여러 사업자가 공동으로 특정사업자에 대하여 차별적 취급을 하는 경우이다. 이때의 차별취급에도 가격은 물론 거래조건, 거래내용 등에 대한 차별이 모두 포함된다.

법 위반에 해당될 수 있는 행위를 예시로 들면, ① 복수의 사업자가 특정사업자에 대해 동시에 합리적인 이유 없이 가격차별 또는 거래조건 차별 등을 행하는 경우, ② 합리적 이유 없이 복수의 판매업자와 제조업자가 공동으로 판매단계에서 경쟁관계에 있는 특정사업자에 대하여 차별적으로 높은 가격을 책정함으로써 그의 사업활동을 곤란하게 하고 그 결과 당해 시장에서의 경쟁에 영향을 미치는 행위, ③ 복수의 제조업자가 공동으로 덤핑판매를 하거나 온라인판매를 한다는 이유만으로 특정판매업자에 대하여 공급가격을 다른 판매업자에 비하여 비싸게 책정함으로써 사업활동을 현저히 불리하게 하고 다른 판매업자를 경쟁상 우위에 서게 하는 행위 등이다.

판례 현대자동차 외 1의 계열회사(현대캐피탈)를 위한 차별행위 건
　　　　　　　　　　(대법원 2007. 2. 23. 선고 2004두14052 판결)
– 현대자동차가 계열회사에 대하여 차별적으로 결제한도를 유리하게 설정한 사건

원고(현대자동차)는 2002. 3. 2.부터 현대M카드의 결제한도를 종전 4백만 원에서 1천만 원으로 상향조정한 반면, 비계열 신용카드회사들이 발급한 카드의 결제한도를 2백만 원 내지 6백만 원으로 설정한 행위는 대형 가맹점으로서의 지위를 이용하여 거래상대방인 신용카드회사들을 차별한 행위에 해당한다고 할 것이며, 위 결제한도 상향조정으로 원고의 전체 카드결제액 중 M카드 이용액이 급증하였고, 위 이용액이 원고의 전체 카드결제액에서 차지하는 비중 및 M카드 발급실적 등이 모두 현저히 증가한

점 등에 비추어 보면, 원고의 위 행위는 결과적으로 원고의 고객으로 하여금 M카드 회원가입 및 M카드의 이용을 유도함으로써 신용카드 시장에서 계열회사인 현대카드의 매출 및 이익을 확대시켜 안정적인 시장정착을 가능하게 하여 현대카드를 현저히 유리하게 하였고, 현대카드는 위 결제한도 상향조정 직전인 2011. 11. 1.자로 기업집단 현대자동차에 편입되어 그 직후 워크아웃을 종료한 회사로서 원고의 적극적인 지원을 통해 안정적인 경영기반을 조기에 정착시킬 필요성이 있었고, 실제로 M카드가 출시되자 원고는 판매사원들에게 회원모집을 위한 적극적인 지원을 당부한 점, 2002. 2. 경우 M카드 이용액이 원고의 전체 카드결제액에서 차지하는 비중이 1% 내외에 불과하여 원고의 입장에서는 현대카드의 결제한도를 상향조정하더라도 자신의 매출에 미치는 영향이 크지 않을 것으로 판단됨에도 비계열 신용카드회사들에 비하여 2배 이상으로 결제한도를 확대하였고, 위 결제한도 확대의 이익을 M카드를 단독으로 사용할 경우로만 한정한 점 등에 비추어 보면 원고의 위 결제한도 상향조정은 계열회사인 현대카드를 유리하게 할 목적으로 행해진 것이라 할 것이고, 원고의 위 결제한도 차별행위는 현대카드로 하여금 자동차 구매고객의 신용카드 결제부분에서 점유율 38%를 차지하는 유력한 지위를 형성하게 하였을 뿐만 아니라 그로 인한 전체 신용카드시장에서의 공정한 경쟁을 저해할 우려가 있는 행위에 해당한다.

(3) 경쟁사업자 배제

사업자는 상품이나 용역의 가격을 자유롭게 결정할 수 있으나 상품 또는 용역을 현저히 낮은 가격으로 공급함으로써 경쟁사업자를 시장에서 배제시키게 되면 사업자는 그 결과 독점적 지위를 구축하여 해당 상품의 가격을 독점적으로 책정할 위험성이 있다. 뿐만 아니라 사업자가 경쟁사업자를 당해 시장에서 배제할 목적으로 경쟁사업자가 필요로 하는 상품·원재료의 상당량을 고가로 매입할 경우에도 위와 같이 관련 거래시장이 독점화될 우려가 있다. 이는 경쟁을 저해할 뿐만 아니라 궁극적으로 소비자후생을 저하시킬 수 있으므로 공정거래법은 이와 같은 행위를 금지하고 있다. 경쟁사업자 배제는 부당염매, 부당고가매입으로 구분된다.

(가) 부당염매

경쟁사업자 배제는 관련 시장이 독점화되는 것을 방지하는 것이므로 거래상대방이 특정사업자로 한정되지 않는다.

부당염매는 계속적 염매와 일시적 염매로 나눌 수 있는데, 계속적 염매는 상당한 기간에 걸쳐 지속적으로 반복해서 공급비용 보다 현저히 낮은 수준으로 상품 또는 용역을 공급하는 경우를 의미한다. 그에 비해 일시적 염매는 일회 또는 단기간(1주일 이내)에 걸쳐 현저히 낮은 대가로 상품 또는 용역을 공급하는 경우이다. 부당염매의 기준이 되는 공급비용보다 현저히 낮은 수준인지 여부, 현저히 낮은 대가인지 여부는 제조원가나 매입원가를 기준으로 한다.

한편 부당염매는 사업자가 자신이 취급하는 상품 또는 용역 중 소비자에게 잘 알려진 일부 품목에 대해서만 덤핑판매를 하고 나머지 품목에 대해서는 마진율을 종전과 같이 하거나 상향조정하여 판매하는 유인염매와는 다르다. 유인염매는 인지도가 낮은 다른 상품의 판매를 늘리려는 정당한 판촉활동에 해당되기 때문이다. 할인특매도 부당염매와 구별되는데 할인특매는 실시 기간이 확정되어 고지되고 계절상품의 처리, 불경기 등 시장상황 변화에 대응하기 위한 경우에 주로 행해지므로 경쟁사업자를 배제하려는 의도가 있다고 보기 어렵다.

법 위반에 해당될 수 있는 행위를 예시로 들면, ① 규모의 경제 등 이유로 당해 시장에의 신규진입이 단기간 내 용이하지 않은 상황 하에서 경쟁사업자를 퇴출시키기 위한 목적으로 제조원가에 못 미치는 가격으로 계속하여 상품 또는 용역을 공급하는 행위, ② 시장에서 유력한 사업자가 신규진입을 시도하는 사업자를 저지하기 위해 제조원가를 하회하는 가격으로 상품 또는 용역을 일정기간 계속적으로 판매하는 행위, ③ 합리적 이유 없이 공공기관 물품구매입찰에서 사업자가 자신이 타 사업자로부터 공급받는 가격보다 낮은 가격으로 응찰하여 낙찰됨으로써 다년간 공급계약을 체결하고 동 물품을 공급하는 행위 등이다.

(나) 부당고가매입

통상 거래가격에 비하여 높은 가격으로 상품 또는 용역을 구입하는 행위도 경쟁사업자를 배제시킬 수 있는 행위에 해당한다. 통상 거래가격이라 함은 당시의 시장에서 사업자간에 정상적으로 이루어지는 거래에서 적용되는 가격수준을 의미한다. 인위적으로 제품이나 원재료의 품귀를 발생시켜 경쟁사업자를 배제할 수 있기 위해서는 매점되는 상품 또는 용역의 물량이 전체 공급량에서 차지하는 비중이 중요하므로 고가매입이 계속해서 이루어질 필요는 없다.

법 위반에 해당될 수 있는 행위를 예시로 들면, ① 합리적 이유 없이 제품의 생산·판매에 필수적인 요소를 통상거래가격에 비하여 높은 대가로 매점하여 자기 또는 계열회사의 경쟁사업자가 시장에서 배제될 수 있을 정도로 사업활동을 곤란하게 하는 행위, ② 신규로

시장에 진입하려는 사업자를 저지하기 위한 목적으로 그 사업자가 필요로 하는 상품 또는 용역을 통상 거래가격 보다 높은 가격으로 매점함으로써 사실상 진입을 곤란하게 하는 행위 등이다.

(4) 부당한 고객유인

사업자가 부당한 이익제공이나 위계, 거래방해 등을 통해 경쟁사업자의 고객을 유인하는 것은 그 경쟁수단 자체가 불공정한 것으로서 시장의 공정한 경쟁질서를 저해하는 것은 물론 소비자가 품질 좋고 저렴한 상품 또는 용역을 선택하는 것을 방해하므로 공정거래법은 이를 금지하고 있다. 부당한 고객유인은 부당한 이익에 의한 고객유인, 위계에 의한 고객유인, 기타의 부당한 고객유인으로 구분된다.

(가) 부당한 이익에 의한 고객유인

사업자가 자기와 거래하도록 하기 위해 경쟁사업자의 고객에게 부당한 이익을 제공하거나 제공하겠다고 제안하는 행위를 대상으로 한다. 이 때 경쟁사업자의 고객에는 경쟁사업자와 거래를 한 적이 있거나 현재 거래를 하고 있는 고객뿐만 아니라, 잠재적으로 경쟁사업자와 거래를 할 가능성이 있는 고객도 포함된다. 이익제공의 상대방에는 소비자뿐만 아니라 사업자도 해당한다.

이익제공 또는 제의의 방법에는 제한이 없으며 표시·광고를 모두 포함한다. 이익제공에는 리베이트의 제공이나 가격할인 등 고객에게 유리하도록 거래조건의 설정·변경, 판촉지원금 또는 판촉물의 지급, 경쟁사업자의 제품을 자사제품으로 교환하면서 덤으로 자사제품의 과다한 제공 등 적극적 이익제공의 방법과 원래 부과되어야 할 요금·비용의 감면, 납부기한 연장, 담보제공 의무나 설정료의 면제 등 소극적 이익제공도 모두 포함된다.

법 위반에 해당될 수 있는 행위를 예시로 들면, ① CT 등 특수촬영 기기를 갖춘 병원이 기기사용 환자를 의뢰하는 일반 병·의원에게 리베이트를 제공하는 행위, ② 출판사가 자사의 서적을 교재로 소개 또는 추천하는 교사에게 리베이트를 제공하는 행위, ③ 제약회사가 자사의 약품채택이나 처방증대를 위하여 병원이나 의사에게 리베이트 제공, 과다접대 등을 하는 행위 등이다.

(나) 위계에 의한 고객유인

경쟁사업자의 고객을 상품 또는 용역의 내용이나 거래조건 기타 거래에 관한 사항에 대하여 기만 또는 위계하여 유인하는 경우를 의미한다. 상품 또는 용역의 내용은 품질, 규격, 제조일자, 원산지, 제조방법, 유효기간 등을 의미하며 거래조건은 가격, 수량, 지급조건 등을 의미한다. 기타 거래에 관한 사항에는 국산품 혹은 수입품인지 여부, 신용조건, 업계에서의 지위, 거래은행, 명칭 등을 의미한다. 그리고 기만 또는 위계는 표시나 광고 이외의 방법으로 고객을 오인시키거나 오인시킬 우려가 있는 행위도 해당된다.

법 위반에 해당될 수 있는 행위를 예시로 들면, ① 사업자가 타 사업자 또는 소비자와 거래함에 있어 표시광고 이외의 방법으로 사실과 달리 자기가 공급하는 상품 또는 용역의 가격이나 품질, 성능, AS 조건 등이 경쟁사업자의 것보다 현저히 우수한 것으로 거래상대방을 오인시켜 자기와 거래하도록 하는 행위, ② 할인판매를 한다고 선전하면서 예상 수요를 충족시키기에 현저히 부족한 수량만을 할인

판매 대상으로 하여 고객을 유인하는 행위(미끼 상품), ③ 사업자가 자신과 경쟁사업자의 영업현황, 제품기능, 기술력 등에 대해 사실과 다른 허위의 비교분석 자료를 작성하여 발주자에게 제출함으로써 당해 사업을 수주하는 행위, ④ 경쟁사업자의 부도 임박·정부지원 대상에서 제외 등의 근거 없는 사실을 유포하여 고객을 자기와 거래하도록 유인하는 행위 등이다.

위계에 의한 고객유인은 그 속성상 합리성 등에 의한 예외를 인정하지 않는다.

(다) 기타의 부당한 고객유인

부당한 이익제공이나 위계를 제외한 수단으로 거래를 방해하는 경우를 의미한다. 거래방해에는 거래성립의 방해와 거래계속의 방해가 있다.

법 위반에 해당될 수 있는 행위를 예시로 들면, ① 경쟁사업자와 고객간의 거래를 방해하기 위한 목적으로 경쟁사업자와 고객간 계약의 성립을 저지하거나 계약해지를 유도하는 행위, ② 합리적 이유 없이 자신의 시장지위를 이용하여 판매업자에 대해 경쟁사업자의 제품을 매장 내의 외진 곳에 진열하도록 강요하는 행위 등이다.

판례 한미약품의 부당한 고객유인행위 등 건
(서울고법 2009. 5. 14. 선고 2008누2530판결,
대법원 2010. 11. 25. 선고 2009두9543 판결)
– 한미약품이 의약품의 판매를 촉진하기 위하여 병·의원, 약국 등에 정상적인 상관행을 초과하여 과다한 이익을 제공한 사건

원고(한미약품)가 의약품의 판매를 촉진하기 위하여 병·의원, 약국 등에 물품·현금·상품권 등 지원, 골프 등 접대, 할증 지원, 세미나 등 행사경비 지원, 인력 지원, 시판 후 조사 등의 이익을 제공하였던바, 의약품 판매에서 정보제공활동과 설득활동은 필수불가결하다고 할 수 있으나, 의사가 의약품을 선택하는 데에 그 품질과 가격의 우위에 근거하지 않고 제약업체가 제공하는 부적절한 이익의 대소에 영향을 받게 된다면 소비자의 이익이 현저하게 침해될 수밖에 없고 의약품시장에서의 건전한 경쟁도 기대할 수 없게 되므로, 제약회사의 판매촉진활동은 위와 같은 측면들을 종합적으로 고려하며 투명성, 비대가성, 비과다성 등의 판단기준 하에 정상적인 거래관행에 비추어 보아 부당하거나 과다한 이익의 제공에 해당되는지 여부를 가려야 할 것이고, 이러한 판단 과정에서 한국제약협회에서 제정한 보험용 의약품의 거래에 관한 공정경쟁규약은 중요한 기준이 될 수 있을 것이라고 전제한 후, 원고의 위와 같은 이익제공 행위는 위 공정경쟁규약 제4조 제1항에서 예외적으로 허용하는 금품류 제공 행위에 해당되지 아니하고, 그 금액 또는 규모도 사회통념상 정상적인 상관행 또는 정당한 영업활동으로 인정될 수 있는 범위를 초과하는 것으로 부당한 고객유인행위에 해당한다.

(5) 거래강제

사업자가 거래상대방 또는 자사 직원 등으로 하여금 본인의 의사에 반하여 자기 또는 자기가 지정하는 자의 상품 또는 용역을 구입(판매)하도록 강제하는 행위는 불합리한 수단으로 시장지배력의 확장을 도모하며 소비자의 자율적 선택권을 제약하므로 금지된다. 거래강제는 끼워팔기, 사원판매, 기타의 거래강제로 구분된다.

(가) 끼워팔기

서로 다른 별개의 상품 또는 용역을 자기 또는 자기가 지정하는

사업자로부터 구입하도록 하는 행위를 의미한다. 끼워팔기의 대상
인 '서로 다른 별개의 상품 또는 용역'에 해당되는지 여부는 이들이
시장에서 일반적으로 별도로 거래되는지 여부와 그 상업적 용도나
기능적 특성, 소비자 인식태도, 경우에 따라서는 제품통합과 기술혁
신의 추세 등을 종합적으로 고려하여 판단한다.

법 위반에 해당될 수 있는 행위를 예시로 들면, ① 인기 있는 상품
또는 용역을 판매하면서 인기 없는 것을 함께 구입하도록 하거나, 신
제품을 판매하면서 구제품이나 재고품을 함께 구입하도록 강제함으
로써 관련 시장에서 경쟁의 감소를 초래하는 행위, ② 고가의 기계나
장비를 판매하면서 합리적 이유 없이 인과관계가 떨어지는 유지·보
수 서비스(유료)를 자기로부터 제공받도록 강제함으로써 관련 시장
에서 경쟁의 감소를 초래하는 행위, ③ 특허권 등 지식재산권자가 라
이센스 계약을 체결하면서 다른 상품이나 용역의 구입을 강제함으
로써 관련 시장에서 경쟁의 감소를 초래하는 행위 등이다.

(나) 사원판매

사원판매는 자기 또는 계열회사의 임직원에게 자기 또는 계열회
사의 상품이나 용역을 구입 또는 판매하도록 강제하는 행위를 말한
다. 다만 판매영업을 담당하는 임직원에게 판매를 강요하는 행위는
원칙적으로 사원판매 적용대상이 되지 않는다. 판매영업을 담당하
는 자인지 여부는 당해 상품 또는 용역에 관하여 실질적으로 영업 및
그와 밀접하게 관련된 업무를 수행하는지를 기준으로 판단한다. 가
령 매장 기타 영업소에서 판매를 담당하는 자, 영업소 외의 장소에서
전기통신의 방법으로 판매를 권유하는 자는 원칙적으로 판매영업을

담당하는 자에 해당되는 것으로 본다.

법 위반에 해당될 수 있는 행위를 예시로 들면, ① 자기 또는 계열회사의 상품 또는 용역을 임직원에게 일정 수량씩 할당하면서 판매실적을 체계적으로 관리하거나 대금을 임금에서 공제하는 행위, ② 비영업직 임직원에게 자기 또는 계열회사의 상품 또는 용역의 판매에 관한 판매목표를 설정하고, 미달성시 인사상의 불이익을 가하는 행위, ③ 비영업직 임직원에게 자기 또는 계열회사의 상품 또는 용역의 판매에 관한 판매목표를 설정하고 최고경영자 또는 영업담당 이사에게 주기적으로 그 실적을 보고하고 공식적 계통을 통해 판매독려를 하는 경우, ④ 자신의 계열회사에게 자신이 생산하는 상품 또는 용역의 일정량을 판매하도록 할당하고 당해 계열회사는 임직원에게 협력업체에 대해 판매할 것을 강요하는 행위 등이다.

(다) 기타의 거래강제

자기 또는 자기가 지정하는 사업자와 거래하도록 강요하는 행위를 의미한다. 명시적인 강요와 묵시적인 강요, 직접적 강요와 간접적 강요를 포함하며 행위자와 상대방간 거래관계 없이도 성립할 수 있다.

법 위반에 해당될 수 있는 행위를 예시로 들면, ① 사업자가 자신의 계열회사의 협력업체에 대해 자기가 공급하는 상품 또는 용역의 판매목표량을 제시하고 이를 달성하지 않을 경우 계열회사와의 거래물량 축소 등 불이익을 가하겠다고 하여 판매목표량 달성을 강제하는 행위, ② 사업자가 자신의 협력업체에 대해 자신의 상품판매 실적이 부진할 경우 협력업체에서 탈락시킬 것임을 고지하여 사실상 상품판매를 강요하는 행위 등이다.

판례 한국토지공사의 부당지원행위 등 건
　　　　　　(서울고법 2004. 2. 10. 선고 2001누16288 판결,
　　　　　　　대법원 2006. 5. 26. 선고 2004두3014 판결)
－ 한국토지공사가 비인기토지를 매입한 자에 대하여서만 인기토지 매입
　우선권을 부여한 사건

원고(한국토지공사)가 인천마전·남양주호평·평내·마석지구 등 공동주
택지(이하 '비인기토지'라 한다)의 판매가 저조하자 상대적으로 분양이 양
호한 부천상동·용인신봉·동천·죽전·동백지구 등 공동주택지(이하 '인
기토지'라 한다)를 판매하면서 비인기토지의 매입시 인기토지에 대한 매
입우선권을 부여함으로써 비인기토지를 매입하지 않고서는 사실상 인기
토지를 매입할 수 없게 만들어, 주된 상품인 인기토지를 매입하여 주택건
설사업을 하고자 하는 주택사업자로서는 사실상 종된 상품인 비인기토지
를 매입할 수밖에 없는 상황에 처하였는바, 이러한 연계판매행위는 거래
상대방에 대하여 자기의 주된 상품을 공급하면서 자기의 종된 상품을 구입
하도록 하는 행위로서 끼워팔기에 해당하고, 나아가 공공부문 택지개발사
업의 40% 이상을 점하고 있는 원고가 위와 같은 끼워팔기에 해당하는 연
계판매행위를 할 경우 거래상대방인 주택사업자들의 상품 선택의 자유를
제한하는 등 공정한 거래질서를 침해할 우려가 있으므로, 원고의 위와 같
은 행위는 결국 법 제23조 제1항 제3호의 끼워팔기에 해당한다.

(6) 거래상 지위의 남용

　사업자가 거래상 우월적 지위가 있음을 이용하여 열등한 지위에
있는 거래상대방에 대해 일방적으로 물품 구입강제 등 각종 불이익

을 부과하거나 경영에 간섭하는 것은 경제적 약자를 착취하는 행위로서 거래상대방의 자생적 발전기반을 저해하고 공정한 거래기반을 침해하므로 금지된다. 거래상 지위의 남용이 인정되기 위해서는 우선 거래상 우월적 지위가 인정되어야 하며, 거래상 지위의 남용은 구입강제, 이익제공강요, 판매목표강제, 불이익제공, 경영간섭으로 구분된다.

(가) 구입강제

사업자가 거래상대방에게 구입의사가 없는 상품 또는 용역을 구입하도록 강제하는 행위가 대상이 된다. 구입요청을 거부하여 불이익을 당하였거나 주위의 사정으로 보아 객관적으로 구입하지 않을 수 없는 사정이 인정되는 경우에는 구입강제가 있는 것으로 본다.

법 위반에 해당될 수 있는 행위를 예시로 들면, ① 합리적 이유 없이 신제품을 출시하면서 대리점에게 재고품 구입을 강요하는 행위, ② 합리적 이유 없이 계속적 거래관계에 있는 판매업자에게 주문하지도 않은 상품을 임의로 공급하고 반품을 허용하지 않는 행위, ③ 합리적 이유 없이 자신과 지속적 거래관계에 있는 사업자에 대해 자기가 지정하는 사업자의 물품·용역을 구입할 것을 강요하는 행위, ④ 합리적 이유 없이 도·소매업자(또는 대리점)에게 과다한 물량을 할당하고, 이를 거부하거나 소화하지 못하는 경우 할당량을 도·소매업자(또는 대리점)가 구입한 것으로 회계 처리하는 행위 등이다.

(나) 이익제공강요

거래상대방에게 금전·물품 등의 경제상 이익을 제공하도록 강요하는 것을 의미한다. 경제상 이익에는 금전, 유가증권, 물품, 용역을 비롯하여 경제적 가치가 있는 모든 것이 포함된다. 이익거래상대방에게 경제상 이익을 제공하도록 적극적으로 요구하는 행위뿐만 아니라 자신이 부담하여야 할 비용을 거래상대방에게 전가하여 소극적으로 경제적 이익을 누리는 행위도 포함된다.

법 위반에 해당될 수 있는 행위를 예시로 들면, ① 합리적 이유 없이 수요측면에서 지배력을 갖는 사업자가 자신이 구입하는 물량의 일정 비율만큼을 무상으로 제공하도록 요구하는 행위, ② 합리적 이유 없이 사업자가 상품(원재료 포함) 또는 용역 공급업체에 대해 거래와 무관한 기부금 또는 협찬금이나 기타 금품·향응 등을 요구하는 행위, ③ 합리적 이유 없이 회원권 시설운영업자가 회원권의 양도양수와 관련하여 실비보다 과다한 명의개서료를 징수하는 행위, ④ 합리적 이유 없이 대형소매점사업자가 수수료매장의 입점업자에 대해 계약서에 규정되지 아니한 입점비, POS 사용료 등 비용을 부담시키는 행위 등이다.

(다) 판매목표강제

사업자가 거래상대방에게 판매목표를 정해주고 이를 달성하도록 강제하는 것을 말한다. 대상상품 또는 용역은 사업자가 직접 공급하는 것이어야 한다. 대체로 상품의 경우 판매량의 할당이, 용역의 경우 일정수의 가입자나 회원확보가 주로 문제된다. 판매목표강제는 계약서에 명시적으로 규정된 경우뿐만 아니라 계약체결 후 구두로 이루어지는 경우도 포함된다.

법 위반에 해당될 수 있는 행위를 예시로 들면, ① 자기가 공급하는 상품을 판매하는 사업자 및 대리점에 대하여 판매목표를 설정하고 미달성 시 공급을 중단하는 등의 제재를 가하는 행위, ② 자기가 공급하는 용역을 제공하는 사업자 및 대리점에 대하여 회원이나 가입자의 수를 할당하고 이를 달성하지 못할 경우 대리점계약의 해지나 수수료지급의 중단 등의 제재를 가하는 행위, ③ 대리점이 판매목표량을 달성하지 못하였을 경우 반품조건부 거래임에도 불구하고 반품하지 못하게 하고 대리점이 제품을 인수한 것으로 회계 처리하여 추후 대금지급 시 공제하는 행위, ④ 대리점이 판매목표량을 달성하지 못하였을 경우 본사에서 대리점을 대신하여 강제로 미판매 물량을 덤핑 판매한 후 발생손실을 대리점의 부담으로 하는 행위, ⑤ 거래상대방과 상품 또는 용역의 거래단가를 사전에 약정하지 않은 상태에서, 거래상대방의 판매량이 목표에 미달되는 경우에는 목표를 달성하는 경우에 비해 낮은 단가를 적용함으로써 불이익을 주는 행위 등이다.

(라) 불이익제공

거래상대방에게 불이익이 되도록 거래조건을 설정 또는 변경하는 행위, 거래상대방에게 일방적으로 불리한 거래조건을 당초부터 설정하였거나 기존의 거래조건을 불리하게 변경하는 것을 의미한다. 거래조건에는 각종의 구속사항, 저가매입 또는 고가판매, 가격(수수료 등 포함) 조건, 대금지급방법 및 시기, 반품, 제품검사방법, 계약해지조건 등 모든 조건이 포함된다. 불이익제공은 적극적으로 거래상대방에게 불이익이 되는 행위를 하는 작위뿐만 아니라 소극적으로 자기가 부담해야 할 비용이나 책임 등을 이행하지 않는 부작위에 의해서도 성립할 수 있다.

법 위반에 해당될 수 있는 행위를 예시로 들면, ① 계약서 내용에 관한 해석이 일치하지 않을 경우 '갑'의 일방적인 해석에 따라야 한다는 조건을 설정하고 거래하는 경우, ② 원가계산상의 착오로 인한 경우 '갑'이 해당 계약금액을 무조건 환수 또는 감액할 수 있다는 조건을 설정하고 거래하는 경우, ③ 계약 유효기간 중에 정상적인 거래관행에 비추어 부당한 거래조건을 추가한 새로운 대리점계약을 일방적으로 체결한 행위, ④ 설계용역비를 늦게 지급하고 이에 대한 지연이자를 장기간 지급하지 않아 거래상대방이 사실상 수령을 포기한 경우, ⑤ 하자보수보증금률을 계약금액의 2%로 약정하였으나, 준공검사 시 일방적으로 20%로 상향조정하여 징구한 행위, ⑥ 반품조건부로 공급한 상품의 반품을 받아주지 아니하여 거래상대방이 사실상 반품을 포기한 경우, ⑦ 사업자가 자기의 귀책사유로 이행지체가 발생한 경우에도 상당기간 지연이자를 지급하지 않아 거래상대방이 사실상 수령을 포기한 경우, ⑧ 합리적 이유 없이 사업자가 물가변동을 인한 공사비인상 요인을 불인정하거나 자신의 책임으로 인해 추가로 발생한 비용을 불지급하는 행위, ⑨ 자신의 거래상 지위가 있음을 이용하여 거래상대방에 대해 합리적 이유 없이 거래거절을 하여 불이익을 주는 행위(거래상 지위남용성 거래거절) 등이다.

(마) 경영간섭

임직원을 선임·해임함에 있어서 자기의 지시 또는 승인을 얻게 하거나 거래상대방의 생산품목·시설규모·생산량·거래내용을 제한함으로써 경영활동에 간섭하는 행위를 대상으로 한다.

법 위반에 해당될 수 있는 행위를 예시로 들면, ① 합리적 이유 없이 대리점의 거래처 또는 판매내역 등을 조사하거나 제품광고 시 자기와 사전합의하도록 요구하는 행위, ② 금융기관이 채권회수에 아무런 곤란이 없음에도 불구하고 자금을 대출해준 회사의 임원선임 및 기타 경영활동에 대하여 간섭하거나 특정 임원의 선임이나 해임을 대출조건으로 요구하는 행위, ③ 상가를 임대하거나 대리점계약을 체결하면서 당초 계약내용과 달리 취급품목이나 가격, 요금 등에 관하여 지도를 하거나 자신의 허가나 승인을 받도록 하는 행위, ④ 합리적 이유 없이 대리점 또는 협력업체의 업무용 차량 증가를 요구하는 행위 등이다.

판례 국민은행의 거래상지위남용행위 건
(서울고법 2008. 1. 31. 선고 2006누25362 판결,
대법원 2010. 3. 11. 선고 2008두4695 판결,
환송심-서울고법 2010. 6. 16. 선고 2010누9473 판결)
- 국민은행이 대출금리를 인하할 의무가 있음에도 정당한 이유 없이 이를 인하하지 아니한 행위

은행법 제52조 제1항 본문은 '금융기관은 이 법에 의한 업무를 취급함에 있어서 금융기관 이용자의 권익을 보호하여야 한다'고, 약관의 규제에 관한 법률 제5조 제2항은 '약관의 뜻이 명백하지 아니한 경우에는 고객에게 유리하게 해석되어야 한다'고 각 규정하고 있으므로, 금융기관인 원고(국민은행)는 금융기관 이용자의 권익을 보호하여야 하고 약관의 뜻이 명백하지 아니한 경우에는 이용자에게 유리하게 해석하여야 한다. 이러한 법리와 기록에 비추어 살펴보면, 이 사건 각 대출상품에서 '원고가 일정 주기로 금리를 변경할 수 있다' 또는 '일정 주기로 금리가 변경된다'는 각 약관

조항은 원고가 시장금리의 변동에 따라 합리적인 범위 내에서 적절한 수준으로 대출금리를 새로 조정한다는 취지로서, 원고는 시장금리가 하락한 경우에는 금융기관 이용자의 권익을 보호하기 위하여 합리적인 범위 내에서 적절한 수준으로 이 사건 각 대출상품의 대출금리를 인하할 의무가 있다고 봄이 상당하다. 나아가 원고는 1999. 4.부터 2002. 4.경까지는 시장금리의 하락 추세에 대응하여 4, 5차례 대출금리를 인하하였으나, 이 사건 위반행위 기간인 2002. 12.부터 2005. 6.까지는 시장금리가 약 30% 하락하였음에도 대출금리를 고정하거나 소폭 인하한 점, 대출금리가 고정된 기간 이 사건 대출상품의 평균계좌의 수는 367,504개에 이르고, 평균 대출잔액은 7조 8,916억 원에 달하는 점 등에 비추어 보면, 원고는 자신의 거래상 지위를 부당하게 이용하여 시장금리의 하락 추세에도 불구하고 상당한 기간 이 사건 각 대출상품의 금리를 고정 내지 소폭 인하함으로써 고객들에게 불이익을 제공하였다.

(7) 구속조건부거래

사업자가 거래상대방에 대해 자기 또는 계열회사의 경쟁사업자와 거래하지 못하도록 함으로써 거래처선택의 자유를 제한함과 동시에 구매·유통경로의 독점을 통해 경쟁사업자의 시장진입을 곤란하게 한다면 시장에서의 경쟁을 저해하고 거래상대방에게 거래지역이나 거래처를 제한함으로써 당해 지역 또는 거래처에 대한 독점력을 부여하여 경쟁을 저해하게 된다면 소비자후생의 저하를 초래할 수 있게 되므로 금지하고 있다. 구속조건부거래는 배타조건부거래, 거래지역 또는 거래상대방의 제한으로 구분된다.

(가) 배타조건부거래

거래상대방이 자기 또는 계열회사의 경쟁사업자와 거래하지 않는 조건으로 그 거래상대방과 거래하는 행위가 대상이 된다. 자기 또는 계열회사의 경쟁사업자라 함은 현재 경쟁관계에 있는 사업자뿐만 아니라 잠재적 경쟁사업자를 포함한다.

배타조건의 내용에는 거래상대방에 대해 직접적으로 경쟁사업자와의 거래를 금지하거나 제한하는 것뿐만 아니라, 자신이 공급하는 품목에 대한 경쟁품목을 취급하는 것을 금지 또는 제한하는 것을 포함한다. 따라서 판매업자의 소요물량 전부를 자기로부터 구입하도록 하는 독점공급계약과 제조업자의 판매물량을 전부 자기에게만 판매하도록 하는 독점판매계약도 배타조건부거래의 내용에 포함된다.

또한 경쟁사업자와의 기존거래를 중단하는 경우뿐만 아니라 신규거래 개시를 하지 않을 것을 조건으로 하는 경우도 포함된다. 배타조건의 형식에는 경쟁사업자와 거래하지 않을 것이 계약서에 명시된 경우뿐만 아니라 계약서에 명시되지 않더라도 경쟁사업자와 거래 시에는 불이익이 수반됨으로써 사실상 구속성이 인정되는 경우가 포함된다. 위반 시 거래중단이나 공급량 감소, 채권회수, 판매장려금 지급중지 등 불이익이 가해지는 경우에는 당해 배타조건이 사실상 구속적이라고 인정될 수 있다.

법 위반에 해당될 수 있는 행위를 예시로 들면, ① 경쟁사업자가 유통망을 확보하기 곤란한 상태에서, 시장점유율이 상당한 사업자가 자신의 대리점에 대해 경쟁사업자의 제품을 취급하지 못하도록 함으로써 관련 시장에서의 경쟁을 저해하는 행위, ② 경쟁사업자가 대체거래선을 찾기 곤란한 상태에서, 대량구매 등 수요측면에서 영향력을 가진 사업자가 거래상대방에 대해 자기 또는 계열회사의 경쟁사업자에게는 공급하지 않는 조건으로 상품이나 용역을 구입함으로써 경쟁의 감소를 초래하는 행위, ③ 시장점유율이 상당한 사업자가 다수의 거래상대방과 업무제휴를 하면서 자기 또는 계열회사의 경쟁사업자와 중복제휴를 하지 않는 조건을 부과함으로써 경쟁의 감소를 초래하는 행위(경쟁사업자가 타 업무제휴 상대방을 찾는 것이 용이하지 않은 경우), ④ 구입선이 독자적으로 개발한 상품 또는 원재료에 대하여 경쟁사업자에게 판매하지 않는다는 조건으로 구입선과 거래함으로써 경쟁사업자의 생산(또는 판매)활동을 곤란하게 하고 시장에서 경쟁의 감소를 초래하는 행위, ⑤ 시장점유율이 상당한 사업자가 거래처인 방문판매업자들에 대해 경쟁사업자 제품의 취급증가를 저지하기 위해 자신의 상품판매를 전업으로 하여 줄 것과 경쟁사업자 제품을 취급 시에는 자신의 승인을 받도록 의무화하고 이를 어길 시에 계약해지를 할 수 있도록 하는 경우, ⑥ 시장점유율이 상당한 사업자가 자신이 공급하는 상품의 병행수입에 대처하기 위해 자신의 총판에게 병행수입업자와 병행수입품을 취급하고 있는 판매(도매 및 소매)업자에 대해서는 자신이 공급하는 상품을 공급하지 말 것을 지시하는 행위, ⑦ 석유정제업자가 주유소 등 석유판매업자의 의사에 반하여 석유제품 전량구매를 강제하는 등 석유판매업자가 경쟁사업자와 거래하는 행위를 사실상 금지하는 계약을 체결하는 행위 등이다.

(나) 거래지역 또는 거래상대방의 제한

거래상대방의 판매지역을 구속하는 행위가 대상이 된다. 판매지역 구속에는 그 구속의 정도에 따라 거래상대방의 판매책임지역을 설정할 뿐 그 지역 외 판매를 허용하는 책임지역제(또는 판매거점제), 판매지역을 한정하지만 복수판매자를 허용하는 개방 지역제한제 open territory, 거래상대방의 판매지역을 할당하고 이를 어길 경우에 제재함으로써 이를 강제하는 엄격한 지역제한제closed territory로 구분할 수 있다.

거래상대방의 거래상대방을 제한하는 행위도 대상이 된다. 즉 거래상대방의 영업대상 또는 거래처를 제한하는 행위도 포함되는데 예를 들면 제조업자나 수입업자가 대리점(또는 판매업자)을 가정용 대리점과 업소용 대리점으로 구분하여 서로 상대의 영역을 넘지 못하도록 하거나 대리점이 거래할 도매업자 또는 소매업자를 지정하는 행위 등이 포함된다.

법 위반에 해당될 수 있는 행위를 예시로 들면, ① 독과점적 시장구조 하에서 시장점유율이 상당한 제조업자가 대리점마다 영업구역을 지정 또는 할당하고, 그 구역 밖에서의 판촉 내지 판매활동을 금지하면서 이를 위반할 경우 계약해지를 할 수 있도록 하는 경우, ② 독과점적 시장구조 하에서 시장점유율이 상당한 제조업자가 대리점을 가정용과 업소용으로 엄격히 구분하고 이를 어길 경우에 대리점 계약을 해지할 수 있도록 하는 행위, ③ 제조업자가 재판매가격유지의 실효성 제고를 위해 도매업자에 대해 그 판매선인 소매업자를 한정하여 지정하고 소매업자에 대해서는 특정 도매업자에게서만 매입하도록 하는 행위 등이다.

판례 한국교육방송공사의 재판매가격유지행위 등 건
　　　　　(서울고법 2011. 1. 12.선고 2009누37366 판결, 고법 확정)
　– 도매서점의 판매지역 및 거래상대방을 할당하고 이를 위반한 도매서점
　　에 대하여 재계약을 거부한 행위

도서정가제가 적용되는 학습참고서라 하더라도 도매서점이 일반 소매서
점에 공급함에 있어서는 정가의 20~30% 범위에서 가격경쟁이 가능하고,
일반 소매점도 정가의 10% 범위에서 가격인하 유인이 존재하며, 원고(한
국교육방송공사)가 2007년에 거래지역 제한을 위반한 4곳의 도매서점
들에 대하여 2008년도 재계약을 거부한 점에 비추어 보면 원고의 행위에
구속정도가 매우 약하였다고 볼 수도 없고, 그 밖에 원고가 주장하는 사유
들만으로는 원고의 행위에 브랜드 간 경쟁촉진효과가 크다거나 합리적인
이유가 있다고 볼 수 없다.

(8) 사업활동방해

사업자가 다른 사업자의 기술을 부당하게 이용하거나 인력을 부
당하게 유인·채용하거나 거래처의 이전을 부당하게 방해하는 등의
방법으로 다른 사업자의 사업활동을 심히 곤란하게 할 정도로 방해
할 경우 가격과 질, 서비스에 의한 경쟁을 저해하는 경쟁수단이 불공
정한 행위에 해당되므로 금지된다. 사업활동방해는 기술의 부당이
용, 인력의 부당유인·채용, 거래처 이전방해, 기타의 사업활동방해
로 구분된다.

(가) 기술의 부당이용

다른 사업자의 기술을 이용하는 행위가 대상이 된다. 이때 다른
사업자는 경쟁사업자에 한정되지 않는다. 또한, 다른 사업자의 '기

술'이란 특허법 등 관련 법령에 의해 보호되거나 상당한 노력에 의하여 비밀로 유지된 생산방법·판매방법·영업에 관한 사항 등을 의미한다.

법 위반에 해당될 수 있는 행위를 예시로 들면, 다른 사업자의 기술을 무단으로 이용하여 다른 사업자의 생산이나 판매활동에 심각한 곤란을 야기시키는 행위 등이다.

(나) 인력의 부당유인·채용

다른 사업자의 인력을 부당하게 유인·채용하여 다른 사업자의 사업활동을 심히 곤란하게 할 정도로 방해하는 행위를 의미한다. 이때 다른 사업자는 경쟁사업자에 한정되지 않는다.

법 위반에 해당될 수 있는 행위를 예시로 들면, ① 다른 사업자의 핵심인력 상당수를 과다한 이익을 제공하거나 제공할 제의를 하여 스카우트함으로써 당해 사업자의 사업활동이 현저히 곤란하게 되는 경우, ② 경쟁관계에 있는 다른 사업자의 사업활동 방해 목적으로 자기의 사업활동에는 필요하지도 않는 핵심인력을 대거 스카우트하여 당해 사업자의 사업활동을 현저히 곤란하게 하는 행위 등이다. 다만, 인력의 부당유인·채용이 불공정한 경쟁수단에 해당된다고 판단되더라도 합리적인 사유가 있거나 효율성 증대 및 소비자후생 증대효과가 현저하다고 인정되는 경우에는 법 위반으로 보지 않을 수 있다.

(다) 거래처 이전방해

다른 사업자의 거래처 이전을 부당하게 방해하여 다른 사업자의 사업활동을 심히 곤란하게 할 정도로 방해하는 행위를 말한다. 이때 다른 사업자는 경쟁사업자에 한정되지 않는다.

법 위반에 해당될 수 있는 행위를 예시로 들면, 거래처 이전의사를 밝힌 사업자에 대하여 기존에 구입한 물량을 일방적으로 반품처리하거나 담보해제를 해주지 않는 행위 등이다.

(라) 기타의 사업활동방해

기타의 방법으로 다른 사업자의 사업활동을 현저히 방해하는 모든 행위가 대상이 된다. 방해의 수단을 묻지 않으며, 자기의 능률이나 효율성과 무관하게 다른 사업자의 사업활동을 방해하는 모든 행위를 포함한다.

법 위반에 해당될 수 있는 행위를 예시로 들면, ① 사업영위에 필요한 특정시설을 타 사업자가 이용할 수 없도록 의도적으로 방해함으로써 당해 사업자의 사업활동을 곤란하게 하는 행위, ② 경쟁사업자의 대리점 또는 소비자에게 경쟁사업자의 도산이 우려된다던지 정부지원대상에서 제외된다는 등의 근거 없는 허위사실을 유포하여 경쟁사업자에게 대리점계약의 해지 및 판매량감소 등을 야기하는 행위, ③ 타 사업자에 대한 근거없는 비방전단을 살포하여 사업활동을 곤란하게 하는 행위 등이다.

위의 유형 중 거래거절, 차별적 취급, 경쟁사업자배제, 구속조건부거래 등은 경쟁제한성을 위주로 위법성을 심사하는데, 위반 사업자의 매출액이나 시장점유율이 작은 경우에는 시장경쟁상황에 미치는 상황이 미미한 점을 고려하여 불공정거래행위의 외형이 있더라도 심사절차를 개시하지 않는 경우가 있다. 심사면제 대상을 안전지대라고 하는데 불공정거래행위 심사지침(2020. 7. 29. 시행)에 따르면 안전지대 범위는 행위사업자의 연간매출액이 50억 원 미만, 시장점유율 10% 미만인 경우이다.

구제 방법

(1) 공정거래위원회에 신고

공정거래위원회 홈페이지www.ftc.go.kr에 방문하면 민원참여란에 각종 신고서식을 구비해 두고 있으므로 이 신고서식을 이용하여 '공정위에 신고하기'를 통해 신고를 할 수 있다. 특히, 하도급·유통·가맹거래 분야 불공정거래행위에 대해서는 익명 제보센터를 운영하고 있기도 하다.

공정거래위원회에 신고를 할 때에는 가급적 구체적으로 내용을 기재한 후 증빙자료를 첨부하는 것이 바람직하며, 신고서가 접수되면 공정거래위원회는 각 지방사무소를 통해 1차적으로 신고내용을 기초로 법 위반 여부를 살펴본 후 조사를 개시하게 된다.

다만, 공정거래위원회는 신고인의 신고내용을 구체적으로 조사하기 전에 공정거래조정원에 조정 절차를 개시하도록 하고 있으며, 공정거래조정원에서 조정이 이루어지지 않으면 본격적인 조사에 착수하게 된다.

(2) 시정명령 또는 과징금 부과

공정거래위원회는 공정거래법 제45조를 위반한 자에 대하여 해당 불공정거래행위의 중지 및 재발방지를 위한 조치, 해당 보복조치의 금지, 계약조항 삭제, 시정명령을 받은 사실의 공표, 그 밖에 필요한 시정조치나(공정거래법 제49조) 시정권고(제88조)를 명할 수 있다. 뿐만 아니라 위반 사업자에게 불공정거래행위로 인한 관련 매출액의 4%를 초과하지 않는 범위(매출액이 없는 경우 10억 원을 초과하지 않는 범위)에서 과징금을 부과할 수도 있다. 다만, 공정거래위원회의 시정명령이나 과징금 부과는 행정처분에 불과하므로 신고인에 대한 직접적인 피해구제에 해당하지는 않으나, 신고인은 공정거래위원회의 시정명령 등 행정처분에 기초하여 가해자에게 손해배상청구를 할 수 있으므로 피해구제에 유리하기도 하다.

(3) 분쟁조정 신청

공정거래법은 불공정거래행위와 관련된 분쟁을 신속히 처리하기 위하여 한국공정거래조정원을 두고 있다. 공정거래위원회는 불공정거래행위에 대하여 조사를 하고 사업자의 불공정행위에 대하여 시정명령을 내리는 기관이지만, 신고 시부터 최종 불공정거래행위의 판단을 받을 때까지는 적지 않은 시간이 걸리는 경우가 많다. 그러므로 신속한 해결을 위해서는 공정거래조정원http://www.kofair.or.kr에 조정신청을 하는 것도 하나의 방법이다.

한국공정거래조정원에 분쟁조정신청을 하게 되면 먼저 사실관계 파악을 위한 간단한 조사절차가 이루어진 다음 분쟁조정협의회에 회부된다. 협의회에서 조정안을 제시하게 되는데 쌍방이 조정을 수락하는 경우 조정이 성립되고 분쟁당사자 사이에는 조정조서와 동일한 내용의 합의가 성립된 것으로 본다. 분쟁당사자는 조정에서 합의된 이행결과를 추후 공정거래위원회에 제출하여야 하며, 합의 사항이 이행된 경우에 공정거래위원회는 시정조치 등의 행정처분을 하지 않는다. 다만, 쌍방 중 일방이라도 조정안 수락을 거부하게 되면 조정절차는 종료하고 자동으로 공정거래위원회에 신고된 것으로 처리되어 조사가 시작된다.

공정거래분쟁조정협의회의 분쟁조정 대상은 사업자 간에 발생한 분쟁 중 공정거래법 제45조(불공정거래행위의 금지) 제1항을 위반한 혐의가 있는 행위로서, ① 단독의 거래거절, ② 차별적 취급, ③ 경쟁사업자 배제, ④ 부당한 고객유인, ⑤ 거래강제, ⑥ 거래상 지위의 남용, ⑦ 구속조건부거래, ⑧ 사업활동방해 등에 해당하는 행위이다. 부당한 지원행위, 공동의 거래거절행위, 계열회사를 위한 차별행위, 집단적 차별행위, 계속적 부당염매로 인한 경쟁사업자 배제행위 등은 공정거래위원회에 시정조치 또는 시정권고를 통하여 처리하는 것이 적합하므로 공정거래분쟁조정협의회의 분쟁조정신청 대상에서 제외하고 있다.

(4) 민사상 손해배상청구

불공정거래행위를 통해 피해를 입은 자는 위반 사업자에 대하여 민사상 손해배상을 청구할 수 있다. 이 경우 민사소송법 절차에 따라 소송이 진행되는데 다만 공정거래법은 아래와 같은 규정을 두어 일반 민사소송과 달리 피해자의 입증 책임의 부담을 완화하고 있다.

제109조(손해배상책임)

① 사업자 또는 사업자단체는 이 법의 규정을 위반함으로써 피해를 입은 자가 있는 경우에는 해당 피해자에 대하여 손해배상의 책임을 진다. 다만, 사업자 또는 사업자단체가 고의 또는 과실이 없음을 입증한 경우에는 그러하지 아니하다.

제115조(손해액의 인정)

법원은 이 법을 위반한 행위로 인하여 손해가 발생한 것은 인정되나 그 손해액을 입증하기 위하여 필요한 사실을 입증하는 것이 해당 사실의 성질상 매우 곤란한 경우에는 변론 전체의 취지와 증거조사의 결과에 기초하여 상당한 손해액을 인정할 수 있다.

공정거래법상 금지청구 신설

2021. 12. 29. 공정거래법의 전면개정으로 불공정거래행위 피해자의 신속한 권리구제를 위하여 사인의 금지청구제가 도입되었다. 따라서 불공정거래행위(제45조 제1항 9호는 제외)로 인하여 피해를 입거나 입을 우려가 있는 자는 그 위반행위를 하거나 할 우려가 있는 사업자에 대하여 법원에 자신에 대한 침해행위의 금지 또는 예방을 청구할 수 있게 되었다(공정거래법 제108조 제1항).

공정거래법상 기업의 자료제출의무 부과 규정 신설

불공정거래행위를 통해 피해를 입은 자는 위반 사업자에 대하여 민사상 손해배상을 청구할 수 있으나, 민사소송은 입증책임이 피해자인 원고에게 있어 위반 사업자의 불공정거래행위와 그로 인한 손해를 입증하기가 어려워 실효성 있는 수단이 되지 못했다. 또한 민사소송법의 문서제출명령 규정은 위반 사업자가 영업비밀을 이유로 제출명령을 거부할 수 있고, 전자문서 동영상 등 서류 외의 자료는 제출 대상에서 제외되며, 위반 사업자가 문서제출명령에 불응해도 이에 대한 제제가 미미하기 때문에 피해자가 입증에 필요한 증거를 확보가 매우 어려웠다. 이를 고려하여 공정거래법에 불공정거래행위와 관련된 자료제출 명령의 근거 규정을 직접 신설하였다(공정거래법 제111조). 신설된 규정에는 영업비밀에 해당하더라도 제출명령을 받은 자료가 손해의 증명 또는 손해액 산정에 반드시 필요한 경우에는 제출을 거부할 수 없도록 규정하고 있으며(제111조 제3항), 제출명령에 불응하는 경우에는 자료의 기재로 증명하고자 하는 사실을 진실한 것으로 인정(제111조 제4항)할 수 있도록 규정하고 있다.

형사처벌 대상의 축소

구 공정거래법에서는 제23조 제1항 7호를 위반하여 구속조건부 거래를 한 경우에는 3년 이하의 징역 또는 2억 원 이하의 벌금(구 공정거래법 제66조 제1항 제9의2호)으로, 나머지 불공정거래행위 금지를 위반에 대해서는 3년 이하의 징역 또는 1억5천만 원 이하의 벌금(구 공정거래법 제67조 제2호)으로 처벌하였다. 그러나 2020. 12. 29. 개정으로 불공정거래행위에 대한 형사처벌 범위가 축소되어, ④ 부당한 고객유인, ⑤ 거래강제, ⑥ 거래상 지위의 남용, ⑦ 구속조건부거래, ⑧ 사업활동방해에 대해서는 2년 이하의 징역 또는 1억5천만 원 이하의 벌금으로 처벌(제125조 제4호)하는 것으로 변경되었다.

2. 하도급거래에서 불이익을 받은 경우 어떻게 구제받을 수 있나?

하도급거래란, 기업(원사업자)이 자신의 생산활동의 일부를 다른 기업(수급사업자)에게 위탁하고, 위탁받은 기업(수급사업자)은 위탁받은 부분을 생산하여 위탁한 기업(원사업자)에게 납품하는 거래를 말한다.

하도급법 적용범위

공정거래법만으로는 하도급거래에서의 불공정거래행위의 근절이 어렵다고 보아 특별히 마련된 법률인데다가 거래관계가 복잡하고 원사업자에 대한 법적 의무가 강하게 규정되어 있으므로 하도급법 상의 원사업자에 해당되는지가 중요한 쟁점이 된다. 하도급법의 적용을 받은 원사업자의 범위에 대해서는 하도급법 제2조에서 규정하고 있다.

원사업자의 금지행위

하도급법은 원사업자에게 기본적인 의무를 부과하고 있다.

구분	법 규정	주요 내용
서면발급 및 서류보존 의무	제3조	원사업자는 수급사업자와 계약을 체결 또는 변경할 경우 관련 사항을 서면으로 교부하고 이를 보존하여야 한다.
선급금지급 의무	제6조	원사업자가 발주자로부터 선급금 받은 경우 선급금의 내용과 비율에 따라 선급금 받은 날로부터 15일내 수급업자에게 지급해야 한다.

구분	법 규정	주요 내용
하도급대금 지급의무	제13조	원사업자가 수급사업자에게 제조등의 위탁을 하는 경우에는 목적물 등의 수령일부터 60일 이내의 가능한 짧은 기한으로 정한 지급기일까지 하도급대금을 지급하여야 한다.
관세 등 환급액의 지급의무	제15조	원사업자가 관세 등을 환급받은 경우에는 환급받은 날부터 15일 이내에 그 받은 내용에 따라 이를 수급사업자에게 지급하여야 한다.
내국신용장의 개설	제7조	원사업자가 수출할 물품을 수급사업자에게 제조 또는 용역 위탁한 경우 위탁한 날부터 15일 이내에 내국신용장을 수급사업자에게 개설해 주어야 한다.
검사 및 검사결과 통보의무	제9조	원사업자는 정당한 사유가 있는 경우 외에는 수급사업자로부터 목적물 등을 수령한 날부터 10일 이내에 검사 결과를 수급사업자에게 서면으로 통지하여야 하며, 이 기간 내에 통지하지 아니한 경우에는 검사에 합격한 것으로 본다.
계약이행 및 대금지급 보증의무	제13조의2	건설위탁의 경우 원사업자는 계약체결일부터 30일 이내에 수급사업자에게 다음 각 호의 구분에 따라 해당 금액의 공사대금 지급을 보증하고, 수급사업자는 원사업자에게 계약금액의 100분의 10에 해당하는 금액의 계약이행을 보증하여야 한다.
설계변경 등에 따른 하도급대금 조정 및 지급 의무	제16조	원사업자는 제조 등의 위탁을 한 후에 다음 각 호의 경우에 모두 해당하는 때에는 그가 발주자로부터 증액받은 계약금액의 내용과 비율에 따라 하도급대금을 증액하여야 한다. 다만, 원사업자가 발주자로부터 계약금액을 감액받은 경우에는 그 내용과 비율에 따라 하도급대금을 감액할 수 있다.
납품단가 조정협의 의무	제16조의2	수급사업자는 제조 등의 위탁을 받은 후 목적물 등의 제조 등에 필요한 원재료의 가격이 변동되어 하도급대금의 조정(調整)이 불가피한 경우에는 원사업자에게 하도급대금의 조정을 신청할 수 있다.

원사업자의 금지사항

구분	법 규정	주요 내용
부당한특약의 금지	제3조 의4	원사업자는 수급사업자의 이익을 부당하게 침해하거나 제한하는 계약조건(이하 "부당한 특약"이라 한다)을 설정하여서는 아니 된다.
부당한 하도급대금의 결정 금지	제4조	① 원사업자는 수급사업자에게 제조 등의 위탁을 하는 경우 부당하게 목적물등과 같거나 유사한 것에 대하여 일반적으로 지급되는 대가보다 낮은 수준으로 하도급대금을 결정(이하 "부당한 하도급대금의 결정"이라 한다)하거나 하도급받도록 강요하여서는 아니 된다. ② 다음 각 호의 어느 하나에 해당하는 원사업자의 행위는 부당한 하도급대금의 결정으로 본다.
물품 등의 구매강제 금지	제5조	원사업자는 수급사업자에게 제조 등의 위탁을 하는 경우에 그 목적물 등에 대한 품질의 유지·개선 등 정당한 사유가 있는 경우 외에는 그가 지정하는 물품·장비 또는 역무의 공급 등을 수급사업자에게 매입 또는 사용(이용을 포함한다. 이하 같다)하도록 강요하여서는 아니 된다.
부당한 위탁취소 및 수령거부 금지	제8조	원사업자는 제조 등의 위탁을 한 후 수급사업자의 책임으로 돌릴 사유가 없는 경우에는 다음 각 호의 어느 하나에 해당하는 행위를 하여서는 아니 된다. 다만, 용역위탁 가운데 역무의 공급을 위탁한 경우에는 제2호를 적용하지 아니한다. 1. 제조 등의 위탁을 임의로 취소하거나 변경하는 행위 2. 목적물 등의 납품 등에 대한 수령 또는 인수를 거부하거나 지연하는 행위
부당반품의 금지	제10조	원사업자는 수급사업자로부터 목적물 등의 납품 등을 받은 경우 수급사업자에게 책임을 돌릴 사유가 없으면 그 목적물 등을 수급사업자에게 반품(이하 "부당반품"이라 한다)하여서는 아니 된다. 다만, 용역위탁 가운데 역무의 공급을 위탁하는 경우에는 이를 적용하지 아니한다.
하도급대금 부당감액 금지	제11조	원사업자는 제조 등의 위탁을 할 때 정한 하도급대금을 감액하여서는 아니 된다. 다만, 원사업자가 정당한 사유를 입증한 경우에는 하도급대금을 감액할 수 있다.

구분	법 규정	주요 내용
물품구매대금 등의 부당결제 청구 금지	제12조	원사업자는 수급사업자에게 목적물 등의 제조·수리·시공 또는 용역수행에 필요한 물품 등을 자기로부터 사게 하거나 자기의 장비 등을 사용하게 한 경우 정당한 사유 없이 다음 각 호의 어느 하나에 해당하는 행위를 하여서는 아니 된다. 1. 해당 목적물 등에 대한 하도급대금의 지급기일 전에 구매대금이나 사용대가의 전부 또는 일부를 지급하게 하는 행위 2. 자기가 구입·사용하거나 제3자에게 공급하는 조건보다 현저하게 불리한 조건으로 구매대금이나 사용대가를 지급하게 하는 행위
경제적 이익의 부당요구 금지	제12조의2	자기 또는 제3자를 위하여 금전, 물품, 용역, 그 밖의 경제적 이익을 제공하도록 하는 행위
기술자료제공 요구 금지	제12조의3	수급사업자의 기술자료를 본인 또는 제3자에게 제공하도록 요구, 정당한 사유 입증 시 가능
부당한 대물변제 금지	제17조	하도급대금을 물품으로 지급하는 행위
부당한 경영간섭 금지	제18조	하도급거래량을 조절하는 방법 등을 이용하여 수급사업자의 경영에 간섭하는 행위
보복조치 금지	제19조	원사업자의 위반행위 신고, 하도급대금의 조정신청, 공정거래위원회의 서면실태조사에 자료제출을 이유로 수급사업자에 수주기회 제한, 거래의 정지, 그밖의 불이익을 주는 행위를 해서는 안 됨

하도급대금의 직접지급 청구

하도급법 제14조 제1항은 "발주자는 다음 각 호의 어느 하나에 해당하는 사유가 발생한 때에는 수급사업자가 제조·수리·시공 또는 용역수행을 한 부분에 상당하는 하도급대금을 그 수급사업자에게 직접 지급하여야 한다.

1. 원사업자의 지급정지·파산, 그 밖에 이와 유사한 사유가 있거나 사업에 관한 허가·인가·면허·등록 등이 취소되어 원사업자가 하도급대금을 지급할 수 없게 된 경우로서 수급사업자가 하도급대금의 직접 지급을 요청한 때

2. 발주자가 하도급대금을 직접 수급사업자에게 지급하기로 발주자·원사업자 및 수급사업자 간에 합의한 때

3. 원사업자가 제13조 제1항 또는 제3항에 따라 지급하여야 하는 하도급대금의 2회분 이상을 해당 수급사업자에게 지급하지 아니한 경우로서 수급사업자가 하도급대금의 직접 지급을 요청한 때

4. 원사업자가 제13조의2 제1항 또는 제2항에 따른 하도급대금 지급보증 의무를 이행하지 아니한 경우로서 수급사업자가 하도급대금의 직접 지급을 요청한 때"라고 규정함으로써, 일정한 사유가 있는 경우에는 수급사업자가 발주자에게 하도급대금을 직접 청구할 수 있도록 규정하고 있다.

하도급법 제12조의3 개정

대기업이 계약을 빌미로 취득하게 된 중소기업의 기술을 무단으로 사용하거나 유출하는 사례가 증가하여 문제가 되었다. 이를 흔히 기술탈취라고 한다. 하도급법 제12조의3은 원청사업자가 수급사업자에게 기술자료를 요구하는 것을 원칙적으로 금지하고 예외적으로 정당한 사유가 있는 경우에 이를 허용하고 있으며, 원청사업자가 자기 또는 제3자를 위하여 이를 부당하게 사용하는 경우를 금지해 왔

다. 그러나 그동안 적용범위가 협소하여 수급사업자를 보호하기에 미흡하다는 지적이 있었다.

2021. 8. 17. 하도급법 개정에서는 기술자료의 정의가 "합리적 노력"에 의해 비밀로 유지된 자료에서, "비밀로 관리된"으로 완화되어 기술자료의 범위를 확대하였다. 그 결과 수급사업자의 투자와 노력의 산물로서 독립된 경제적 가치가 있는 것이라면, 특허로 등록될 만큼 고도의 기술이 아니더라도 기술자료로서 보호받을 수 있게 되었다. 그리고 수급사업자가 원사업자에게 기술자료를 제공하는 경우 원사업자는 해당 기술자료를 제공받는 날까지 해당 기술자료의 범위, 기술자료를 제공받아 보유할 임직원의 명단, 비밀유지의무 및 목적 외 사용금지, 위반 시 배상 등 대통령령으로 정하는 사항이 포함된 비밀유지계약을 수급사업자와 체결해야 한다(제12조의3 제3항)고 규정함으로써 기술자료에 대한 비밀유지계약체결을 의무화하였다.

한편 2022. 1. 11. 하도급법 개정에서는 기술자료의 부당한 사용 또는 제공 행위에 하도급계약 체결 전 행위까지 포함시킴으로써 하도급계약 체결 전 제공된 기술자료에 대한 부당한 사용 또는 제공도 금지행위에 해당됨을 명확히 하였다.

하도급법 제12조의3 제4항에서 금지하고 있는 "기술자료의 사용·제공"은, 원사업자가 수급사업자로부터 취득한 기술자료를 그 취득목적 및 합의된 사용 범위(적용 분야, 지역, 기간 등)를 벗어나 자신 또는 제3자가 이익을 얻거나 수급사업자에게 손해를 입힐 목적으로 사용하거나 자신의 계열회사, 수급사업자의 경쟁사업자 등 제3자에게 제공하는 행위를 의미한다. 또한 원사업자가 하도급법 제12조의3 제1항 및 제2항의 규정에 따라 취득한 기술자료 뿐만 아니라 그 외의 방법으로 열람 등을 통해 취득한 기술자료를 임의로 사용하는 행위도 대상이 된다.

부당하게 기술자료를 사용·제공하는 행위에 있어서 '부당하게'에 대한 판단은 기술자료를 자기 또는 제3자를 위하여 사용하거나 제3자에게 제공함에 있어서 그 내용, 수단, 방법 및 절차 등이 객관적이고 합리적이며 공정·타당한지 여부를 종합적으로 고려하여 판단한다. 이때 법 제12조의3 제2항에 따라 기술자료 요구서가 사전에 제공된 경우에는 기술자료요구서에 적시된 기술자료의 사용 목적과 범위를 벗어나 기술자료를 사용·제공하였는지 여부를 위주로 판단한다. 따라서, 정당한 대가를 지급한 경우에도 합의된 사용목적과 범위를 벗어나 사용하는 행위는 하도급거래의 공정성을 침해하였다고 볼 수 있다.

부당성 여부 판단시 고려사항3
① 원사업자 및 제3자가 이익을 얻거나 수급사업자에게 손해를 입힐 목적과 의도로 기술자료를 사용하거나 원사업자가 제3자에게 기술자료를 제공하는 것인지 여부
② 특허법 등 관련 법령에 위반하여 기술자료를 사용하거나 사용하도록 하였는지 여부
③ 기술자료 사용의 범위가 당해 기술의 특수성 등을 고려한 통상적인 업계관행에 벗어나는지 여부

3 자세한 내용은 공정거래위원회 「기술자료요구서 및 비밀유지예약서 작성 가이드라인」 참고.

④ 기술자료 사용·제공과 관련하여 태양 및 범위, 사용 대가의 유무 및 금액 등에 대하여 서면을 통하여 충분한 협의를 거쳤는지 여부, 협의를 거쳤음에도 그 합의를 벗어나 사용하였는지 여부

⑤ 원사업자의 기술자료 사용·제공으로 수급사업자의 사업활동이 곤란하게 되는지 여부

⑥ 정상적인 거래관행에 어긋나거나 사회통념상 올바르지 못한 것으로 인정되는 행위나 수단 등을 사용하였는지 여부

* 부당한 기술자료 사용·제공 행위의 예시

〈거래이전 단계〉

예시 1 원사업자가 최저가로 낙찰받은 수급사업자의 입찰제안서에 포함된 기술자료를 자신이 유용하거나 자신의 계열회사나 수급사업자의 경쟁회사 등 제3자에게 유출하는 경우

예시 2 원사업자가 거래 개시 등을 위해 수급사업자가 제시한 제품의 독창적인 디자인을 단순 열람한 후 이를 도용하여 자신이 직접 제품을 생산하거나 제3자에게 해당 디자인을 제공하여 제품을 생산토록 하는 경우

〈거래 단계〉

예시 3 원사업자가 거래를 위한 부품 승인과정에서 수급사업자로부터 공정도, 회로도 등 기술자료를 넘겨받아 납품가격을 경쟁시키기 위해 수급사업자의 경쟁회사에 그 기술을 제공하는 경우

예시 4 원사업자가 기술지도, 품질관리 명목으로 물품의 제조공법을 수급사업자로부터 습득한 후 자신이 직접 생산하거나 제3자에게 수급사업자의 제조공법을 전수하여 납품하도록 하는 경우

예시 5 원사업자가 수급사업자와 기술이전계약(기술사용계약 등 포함)을 체결하고 기술 관련 자료를 제공받아 필요한 기술을 취득한 후 일방적으로 계약을 파기하거나 계약 종료 후 위 계약상의 비밀유지의무에 위반하여 그 기술을 이용하여 독자적으로 또는 제3자를 통하여 제품을 상용화하거나 무단으로 다른 기업에 기술을 공여하는 경우

예시 6 원사업자가 수급사업자와 공동으로 협력하여 기술개발을 하면서 수급사업자의 핵심기술을 탈취한 후 공동개발을 중단하고 자체적으로 제품을 생산하는 경우

예시 7 원사업자가 수급사업자로부터 취득한 기술에 대해 수급사업자가 출원을 하기 전에 원사업자가 선(先)출원하여 해당 기술에 대한 특허권, 실용신안권을 선점하거나, 수급사업자가 제공한 기술을 일부 수정하여 원사업자가 선(先)출원하는 경우

예시 8 원사업자가 수급사업자가 자체적으로 개발한 기술에 대해 특허권, 실용신안권 등을 자신과 공동으로 출원하도록 하는 경우

예시 9 원사업자가 수급사업자의 기술자료를 사전에 정한 반환·폐기 기한이 도래하였거나 수급사업자가 반환·폐기를 요구하였음에도 불구하고 반환·폐기하지 않고 사용하는 경우

예시 10 납품단가 인하 또는 수급사업자 변경을 위해 기존 수급사업자의 기술자료를 제3자에게 제공하고 동일 또는 유사제품을 제조·납품하도록 하는 행위

〈거래이후 단계〉

예시 11 원사업자가 수급사업자로부터 기술자료를 제공받고 거래 종료 후 자신이 직접 생산하거나 제3자에게 전수하여 납품하도록 하는 경우

공정거래위원회는 2023년 4월 하도급법 제12조의3과 관련하여 「기술자료요구서 및 비밀유지계약서 작성 가이드라인」을 마련하였다. 가이드라인의 구체적인 내용은 공정거래위원회 홈페이지 공정위 소식란에서 찾아볼 수 있다.

구제 방법

(1) 하도급거래에서 불이익을 받은 경우에 구제 방법은 불공정거래행위에 대한 구제 방법과 같으므로 자세한 설명은 생략한다.

(2) 하도급법 제35조는 하도급 불공정거래의 반복적 발생을 방지하고 피해자의 피해회복을 위해 2013년경부터 징벌적 손해배상에 관한 규정을 두고 있다.

제35조(손해배상책임)

① 원사업자가 이 법의 규정을 위반함으로써 손해를 입은 자가 있는 경우에는 그 자에게 발생한 손해에 대하여 배상책임을 진다. 다만, 원사업자가 고의 또는 과실이 없음을 입증한 경우에는 그러하지 아니하다.

② 원사업자가 제4조, 제8조 제1항, 제10조, 제11조 제1항·제2항 및 제12조의3 제3항을 위반함으로써 손해를 입은 자가 있는 경우에는 그 자에게 발생한 손해의 3배를 넘지 아니하는 범위에서 배상책임을 진다. 다만, 원사업자가 고의 또는 과실이 없음을 입증한 경우에는 그러하지 아니하다.

③ 법원은 제2항의 배상액을 정할 때에는 다음 각 호의 사항을 고려하여야 한다.

  1. 고의 또는 손해 발생의 우려를 인식한 정도
  2. 위반행위로 인하여 수급사업자와 다른 사람이 입은 피해규모
  3. 위법행위로 인하여 원사업자가 취득한 경제적 이익
  4. 위반행위에 따른 벌금 및 과징금
  5. 위반행위의 기간·횟수 등
  6. 원사업자의 재산상태
  7. 원사업자의 피해구제 노력의 정도

④ 제1항 또는 제2항에 따라 손해배상청구의 소가 제기된 경우 「독점규제 및 공정거래에 관한 법률」 제56조의2 및 제57조를 준용한다.

---

3. 개인정보, 취득과 보관할 때 특별한 주의가 필요하다.

개인정보는 살아 있는 개인에 관한 정보로서 성명, 주민등록번호

및 영상 등을 통하여 개인을 식별할 수 있는 정보(해당 정보만으로는 특정 개인을 알아볼 수 없더라도 다른 정보와 쉽게 결합하여 알아볼 수 있는 것을 포함)를 의미한다.

전자상거래와 통신판매업이 활성화되면서 이들의 영업활동을 위한 고객들의 개인정보 수집이 빈번하게 이루어지고 있는 데 비하여 개인정보를 수집한 자의 개인정보 관리상의 소홀로 고객들의 개인정보들이 유출되는 일이 자주 발생하고 있다. 한 번 유출된 개인정보는 원상복구가 쉽지 않고 유사한 아이디와 비밀번호 등 개인정보로 금융거래 및 다수의 사이트에 회원가입을 하고 있는 상황에서 유출된 개인정보로 2, 3차 피해가 발생하는 것이 일반적이다. 이로 인한 회사의 손해배상책임은 차치하더라도 개인정보 유출로 인한 회사의 신뢰성 및 이미지 실추는 스타트업에 치명적인 위협이 될 수 있다. 해킹공격, 개인정보 관리미흡 등 다양한 이유로 다수의 통신사업자들에게 개인정보 유출사고가 일어나 해당 회사가 영업에 심각한 타격을 입는 모습을 종종 볼 수 있다.

개인정보 유출사고 발생 시 기업이 충분한 보호조치의무를 다 했는지를 입증하는 것이 사고대응의 핵심이기에 다음과 같은 조치를 취할 필요가 있다.

① 개인정보보호책임자를 지정하여 회사 내에 존재하는 개인정보와 취급자를 구체적으로 파악하고 있어야 한다.
② 회원가입 시 수집하는 개인정보를 최소화하고 목적 달성 시 해당 정보를 과감하게 삭제하는 등 보유하고 있는 개인정보 항목

과 자료량을 최소화하여야 한다.

③ 개인정보를 제3자에게 제공하거나 취급위탁을 할 경우에 가능한 암호화하여 전달하고 전달하는 정보의 범위 및 그 대상도 최소화하여 진행하여야 한다.

④ 내부관리계획의 수립과 시행, 물리적 접근제한, 망분리, 인증제도, 개인정보 암호화 등 법에 명시된 관리적, 기술적 보호조치 사항을 반드시 이행하여야 한다.

⑤ 보안사고의 원인은 대부분은 사람이기에 인식을 제고시키기 위한 교육을 정기적으로 실시하여 전직원이 개인정보에 대하여 보안의식을 갖도록 하여야 한다.

⑥ 개인정보보호책임자는 새로운 유형의 유출사고를 대비하여 해당 정보에 민감하게 대응할 필요가 있다.

4. 내 사무실 임차보증금, 어떻게 보호받을 수 있지?

임대차계약은 계약의 한 유형으로 민법에 규정되어 있으나, 국민 경제생활의 안정을 보장하기 위하여 국민들의 생활과 밀접한 주택과 상가건물에 관한 임차인을 보호하기 위하여 주택임대차보호법과 상가건물 임대차보호법을 제정해서 시행하고 있다. 여기서는 상가 건물 임대차보호법의 핵심내용에 대해 간략하게 설명하고자 한다.

적용범위

상가건물 임대차보호법은 모든 임대차계약에 적용되는 것이 아니라,

상가건물(제3조 제1항에 따른 사업자등록의 대상이 되는 건물)에 대한 임대차계약 중 보증금이 일정금액 이하인 경우에만 적용되는 것이 원칙이다(제2조 제1항, 시행령 제2조 제1항). 이때 보증금에는 권리금은 제외되며 다만 차임이 있는 경우에는 월 차임액수에 100을 곱한 금액을 더한 금액이 기준 보증금이 된다(법 제2조 제2항, 시행령 제2조 제2항, 제3항).

또한, 상가건물 임대차보호법은 지역별로 임대차보증금의 액수에 따라 적용 여부가 달라진다는 점에서 상가건물을 임차하려는 사업자는 아래 표를 참고하여 상가건물 임대차보호법이 적용되는 여부, 보호받을 수 있는 보증금의 범위가 얼마까지인지 여부, 최우선변제권이 적용되는지 여부에 대해 사전에 충분히 알고 있어야 할 것이다.

내용 지역	법 적용4 및 우선변제권 대상 보증금액	일정액 보호(최우선변제) 받는 보증금의 범위	보증금의 일정액 보호 (상가건물 가액의 1/2 범위 내)
서울특별시	9억원 이하	6천5백만원 이하 임차인	2천2백만원 최우선 변제
수도권정비계획법에 따른 과밀억제권역(서울특별시는 제외)	6억 9천만원 이하	5천5백만원 이하 임차인	1천9백만원 최우선 변제
광역시(수도권정비계획법에 따른 과밀억제권역에 포함된 지역과 군지역 제외), 안산시, 용인시, 김포시, 광주시	5억 4천만원 이하	3천 8백만원 이하 임차인	1천3백만원 최우선 변제
그 밖의 지역	3억 7천만원 이하	3천만원 이하 임차인	1천만원 최우선 변제

---

4 대통령령 제33106호, 2022. 12. 20. 개정, 제2조(적용범위) 제1항 중 2호에 부산광역시, 3호에 세종특별자치시, 파주시, 화성시가 추가됨

다만, 상가건물 임대차보호법 제3조(대항력 등), 제10조(계약갱신 요구 등) 제1항, 제2항, 제3항 본문, 제10조의2부터 제10조의9⁵까지의 규정, 11조의2(폐업으로 인한 임차인의 해지권) 및 제19조(표준계약서의 작성 등)는 보증금의 규모와 상관없이 모든 상가임대차계약에 적용된다(법 제2조 제3항). 그리고 상가건물 임대차보호법은 미등기 건물에 대한 임대차계약에도 적용된다(법 제17조).

대항력

법적인 의미에서 대항력이란 계약과 상관없는 제3자에게 계약당사자 일방이 자신의 계약상 권리를 주장할 수 있는 것을 의미한다. 계약은 보통 쌍방이 체결하는 것으로서 계약에 날인한 서로에 대해서만 계약서에 기재된 각자의 권리와 의무를 주장할 수 있다. 그러나 법에서 특별히 대항력을 규정한 경우 해당 요건을 갖추면 해당 계약과 상관없는 제3자에 대해서도 계약상 내용을 주장할 수 있으며 제3자는 이를 수용해야 한다. 주택임대차보호법이나 상가건물 임대차보호법에서 대항력이라는 개념을 두고 있는 이유는 임대차계약은 전세권설정계약과는 달리 건물등기부등본에 등기를 하는 방법으로 외관을 갖출 수는 없으나, 다른 채권자들보다 임차인을 보호할 필요가 있기 때문에 발생한 개념으로 이해하면 된다.

---

5 2020. 9. 29. 개정, 코로나-19 특례 규정
상가건물 임대차보호법 제10조의9(계약 갱신요구 등에 관한 임시 특례) 임차인이 이법(법률 제17490호 상가건물 임대차보호법 일부개정법률) 시행일부터 6개월까지의 기간 동안 연체한 차임액은 제10조제1항제1호, 제10조의4제1항 단서 및 제10조의8 적용에 있어서는 차임연체액으로 보지 아니한다. 이 경우 연체한 차임액에 대한 임대인의 그 밖의 권리는 영향을 받지 아니한다.

상가건물 임대차계약에서는 임대차 계약기간 중 상가건물 소유주나 임대인이 교체되는 경우가 발생하는데 대항력에 관한 규정이 없다면 임차인은 자신의 임대차계약의 상대방이 아닌 새로운 소유주나 임대인에게 임차인으로서의 권리 즉 상가건물에 대한 점유권 등을 주장할 수 없게 된다.

그런데 상가건물 임대차보호법은 임차인이 제3조의 요건을 갖춘 경우 임차인이 제3자에게 대항력이 생긴다고 규정하고 있다. 임차인이 대항력을 취득하기 위해서는 아래와 같은 요건을 갖추어야 한다.

- 상가건물의 인도와 사업자등록 신청
- 임차인과 사업자등록 명의인은 동일인이어야 함
- 임대차계약서상의 주소가 등기부상 주소와 일치해야 함
- 사업자등록이 말소, 변경되지 아니하고 유지되어야 함
  (경매절차에 있어서는 배당요구의 종기까지)

이와 같은 요건을 갖추게 되면 상가간물 인도 및 사업자등록신청일 다음날부터 등기된 임대차와 동일한 권리, 즉 임대차가 종료될 때까지 임대차건물을 사용·수익할 권리, 기타 임차인이 가지는 부수적인 모든 권리(보증금반환청구권, 부속물매수청구권)를 임대인과 기타 제3자에게 주장할 수 있게 된다.

해당 상가건물에 대하여 경매가 이루어지는 경우 경매에 의하여 소멸하는 선순위 저당권이 없다면 임차인은 매수인에게 대항력을 주장하여 해당 건물을 임대차기간 종료 시까지 점유할 수 있다. 그러나 경매에 의하여 소멸하는 선순위 저당권이 있는 경우에는 선순위

저당권이 소멸하면 그보다 후순위인 임차권도 함께 소멸하는 것이 원칙이므로 매수인에게 대항할 수 없게 되므로 주의를 요한다.

이때 저당권과 임차권의 순위는 효력 발생일을 기준으로 판단한다. 저당권은 등기소에 저당권 설정 서류를 접수한 시점부터이나, 대항력은 상가건물의 인도와 사업자등록 신청 시 그 다음날부터 효력이 발생한다는 점에서 차이가 있다. 그러므로 저당권 설정 서류의 접수 시점과 상가건물의 인도와 사업자등록 신청이 같은 날 이루어지는 경우에는 저당권의 효력 발생일이 앞선다는 점에서 주의해야 한다.

보증금의 회수

임차인은 임대인에게 건물을 인도함과 동시에 보증금을 반환받을 수 있다. 임대인이 보증금 반환을 하지 않는 경우 보증금반환청구 소송을 하여 확정판결을 받거나 이에 준하는 집행권원이 있는 경우 그에 따른 경매를 신청하여 보증금을 회수할 수 있다.

임차인이 대항력의 요건(상가건물의 인도와 사업자등록 신청) 외에 임대차계약서에 확정일자를 받은 경우에는 「민사집행법」에 따른 경매 또는 「국세징수법」에 따른 공매 시 임차건물(임대인 소유의 대지를 포함)의 환가대금에서 후순위권리자나 그 밖의 채권자보다 우선하여 보증금을 변제받을 권리가 있다. 다만 이와 같은 우선변제권은 이 법의 적용을 받는 보증금의 임차인이 대항력 요건을 갖춘 경우에 한하여 인정된다.

사업자의 상가임대차 보증금은 영업재산으로서 보증금을 회수할 수 없게 되면 생계수단을 상실하여 국가경제에도 악영향을 끼치게 되므로 이러한 점을 고려하여 임차인의 보증금 중 일정액을 순위와 상관없이 다른 담보물권자보다 우선하여 변제받을 권리를 보호하고 있다(법 제14조). 이러한 최우선변제권은 서울특별시 6천500만 원, 「수도권정비계획법」에 따른 과밀억제권역(서울시 제외) 5천500만 원, 광역시(「수도권정비계획법」에 따른 과밀억제권역에 포함된 지역과 군지역은 제외) 안산시, 용인시, 김포시 및 광주시 3천8백만 원, 그 밖의 지역 3천만 원 이하의 임대차 보증금(월차임×100 포함)이 설정된 임대차계약의 임차인만 행사할 수 있다(시행령 제6조).

그리고 위와 같은 요건을 갖춘 임차인이 최우선변제권을 행사하게 되면 서울시 2천200만 원, 「수도권정비계획법」에 따른 과밀억제권역(서울시 제외) 1천900만 원, 광역시(「수도권정비계획법」에 따른 과밀억제권역에 포함된 지역과 군지역 제외), 안산시, 용인시, 김포시 및 광주시 1천300만 원, 그밖의 지역 1천만 원의 범위에서 순위와 상관없이 변제를 받을 수 있다(시행령 제7조 제1항). 이를 최우선변제권이라 한다.

임차인의 보증금중 일정액이 상가건물의 가액의 2분의 1을 초과하는 경우에는 상가건물의 가액의 2분의 1에 해당하는 금액에 한하여 우선변제를 받을 수 있으며(시행령 제7조 제2항), 하나의 상가건물에 임차인이 2인 이상이고, 그 각 보증금 중 일정액의 합산액이 상가건물의 가액의 2분의 1을 초과하는 경우에는 그 각 보증금 중 일정액의 합산액에 대한 각 임차인의 보증금 중 일정액의 비율로 그 상가건물의 가액의 2분의 1에 해당하는 금액을 분할한 금액을 각 임차인의 보증금 중 일정액으로 보아(시행령 제7조 제3항) 그 부분에 한하여 우선변제를 받을 수 있다.

임차권 등기명령과 그 효력

임대차가 종료된 후에도 보증금을 반환받지 못한 상태에서 임차인이 부득이하게 상가건물을 임대인에게 인도하게 되면 대항력과 우선변제권 등을 행사할 수 없게 된다. 이러한 경우 임차인을 보호하기 위한 제도가 임차권 등기명령제도이다.

이러한 경우 임차인은 임차건물의 소재지를 관할하는 지방법원, 지방법원지원 또는 시·군법원에 임차권등기명령을 신청할 수 있다(법 제6조 제1항). 임차권등기명령을 신청할 때에는 신청 취지 및 이유, 임대차의 목적인 건물(임대차의 목적이 건물의 일부분인 경우에는 그 부분의 도면을 첨부), 임차권등기의 원인이 된 사실(임차인이 제3조 제1항에 따른 대항력을 취득하였거나 제5조 제2항에 따른 우선변제권을 취득한 경우에는 그 사실), 그 밖에 대법원규칙으로 정하는 사항 등을 기재하여 신청하고 신청 이유 및 임차권 등기의 원인이 되는 사실에 대한 소명 서류도 함께 제출해야 한다.

임차권 등기명령에 따른 임차권 등기를 마치면 임차인은 대항력과 우선변제권을 취득한다. 임차인이 임차권등기 이전에 이미 대항력 또는 우선변제권을 취득한 경우에는 그 대항력 또는 우선변제권이 그대로 유지되며, 임차권등기 이후에는 제3조 제1항의 대항요건을 상실(상가건물에서의 퇴거 등)하더라도 이미 취득한 대항력 또는 우선변제권을 상실하지 않게 된다(제6조 제5항). 한편 임차권등기명령의 집행에 따른 임차권등기를 마친 건물(임대차의 목적이 건물의 일부분인 경우에는 그 부분으로 한정)을 그 이후에 임차한 임차인은 제14조에 따른 우선변제를 받을 권리가 인정되지 않으므로(제6조 제6항) 임대차계약 시 주의해야 한다.

임대차기간

상가건물 임대차보호법에서는 기간을 정하지 아니하거나 기간을 1년 미만으로 정한 임대차계약에 대해서는 그 기간을 1년으로 간주하여 임차인이 계약에도 불구하고 임대차기간을 1년이라고 주장하는 것을 허용한다. 다만, 임차인 스스로가 이를 포기하고 1년 미만으로 정한 기간이 유효함을 주장하는 것도 허용하고 있다(법 제9조 제1항). 뿐만 아니라 임대차가 종료한 경우에도 임차인이 보증금을 돌려받을 때까지는 임대차 관계는 존속(법 제9조 제2항)하는 것으로 인정하여 보증금 회수 시까지 임차인의 임대차건물에서의 점유할 권리를 보장하고 있다.

임대차계약기간 갱신청구

임차인이 임대차기간이 만료되기 6개월 전부터 1개월 전까지 사이에 계약갱신을 요구할 경우 임대인은 정당한 사유가 없으면 갱신을 거절할 수 없다(법 제10조). 그리고 임차인은 최초의 임대차기간을 포함한 전체 임대차기간이 10년을 초과하지 아니하는 범위에서 위와 같이 갱신을 청구할 수 있다(법 제10조 제2항). 갱신되는 임대차는 전 임대차와 동일한 조건으로 다시 계약된 것으로 간주하며, 다만 이러한 경우 임대인은 5% 이내에서 차임과 보증금의 증감을 요구할 수 있다. 임대인이 이와 같이 차임과 보증금을 증액한 경우 1년 이내에는 다시 증액을 청구할 수 없다(법 제11조 제2항). 제2조 제1항 단서에 따른 보증금액을 초과하는 임대차의 계약갱신의 경우에는 당사자는 상가건물에 관한 조세, 공과금, 주변 상가건물의 차임 및 보증금, 그 밖의 부담이나 경제사정의 변동 등을 고려하여 보증금의 증감(법 제10조의2)이나 차임(제11조)6의 증감을 청구할 수 있도록 하여 보증금 또는 차임의 증액 제한 규정의 적용을 받지 않는다. 또한 코로나-19와 같이 국내 소비지출이 위축되고 상가임차인의 매출과 소득이 급감하는 등 영업유지가 사실상 불가능하여 상가임차인이 폐업을 하더라도 임대차계약의 구속력으로 인해 기존 임대료 지급 의무에서 벗어나기 힘들어 임차인에게 과도한 부담이 되어 왔다. 이를 고려하여 「감염병의 예방 및 관리에 관한 법률」 제49조 제1항 제2호에 따른 집합 제한 또는 금지 조치(같은 항 제2호의2에 따라 운영시간을 제한한 조치를 포함한다)를 총 3개월 이상 받음으로써 발생한 경제사정의 중대한 변동으로 폐업한 경우에는 임대차계약을 해지할 수 있도록 하였다(제11조의2).

임대인이 임대차기간이 만료되기 6개월 전부터 1개월 전까지 사이에 임차인에게 갱신 거절의 통지 또는 조건 변경의 통지를 하지 아니한 경우에는 그 기간이 만료된 때에 전 임대차와 동일한 조건으로 다시 임대차한 것으로 취급되며 이 경우에 임대차의 존속기간은 1년으로 간주한다(법 제10조 제5항).

---

6 제2조의2호에 따른 제1급감염병 등에 의한 경제사정의 변동이 추가됨.

권리금

권리금은 임대차 목적물인 상가건물에서 영업을 하는 자 또는 영업을 하려는 자가 영업시설·비품, 거래처, 신용, 영업상의 노하우, 상가건물의 위치에 따른 영업상의 이점 등 유형·무형의 재산적 가치의 양도 또는 이용대가로서 임대인, 임차인에게 보증금과 차임 이외에 지급하는 금전 등의 대가(법 제10조의3)를 말한다. 권리금은 원래 법상 인정되지 않았으나 상가건물 임대차계약과 관련하여 상인들 간 권리금 분쟁이 끊이지 않자 2015년경 상가건물 임대차보호법에 권리금에 관한 규정을 새롭게 도입하게 되었다.

임대인은 임대차기간이 끝나기 3개월 전부터 임대차 종료 시까지 다음의 행위를 함으로써 권리금 계약에 따라 임차인이 주선한 신규임차인이 되려는 자로부터 권리금을 지급받는 것을 방해하는 것이 금지되어 있다.

1. 임차인이 주선한 신규임차인이 되려는 자에게 권리금을 요구하거나 임차인이 주선한 신규임차인이 되려는 자로부터 권리금을 수수하는 행위
2. 임차인이 주선한 신규임차인이 되려는 자로 하여금 임차인에게 권리금을 지급하지 못하게 하는 행위
3. 임차인이 주선한 신규임차인이 되려는 자에게 상가건물에 관한 조세, 공과금, 주변 상가건물의 차임 및 보증금, 그 밖의 부담에 따른 금액에 비추어 현저히 고액의 차임과 보증금을 요구하는 행위
4. 그 밖에 정당한 사유 없이 임대인이 임차인이 주선한 신규임차인이 되려는 자와 임대차계약의 체결을 거절하는 행위

다만 임대인이 임대차계약의 갱신을 거절할 수 있는 사유(10조 제1항 각호)가 있는 경우에는 임대인은 임차인의 권리금 회수 기회를 보장할 의무가 없다(법 제10조의4 제1항).

한편 위와 같은 권리금 회수 기회 보장은 모든 상가건물과 상가임대차 계약에 적용되는 것이 아니다. 임대차 목적물인 상가건물이 「유통산업발전법」 제2조에 따른 대규모점포 또는 준대규모점포의 일부인 경우, 임대차 목적물인 상가건물이 「국유재산법」에 따른 국유재산 또는 「공유재산 및 물품 관리법」에 따른 공유재산인 경우(법 제10조의5)에는 권리금 회수가 보장되지 않으며, 재건축 등의 사유로 임대인이 임차인에게 갱신을 거절하는 경우(법 제10조 제1항)에도 권리금 회수가 보장되지 않는다.

임대인이 임차인의 권리금 회수를 방해하여 임차인에게 손해가 발생하게 되면 임대인은 임차인에게 그 손해를 배상하여 한다(법 제10조 제3항 전문). 다만, 그 손해배상액은 신규임차인이 임차인에게 지급하기로 한 권리금과 임대차 종료 당시의 권리금 중 낮은 금액을 넘지 않는 범위에 한정된다(법 제10조의4 제3항 후문). 또한, 위 손해배상청구권은 임대차가 종료한 날부터 3년 이내에 행사하지 않으면 시효가 완성되어 소멸하므로 주의해야 한다.

상가건물임대차분쟁조정위원회

상가건물 임대차보호법 제20조에는 상가건물임대차 계약과 관련하여 분쟁을 위해 대한법률구조공단과 특별시·광역시·특별자치시·도 및 특별자치도에 조정위원회를 둘 수 있도록 하고 있다(제20

조). 현재 대한법률구조공단 내 6개 지부에 상가건물임대차분쟁조정위원회가 있고, 한국부동산원의 임대차분쟁조정위원회, LH임대차분쟁조정위원회, 서울시나 경기도에도 상가임대차분쟁조정위원회가 설치되어 있으므로 상가임대차 분쟁이 발생한 경우 조정을 신청하여 분쟁을 해결할 수 있다. 다만 조정의 효력은 당사자들이 합의를 수락하는 경우에만 발생할 수 있다.

실패하더라도
다시
시작하자

CHAPTER **10**

실패하더라도
다시
시작하자

오세범 · 이은종 변호사

KEY POINT

▸ 법인회생의 주요 내용 – 간이회생절차

▸ 법인파산의 주요 내용

▸ 개인회생의 주요 내용

▸ 개인파산의 주요 내용

  • 서울금융복지상담센터(http://sfwc.welfare.seoul.kr)

  • 서울회생법원 홈페이지(http://slb.scourt.go.kr)

제10장
참고자료(PDF)
바로가기

1. 회생 또는 면책의 필요성

사례 1 파산면책사례

A는 작은 중소기업을 하고 있었다.

한때는 사업이 잘 나가 사업 확장을 위해 은행대출을 받아 사무실도 늘리고, 집기도 새로 구입하고 직원들도 많이 채용하였다. 그런데 어느 순간부터 경쟁업체들이 하나둘 생겨나자 매출이 줄어들기 시작하였다. 늘어나는 외상매입금과 직원들 급여를 지급하기 위해 은행대출을 신청하였으나, 담보 부족으로 결국 처가를 비롯해 친인척에게 돈을 빌리기 시작하였다. 급기야 제2금융권 등에게도 대출을 받게 되었다.

그러나 한번 기울어지기 시작한 사업은 회복할 줄 모르고 대출 만기가 가까워오자 원금을 갚기 위해 단기 고리채를 빌리기도 하였다. 그러나 이것도 잠시일 뿐 결국 빚은 눈덩이처럼 불어나고 근로자들은 노동부에 체불임금 진정을 하고 빚을 갚지 못하자 친인척들과도 사이가 틀어지게 되었다. 회사문을 닫게 되었고 채무는 수차례 이름 모를 채권추심회사에 넘어갔다. 집에는 수시로 채무변제를 독촉하는 내용증명우편이 수두룩하게 쌓여가고 어느 채권추심회사에서는 수시로 집으로 전화를 하거나 찾아오기도 하였다(당시는 채권의 공정한 추심에 관한 법률 제정 이전이었음).

결국 A는 이혼을 하게 되었고 고시원 등에서 홀로 지내게 되었다. 그럼에도 빚은 이자가 늘어나서 원래 10억 원에 미달하는 원금이 이자를 포함하여 20억 원을 넘기 시작했다.

그럴 때 파산회생제도가 있다는 것을 알게 되었고 법률사무소를 찾아가 상담하였다. 대부분의 빚이 사업을 확장하다가 진 빚이며 A씨는 당시 신용불량자로서 아무런 재산이 없었기에 파산과 면책신청을 하였다.

그리하여 1년여 만에 파산결정 및 면책결정이 이루어져 A는 모든 빚을 털고 새출발하게 되었다.

스타트업은 여러 어려운 단계를 거치게 된다. 창업 아이디어부터 시장조사, 연구개발, 투자유치 및 자본조달, 생산 및 판매, 각종 계약 및 인허가, 특허 등등. 이 밖에 사업 진행 과정에서 부딪히는 무수한 어려움을 뚫고 성공을 거두기란 쉬운 일이 아니다. 우리나라 스타트업 가운데 3년 이내에 망하는 비율이 1/3에 달하는 이유가 이 때문이다.

그렇다면 실패하더라도 다시 일어설 수 있는 길은 없을까? 있다면 그 방법은 무엇일까?

중소기업의 경우 기업채무는 연대보증 제도를 통하여 개인부채나 마찬가지임을 인식할 필요가 있다. 정권이 바뀔 때마다 중소기업자들의 이해단체에서 연대보증 폐지를 목소리 높여 외치고 이 같은 요구를 민법 특별 규정에 담을 정도로 추세가 바뀌고 있기 하지만 여전히 법안의 핵심을 건들진 못하고 있다. 또 은행이 아무리 연대보증을 받지 않는다 하더라도 정부의 금융감독을 받지 않는 금융산업도 있고, 또 일반 상거래 채권자들에게는 규제가 미치지 않다. 그러므로 많은 경우 중소기업인의 법인 파산과 회생문제는 개인사업자가 개인적으로 상거래채무를 지고 있는 것과 마찬가지의 상황이 발생한다.

최근 문재인 정부는 창업에 실패하더라도 다시 일어설 수 있는 기회를 충분히 보장해 주기 위해 연대보증제도를 폐지하고, 실패의 경험을 자산으로 보아 투자 시 고려하도록 하는 등 여러 제도적 보완책을 준비하고 있다. 본 장에서는 여러 사유로 창업에 실패한 경우 가급적 빠른 시일 내에 기존의 실패를 법적으로 청산하고 다시 시작할 수 있는 절차에 대해 살펴보고자 한다.

2. 법인회생·파산절차의 주요 내용

법인회생

(1) 개념

회생절차는 재정적 어려움으로 파탄에 직면해 있는 채무자에 대하여 채권자, 주주·지분권자 등 여러 이해관계인의 법률관계를 조정하여 채무자 또는 그 사업의 효율적인 회생을 도모하는 제도이다. 이는 사업의 재건과 영업의 계속을 통한 채무 변제가 주된 목적으로서, 채무자 재산의 처분·환가와 채권자들에 대한 공평한 배당이 주된 목적인 파산과 구별된다.

(2) 신청자격

회생절차는 채무자, 자본의 1/10 이상에 해당하는 채권을 가진 채권자, 자본의 1/10 이상에 해당하는 주식 또는 지분을 가진 주주·지분권자가 신청할 수 있다.

(3) 절차

회생절차개시 신청 절차를 간략하게 살펴보면 다음 그림과 같다.

(4) 회생절차 신청 후 법원의 조치

회생절차 개시신청이 있는 경우, 먼저 법원은 회생절차에 필요한 비용의 예납을 명하고, 대표자 심문을 한다. 통상 채무자가 회생절차 개시결정 전에 방만하게 경영을 하거나 재산을 도피·은닉할 위

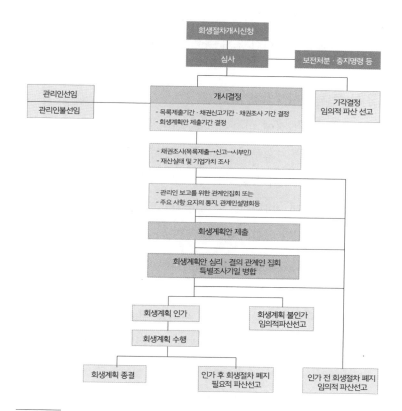

그림 10-1 회생절차의 흐름

험을 방지하기 위해 재산에 대한 보전처분결정이 있게 된다. 법원은
보전처분결정으로 회생절차 개시결정이 있을 때까지 채무자에게 변
제금지·일정액 이상의 재산 처분금지·금전차용 등 차재금지·임직
원채용금지 등을 명하게 된다.

　법원은 채무자의 재산에 대한 개별 강제집행절차의 중지명령 등을
하거나, 모든 회생 채권자 및 회생 담보권자에 대하여 장래의 강제집
행 등을 금지하는 포괄적 금지명령을 할 수 있다. 회생절차 개시신청

의 취하는 개시 결정 전까지만 할 수 있는데, 보전처분이나 중지명령, 포괄적 금지명령이 내려진 후의 취하는 법원 허가를 받아야 한다.

(5) 회생절차 개시의 효과

회생절차 개시결정에 의하여, 채무자의 업무 수행권이나 재산의 관리처분권은 채무자로부터 법원에 의하여 선임된 관리인 또는 관리인 불선임 결정에 따라 관리인으로 보게 되는 채무자의 대표자(또는 개인 채무자)에게 이전된다. 이러한 관리인 등의 행위는 법원의 감독 아래 놓이게 되며 법원의 허가를 받도록 정한 사항에 관하여는 법원의 허가결정을 받은 경우에만 유효하게 된다.

회생절차가 개시가 된 경우에는 신청인이 취하는 할 수 없으며, 법원은 사업을 청산할 때의 가치가 사업을 계속할 때의 가치보다 큰 것이 명백하게 밝혀진 때 등 일정한 경우 폐지할 수 있다.

(6) 채무자 회사의 기존 경영자가 회사를 계속 경영할 수 있는지 여부

관련법은 기존 경영자(대표자)를 관리인으로 선임하거나 관리인 불선임 결정에 의하여 기존 경영자(대표자)를 관리인으로 보도록 하는 것을 원칙으로 하는 '기존 경영자 관리인 제도'를 규정하고 있다. 이를 통해 부실기업의 조기 회생절차 진입과 경영노하우의 계속적인 활용으로 회생절차의 효율성을 도모하고 있다.

반면, 채무자의 재정적 파탄 원인이 채무자 본인이나 회사 임원, 채무자의 지배인이 행한 재산의 유용 또는 은닉이나 그에게 중대한 책임이 있는 부실경영에 기인하는 때 등 일정 경우에는 기존 경영자가 아닌 제3자를 관리인으로 선임하고 있다.

(7) 조사위원의 역할

법원은 회생절차에서 채무자의 재무·경영분석, 채무자가 재정적 파탄에 이르게 된 경위, 청산가치와 계속기업가치의 산정 등 고도의 전문적인 회계·경영·경제지식과 판단능력이 요구되는 사항의 조사를 명하기 위하여 선임하고 있다. 통상적으로 개시결정 무렵 조사위원이 선임되며, 법원이 정하는 일정기간 내에 회사의 재산상태 등을 조사한 보고서를 제출하게 된다.

(8) 회생계획안의 제출자 및 요건

회생계획안은 채무자, 목록에 기재되어 있거나 신고한 회생채권자, 회생담보권자, 주주·지분권자도 회생계획안 제출명령에 정해진 기간 내에 회생계획안을 작성하여 제출할 수 있다. 또한, 부채의 2분의 1 이상에 해당하는 채권을 가진 채권자나 이러한 채권자의 동의를 얻은 채무자는 회생절차개시 전까지 회생계획안을 작성하여 법원에 제출할 수 있다.

회생계획안은 ① 법률 규정을 위반하지 않아야 하고, ② 회생담보권, 회생채권 순으로 공정하고 형평에 맞는 차등을 두어야 하며(공정·형평의 원칙), ③ 변제조건이 같은 성질의 권리를 가진 자 사이에 평등하여야 하고(평등의 원칙), ④ 변제방법이 채무자의 사업을 청산할 때 각 채권자에게 변제하는 것보다 불리하지 아니하게 변제하는 내용이어야 하고(청산가치 보장의 원칙), ⑤ 회생계획이 수행 가능해야 한다.

(9) 회생계획안 가결 요건

회생계획안이 가결되기 위해서는 회생채권자의 조에 있어서는 그 조에 속하는 의결권 총액의 2/3 이상에 해당하는 의결권을 가진 자의 동의가 필요하고, 회생담보권자의 조에 있어서는 회생담보권자의 의결권 총액의 3/4 이상에 해당하는 의결권을 가진 자의 동의가 필요하다.

주주·지분권자가 의결권을 가질 경우에는 의결권을 행사하는 주주·지분권자의 의결권 총수의 1/2 이상에 해당하는 의결권을 가진 자의 동의도 필요하다. 다만, 간이회생절차는 특칙으로 완화된 가결 요건을 두고 있다(아래 참조).

(10) 회생계획이 인가된 후 회생절차의 종료

인가된 회생계획이 모두 수행된 경우뿐만 아니라, 회생계획에 따라 변제가 시작되고 회생계획의 수행에 지장이 있다고 인정되지 않아 회생절차의 목적을 달성할 수 있다고 판단되는 경우에 법원은 회생절차를 종료시킬 수 있다.

반대로 회생절차개시 후에 당해 회생절차가 그 목적을 달성하지 못하여 수행가능성이 없다고 판단될 경우 회생절차를 폐지하고, 파산선고를 한다.

(11) 간이회생절차에 대하여
① 특징

법 개정으로 2015. 7. 1.부터 소액영업소득자에 대한 간이회생절차가 신설되었다. 소액영업소득자의 경우 채권─채무 관계가 간단함에도 불구하고, 통상의 회생절차를 이용할 경우 기간 및 비용이 상당히 든다는 단점이 있었다. 간이회생절차에서는 보다 간소한 방법으로 조사위원 업무가 이루어지도록 하고, 가결 요건도 완화시켰다.

② 적용요건

"영업소득자"란 부동산임대소득·사업소득·농업소득·임업소득, 그 밖에 이와 유사한 수입을 장래에 계속적으로 또는 반복하여 얻을 가능성이 있는 채무자를 말한다. 회생채권, 회생담보권 총액이 50억 원 이하의 범위에서 대통령령으로 정하는 금액 이하(현행 대통령령은 30억 원 이하로 정함)인 소액영업소득자는 간이회생절차를 신청할 수 있다.

③ 통상의 일반회생절차와의 차이점 내지 장점

간이조사위원 선임: 간이회생절차에서는 간이조사위원에 의하여 조사위원의 업무를 간이한 방법으로 수행(통상의 사건보다 조사위원 보수를 위한 예납비용이 작다)한다.

가결 요건 완화: 기존의 가결요건 이외에 '회생채권자의 의결권 총액의 2분의 1을 초과하는 의결권을 가진 자의 동의 및 의결권자의 과반수 동의가 있는 경우'에도 회생계획안 가결 요건을 충족하는 것으로 본다.

법인파산

(1) 개념

법인이 자신의 재산으로 모든 채무를 변제할 수 없는 경우에 법원이 파산을 선고하고 법인 재산을 현금화하여 채권자들에게 권리의 우선순위와 채권액에 따라 분배하는 절차다.

(2) 목적

법인파산제도의 주된 목적은, 모든 채권자가 법인 재산으로 평등하게 채권을 변제받도록 보장함과 동시에, 회생이 불가능한 법인을 정리함으로써 채권자들에 대한 추가적인 손해를 막고, 법인에 소속된 대표자 등은 새로운 출발을 할 수 있도록 돕는 것이다.

(3) 법인파산신청의 자격 및 관할

부채초과상태의 법인: 법인 파산은 자신의 모든 채무를 변제할 수 없는 지급불능상태 또는 부채가 자산을 초과하는 부채초과상태에 빠진 법인이라면 회사 등 영리법인과 비영리법인 모두 신청할 수 있다. 은행대출금, 신용카드대금, 거래대금, 임금 및 퇴직금, 조세 등 채무 원인을 불문하고, 금액의 많고 적음도 상관없다.

신청인: 채무자 법인의 이사, 무한책임사원, 청산인은 대표이사나 대표사원이 아니더라도 채무자의 파산을 신청할 수 있다. 채권자 또한 지급불능 또는 부채초과상태에 빠진 채무자 법인에 관하여 파산신청을 할 수 있다.

(4) 파산절차 신청 후 법원의 조치

파산신청서가 제출되면, 법원은 신청서류만을 검토한 후 파산선고를 할 수도 있고, 채무자 및 채권자(신청인인 경우)를 법원에 출석하게 하여 심문을 마친 후 파산선고를 하기도 한다.

채무자가 신청한 경우 신청부터 파산선고결정까지는 약 1~2개월이 소요된다. 다만 그 처리기간은 사안의 복잡성 등에 따라 늘어나거나 줄어들 수 있다.

법원은 파산선고와 동시에 파산관재인, 채권신고기간 및 신고 장소, 제1회 채권자집회와 채권조사의 기일 및 장소를 정한 후 이를 채무자와 채권자 등 이해관계인들에게 통지한다.

파산관재인은 파산선고 직후 채무자의 재산을 현금화하고, 채권자들로부터 신고된 채권의 존재 여부, 액수, 우선순위 등을 조사한다. 그 후 제1회 채권자집회와 채권조사기일에서 법원 및 이해관계인들에 대하여 채무자의 재산상황, 현재까지의 현금화 결과 및 향후 계획, 채권자들에 대한 배당전망, 신고된 채권의 존재 여부, 액수, 우선순위 등에 관한 의견을 진술한다.

채무자의 재산에 대한 현금화가 완료되면 파산관재인은 임금, 퇴직금, 조세, 공공보험료 등의 재단채권을 우선적으로 변제하고, 남은 금액이 있으면 일반 파산채권자들에게 채권액에 비례하여 배당한다. 재단채권 변제 또는 파산채권 배당이 완료되면 파산관재인은 계산보고를 위한 채권자집회에서 업무수행결과를 보고하고, 법원은 파산절차를 종료하는 결정을 한다.

법인 회생(파산) 절차 이후 기업인이 당면해야 하는 도전 중 가장 중요한 것은 개인의 채무처리문제이다. 많은 경우 기업 채무는 기업인 개인의 채무이기도 한다.

(5) 법인파산의 장점

법인파산절차를 신청하여 파산선고를 받으면, 그 이후는 법원에서 선정한 파산관재인이 법인의 재산과 채무를 정리하게 되고 대표이사는 더 이상 파산선고 받은 법인에 신경 쓸 필요 없이 그 부담을 벗을 수 있다.

법인의 운영이 어려워지면 거래처에 물품 또는 용역대금을 지급하지 못하게 되는 경우가 많은데, 이런 경우 그 거래처는 매출에 따른 부가가치세는 납부하여야 한다. 법인이 파산선고를 받으면 상대방 거래처는 파산선고를 이유로 이미 납부한 매출 부가가치세를 대손세액으로 환급받을 수 있게 된다. 또한 미지급임금·퇴직금이 있어 직원들이 체당금 제도를 이용하는 경우, 법인파산선고를 받으면 직원들이 체당금을 빨리 받을 수 있게 된다.

3. 개인회생과 파산의 주요 내용

사례2 개인회생사례

C는 맞벌이 부부로서 자녀와 함께 생활하는 직장인이다.

그런데 C는 주식투자에 손을 댔다가 많은 빚을 지게 되었다. C는 안정된 직장이라 직장을 그만둘 수 없으나 이자가 늘어나는 빚 때문에 고통스러워했고 그런 과정에서 이혼소송까지 당하였다.

C는 법률상담 후 회생신청을 하기로 하였다. 그리하여 3억 원가량의 채무를 55%만 갚기로 결정이 나서 매월 급여에서 최저생계비를 공제한 금액으로 5년 동안 갚아서 청산하기로 하였다(현재는 회생변제 최고기간이 3년으로 변경됨).

개인회생절차

(1) 개념

지급불능 상태에 있는 사람이 일정한 소득을 얻고 있을 경우에 원칙적으로 3년간 일정한 금액을 갚으면 채무를 면제받는 제도이다. 다만 3년간 갚는 금액의 합계가 회생신청 시점의 청산가치(압류금지 재산 등을 제외한 순자산가치, 개인파산을 진행할 때의 변제액과 같음)보다 클 것이 요구된다.

(2) 신청자격

급여소득자 또는 영업소득자 : 매달 월급이나 연금, 사업소득 등 정기적이고 확실한 수입을 계속하여 얻을 가능성이 있는 사람이어야 한다.

채무총액은 무담보 채무의 경우 5억 원, 담보부 채무의 경우 10억 원을 넘지 않아야 하며, 이를 초과할 경우 일반회생을 신청할 수 있다. 변제기간은 원칙적으로 3년(예외적으로 3년간 변제하는 총금액이 청산가치보다 적은 경우에는 청산가치보다 높은 금액을 변제하기 위하여 최대 5년까지 가능)이고, 소유하고 있는 재산(부동산, 동산, 예금, 임대차보증금반환채권 등)보다 채무가 많아 변제불능상태여야 한다. 또한, 종래 면책결정(파산절차에 의한 면책을 포함함)을 받은 적이 있다면 5년을 경과하여야 한다.

(3) 월 변제액의 산정

개인회생절차는 채무자가 일정한 금액을 채권자들에게 매월 나누어 갚는다는 것을 전제한다. 매월 변제해야하는 금액은 채무자의 월

수입에서 생계비로 인정되는 금액을 뺀 차액으로 결정된다. 법원에서는 실무적으로 매년 보건복지부에서 고시하는 중위소득의 60%를 기준으로 생계비가 그 이하인 경우에는 별다른 심사 없이 전액 인정하나 생계비가 그 이상인 경우에는 생계비의 구체적인 사용처·그 금액을 지출해야 하는 이유 등을 소명하게 하고 있다.

(4) 개인회생절차의 흐름

개인회생절차의 흐름은 아래 그림과 같다.

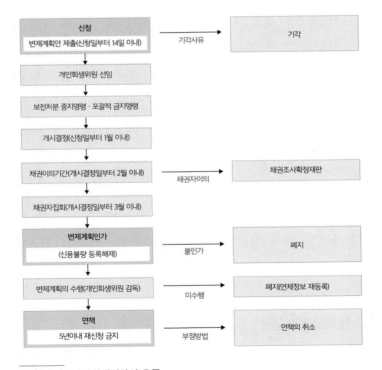

그림 10-2 개인회생절차의 흐름

개인파산 · 면책

사례3 파산면책사례

B는 가정주부로서 비정규직으로 대형마트에서 일하고 있었다. 그의 남편은 정규직으로 월 급여가 1,000만 원가량 되었다. 그런데 B의 가정은 몸이 아픈 시부모와 중고등학교에 재학 중인 3자녀가 함께 살면서 병원비, 학비 등으로 월 생활비가 1,000만 원을 넘어서고 있었다. 한편 B는 친구의 보증을 섰는데 친구가 이를 갚지 못하자 그 채권자는 B의 급여를 압류하였다. B는 일을 해도 급여를 받지 못하고 이자만 늘어나게 되었다. 그리하여 B는 법률상담 후 파산면책신청을 하게 되었다. 그런데 남편의 월수입이 1,000만 원이 넘고 남편명의로 된 아파트도 있자 법원에서 계속 관계서류를 요구하는 등 파산면책 결정을 미루고 있었다. 그러자 B는 우리 민법은 부부별산제가 원칙인데 남편의 수입을 포함해서 파산절차를 밟으라면 결국 이혼하라는 이야기인가 하면서 파산면책제도는 이혼을 전제로 한 제도가 아님을 설명하였다. 관계서류 검토 후 파산면책이 결정되었으며, B도 빚을 훌훌 털고 가정생활을 유지한 채 새롭게 살아가게 되었다.

(1) 개념

개인인 채무자가 자신의 재산으로 모든 채무를 변제할 수 없는 상태에 빠진 경우 그 채무의 정리를 위하여 채무자 또는 채권자가 파산신청을 하는데 이를 개인파산이라고 한다.

면책이란 성실하거나 불운한 채무자에게 파산절차를 통하여 변제되지 아니한 나머지 채무에 대한 변제책임을 파산법원의 재판으로 면제시킴으로써 채무자의 경제적 재출발을 도모하는 것으로 개인채무자에게만 인정되는 제도다.

즉, 개인파산과 면책제도는 파산선고 당시에 채무자의 재산으로 파산재단을 형성하여 채권자들에게 배당하는 파산절차와 파산자 중에서 면책불허가 사유가 없는 경우 면책을 결정하는 면책절차로 이루어진다.

개인파산을 신청하는 채무자가 면책을 받기 위해서는 파산신청과 별개로 면책을 신청하여야 하며, 대부분의 경우 아래에서 보는 것처럼 동시에 신청할 수 있다.

(2) 파산선고의 불이익과 소멸

채무자에게 파산이 선고되면, 면책결정이 확정되기 전까지는 주식회사의 이사를 할 수 없고 군인·사립학교 교원 신분을 유지할 수 없는 등의 불이익이 있다. 다만 공무원은 파산선고를 받았다는 사실만으로 그 신분을 잃지는 않으며 면책불허가결정이 확정된 경우 비로소 공무원의 신분을 잃는다. 의사·한의사·간호사·약사·한약사는 파산선고를 받더라도 그 자격을 잃지 않는다. 회사에 근무하는 경우 회사의 사규나 취업규칙에 의해 당연 퇴직이 되는 경우도 있으므로 확인이 필요하다. 이러한 불이익은 면책결정이 확정되면 소멸하지만, 면책결정을 받지 못하거나 스스로 면책신청을 취하하는 경우 별도의 복권 절차를 거치지 않는 이상 소멸되지 않다.

한편 채무자가 면책결정 또는 면책불허가결정을 받게 되면 금융기관에 그 사실이 통보되는데, 일정기간 금융기관에서는 그 정보를 가지고 채무자의 신용등급을 낮게 평가하여 면책을 받은 이후에도 신용대출이 어려워지고 신용카드를 사용할 수 없는 등의 불이익이 있으나 시간이 지남에 따라 자연스럽게 신용등급이 향상되어 위와 같은 불이익은 사라진다.

(3) 파산이 선고되면 바로 면책되는 것인가

파산선고가 되면 그때부터 파산관재인이 선임되어 채권자들의 의견을 참조하여 채무자의 재산을 관리 및 조사하고 환가하며 채무자에게 면책불허가 사항이 있는지 심사하게 된다. 즉 파산선고는 파산 및 면책절차가 본격적으로 시작된다는 의미이며, 파산자가 파산절차를 모두 마치더라도 당연 면책되는 것은 아니고 사안에 따라 면책이 불허되거나 기각될 수 있다. 파산절차는 재산을 환가하여 배당하는 포괄적인 집행절차일 뿐, 면책허가 여부를 심사하는 면책절차와는 다르다.

파산 및 면책절차 진행 과정에서 법에서 정한 면책불허가 사유가 밝혀진 경우 면책신청이 불허가되기도 하고, 이러한 절차에 성실히 응하지 않고 면책심문기일이나 의견청취기일에 불출석하거나 파산관재인의 연락을 받지 않는 경우 면책이 기각될 수도 있다.

(4) 면책불허가 사유

면책불허가 사유는 아래와 같다.

① 채무자가 자기 재산을 숨기거나, 다른 사람 명의로 바꾸거나 헐값에 팔아버린 행위
② 채무자가 채무를 허위로 증가시키는 행위
③ 채무자가 과다한 낭비 또는 도박 등을 하여 현저히 재산을 감

소시키거나 과대한 채무를 부담하는 행위

④ 채무자가 신용거래로 구입한 상품을 현저히 불리한 조건으로 처분하는 행위

⑤ 채무자가 파산원인인 사실이 있음을 알면서 어느 채권자에게 특별한 이익을 줄 목적으로 채무자의 의무에 속하지 않거나 그 방법 또는 시기가 채무자의 의무에 속하지 않는데도 일부 채권자에게만 변제하거나 담보를 제공하는 행위(아직 변제기가 도래하지 않은 일부 채권자에게만 변제하거나 원래 대물변제 약정이 없는데도 일부 채권자에게 대물변제하는 행위를 포함)

⑦ 채무자가 허위의 채권자목록 그 밖의 신청서류를 제출하거나 법원에 대하여 그 재산 상태에 관하여 허위의 진술을 하는 행위

⑧ 채무자가 파산선고를 받기 전 1년 이내에 파산의 원인인 사실이 있음에도 불구하고 그 사실이 없는 것으로 믿게 하기 위하여 그 사실을 속이거나 감추고 신용거래로 재산을 취득한 사실이 있는 때

⑨ 과거 일정 기간(개인파산 면책 확정일부터 7년, 개인회생 면책 확정일부터 5년) 내에 면책을 받은 일이 있는 때

(5) 현재 소득이 있는 채무자의 고려사항

개인회생절차는 최저 생계비 이상의 일정한 소득이 있는 경우 생계비를 제외한 나머지 금액을 일정기간 변제하고 나머지 채무를 면책받을 수 있는 제도다.

채무자가 소득이 있어 채무를 일정부분 변제할 수 있음에도, 개인

회생절차를 이용하지 않고 개인파산 및 면책신청을 하게 되는 경우 파산신청의 남용으로 보아 개인파산 및 면책신청이 모두 기각될 수 있고, 허위로 소득이 없다고 속이고 신청하는 경우에도 면책이 불허될 수 있다.

(6) 파산절차의 장점

파산절차를 진행하여 면책결정을 받으면 채무를 신속하고 말끔하게 정리할 수 있다. 위에서 설명한 불이익 외에는 파산선고에 따르는 특별한 불이익이 없다. 흔히 우려하는 것처럼 파산절차를 진행하면 당장 채권자들이 집에 찾아와 빨간 딱지를 붙이지도 않으며, 당장 온 식구가 살던 집에서 떠나 길거리에 나앉게 되지도 않는다. 실제로 파산절차를 진행해보면 상당수의 채무자들이 선입견과는 다르게 별다른 불이익이 없으며 자신의 일상생활에 큰 지장을 받지 않는다는 사실에 안도한다. 상황이 어려워진다면 정리되지 않는 채무로 오랜 기간 고통을 받을 필요 없이 잘 정비되어 있는 개인파산 및 면책제도를 적극 활용하자.

(7) 개인파산 · 면책 흐름도

개인파산 · 면책의 흐름은 다음 그림과 같다.

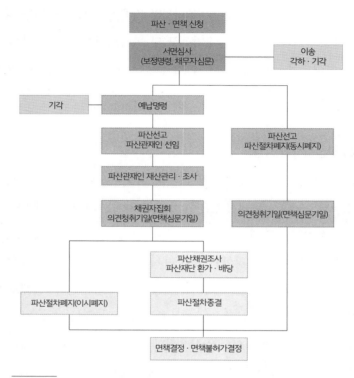

```
              ┌──────────────────┐
              │  파산 · 면책 신청  │
              └──────────────────┘
                      │
              ┌──────────────────┐         ┌──────────────┐
              │     서면심사      │─────────│     이송      │
              │(보정명령, 채무자심문)│         │  각하 · 기각  │
              └──────────────────┘         └──────────────┘
                      │
      ┌──────┐  ┌──────────────┐
      │ 기각 │──│   예납명령    │
      └──────┘  └──────────────┘
                      │
      ┌──────────────────┐         ┌──────────────────────┐
      │    파산선고       │         │     파산선고          │
      │  파산관재인 선임   │         │ 파산절차폐지(동시폐지)  │
      └──────────────────┘         └──────────────────────┘
              │
      ┌──────────────────┐
      │파산관재인 재산관리 · 조사│
      └──────────────────┘
              │
      ┌──────────────────┐         ┌──────────────────────┐
      │    채권자집회      │         │ 의견청취기일(면책심문기일) │
      │의견청취기일(면책심문기일)│      └──────────────────────┘
      └──────────────────┘
              │
              │       ┌──────────────────┐
              │       │   파산채권조사     │
              │       │ 파산재단 환가 · 배당 │
              │       └──────────────────┘
              │             │
  ┌──────────────────┐  ┌──────────────┐
  │ 파산절차폐지(이시폐지) │  │  파산절차종결  │
  └──────────────────┘  └──────────────┘
              │             │
          ┌──────────────────────────┐
          │  면책결정 · 면책불허가결정    │
          └──────────────────────────┘
```

그림 10-3 개인파산 · 면책의 흐름

4. 포기하기에는 아직 이르다.

배가 기울기 시작하면 선장은 어떻게 해야 하는가. 배를 정상적으로 가게 하려는 노력을 하지만 그것이 안 되면 사람을 탈출시켜야 한다. 큰 배는 좌초해도 나룻배는 빠져 나온다는 말이 있다. 안 되는 사업을 작은 규모로 축소하거나, 탈출하여 헤쳐 모이는 것도 가능하다.

임금을 밀리기 시작한 때에는 배가 기울고 나서 물이 들어오기 시작한 때일 것이다. 이때는 회생절차를 심각히 검토해야 할 때라고 할 것이다. 많은 스타트업들이 실패 없이 성공하기를 간절히 바라지만 부득이 실패하는 경우라도 지혜롭게 정리하여 재기하기를 기원한다.

회생 또는 파산절차와 관련한 내용이나 관련 신청서 등은 서울회생법원 홈페이지http://slb.scourt.go.kr를 참고하기 바라며, 서울시민의 경우에는 서울시에서 운영하는 서울복지재단 서울금융복지상담센터sfwc.welfare.seoul.kr를 통해 지원을 받을 수도 있다.

INDEX
찾아보기

스타트업법률지원단 소개

스타트업법률지원단은 '민주사회를 위한 변호사모임'과 '바꿈, 세상을 바꾸는 꿈'이 함께 우리 사회 창업 생태계 개선을 위해 지난 2016년 12월 만든 프로젝트 단체입니다. 창립 이후 스타트업법률지원단은 법률 상담을 통해 스타트업이 겪고 있는 다양한 법적 문제를 해결하고자 노력해왔습니다. 또한 다양한 법률강의와 심층상담을 통해 창업 시 법적 문제를 사전에 예방하고자 노력 중이며, 고려대학교 경영대학, 서울창업허브 등과도 MOU를 맺고 있습니다. 실제로 스타트업법률지원단은 소송이 진행 중이던 삼디몰의 무죄를 비롯해 A2B와 1형당뇨 엄마 김미영 씨의 기소유예를 이끌어냈으며, 스타트업과 관련된 다양한 관련법과 제도개선을 모색하고 있습니다. 아울러 스타트업법률지원단은 창업교육 및 상담 – 법률상담 – 변호사매칭 – 기록 – 콘텐츠 제작을 통해 우리 사회 스타트업의 다양한 법적 문제와 관련 제도를 해결하는 선순환 구조를 만드는 데 앞장서고자 합니다.

집필진 약력

한경수 변호사

법무법인 위민 구성원변호사
스타트업법률지원단 단장
공정거래위원회 소송대리인
국방부 전공사상심사위원회 위원

김성진 변호사

사회적가치센터 대표
(전) 청와대 사회혁신비서관
(전) 이화여대 법학전문대학원 겸임교수
(전) 민변 민생경제위원장
(전) 참여연대 집행위원장

차상익 변호사

포항공과대학교 컴퓨터공학과 학사
포항공과대학교 컴퓨터공학과 석사
성균관대학교 법학전문대학원 석사
법무법인 서상 변호사
스타트업법률지원단

안희철 변호사

법무법인 디엘지 파트너 변호사/정책센터장
포항공과대학교 산업경영공학과 겸직교수
(사) 한국엔젤투자협회 이사
서울대학교 법학전문대학원 졸업
(저서) 투자계약서 가이드북(2022, 안희철 외 공저)

이동주 변호사

성균관대학교 법과대학 졸업
법무법인 이강 변호사
서울특별시 주택분쟁조정위원회 위원
서울특별시 규제개혁위원회 위원
대검찰청 수사심의위원회 위원

이동균 변호사

변호사이동균법률사무소
스타트업법률지원단
(전) 법무법인 위민 변호사
(전) 공형민소수지도반
(전) ㈜레스베라트롤

김정욱 변호사

법무법인 시우 파트너 변호사/변리사
(전) 행정안전부 도전·한국 운영위원회 위원
(전) 한국발명진흥회 자문변호사
사단법인 한국작가회의 자문변호사
중소기업중앙회 경영지원단 법률자문위원

이주한 변호사

법무법인 위민 구성원 변호사
서울시 공정거래지원센터 법률상담관
중소벤처기업부 불공정거래 피해구제 법률전문위원
(전) ㈜NBT 법무책임자
(전) ㈜삼성전기주식회사 IP법무팀

권오훈 변호사

차앤권 법률사무소 대표변호사/법학전문박사
동국대학교 문화예술대학원 겸임교수
대한변호사협회 IT블록체인특별위원회 부위원장
서울지방변호사회 국제위원회 위원
(저서) 특정금융정보법 주해(2022, 권오훈 외 공저)

성춘일 변호사

국가보훈부 보훈심사위원회 상임위원
(전) 참여연대 민생희망본부 실행위원
(전) 스타트업법률지원단 부단장
(전) 서울시 불공정피해상담센터 법률상담관
(전) 서울시 정보공개심의위원회 위원

오세범 변호사

법무법인 다산 변호사
민변 민생경제위원회 위원
사당2동 주민자치회 회장
(전) 대한변협 생명존중재난안전특별위원회 위원장
(전) 한국회생변호사회 부회장

이은종 변호사

법률사무소 진선 변호사/공인회계사
서울회생법원 법인파산관재인
서울사이버대학교 세무회계학과 외래교수
(전) 중소벤처기업부 TIPS 운영사 선정 심사위원
(전) 중소벤처기업부 조직혁신 TF 외부위원

김재희 변호사

법무법인 위민 구성원 변호사
한국소비자연맹 소비자공익소송센터 전문위원
(전) 국세청 납세자보호위원
(전) 서울시 공정거래지원센터 상담관

제3판

스타트업 법률가이드 3.0: AI 시대의 법과 혁신

초판발행	2018년 12월 10일
제3판발행	2024년 9월 1일
지은이	스타트업법률지원단
펴낸이	안종만·안상준
기획/편집	이승현
표지디자인	이수빈
제 작	고철민·김원표
펴낸곳	(주) **박영사**
	서울특별시 금천구 가산디지털2로 53, 210호(가산동, 한라시그마밸리)
	등록 1959.3.11. 제300-1959-1호(倫)
전 화	02)733-6771
f a x	02)736-4818
e-mail	pys@pybook.co.kr
homepage	www.pybook.co.kr
ISBN	979-11-303-4763-9 03360

정 가   19,000원